U0662785

财务管理

（双色版）

主　编　毕启冬　孔田甜　刘俐伶

中国海洋大学出版社

CHINA OCEAN UNIVERSITY PRESS

·青岛·

图书在版编目（CIP）数据

财务管理／毕启冬，孔田甜，刘俐伶主编 . —青岛：
中国海洋大学出版社，2021. 1
　　ISBN 978-7-5670-2577-6

Ⅰ. ①财… Ⅱ. ①毕… ②孔… ③刘… Ⅲ. ①财务管
理 Ⅳ. ①F275

中国版本图书馆 CIP 数据核字（2020）第 173824 号

出版发行	中国海洋大学出版社		
社　　址	青岛市香港东路 23 号	**邮政编码**	266071
出 版 人	杨立敏		
网　　址	http://pub. ouc. edu. cn/		
电子信箱	2880524430@ qq. com		
订购电话	010-82477073（传真）	**电　　话**	010-82477073
责任编辑	王积庆		
印　　制	北京俊林印刷有限公司		
版　　次	2021 年 1 月第 1 版		
印　　次	2021 年 1 月第 1 次印刷		
成品尺寸	185 mm×260 mm		
印　　张	15. 5		
字　　数	327 千		
印　　数	1—10000		
定　　价	45. 00 元		

CONTENTS 目录

1

财务管理认知

职业能力目标

专业能力：

- 懂得企业财务管理的含义和特点
- 能专业界定企业的财务活动
- 能明确企业财务关系
- 能理解财务管理的目标
- 熟悉企业财务管理的环节

社会能力：

- 具备一定的沟通协调能力，能处理好与企业内外部相关部门的关系
- 能比较敏锐地判断内外环境变化对财务管理产生的影响
- 了解实际企业的财务管理状况

方法能力：

- 会通过现代媒体等手段收集企业财务管理所需资料
- 初步具备制定财务管理工作方案的能力

任务一　学习财务管理的内容

任务引例

张岚是一名即将走出校门，踏上工作岗位的大学生。目前她已收到龙韵股份有限公司录用通知书，即将成为该企业的财务人员。张岚非常兴奋，但也非常迷茫。什么是企业财务管理？企业财务管理的工作工程有哪些？如何处理好财务关系？

知识解析 >>

一、财务管理的含义和内容

财务管理作为财务学的一个分支，主要讨论一个组织的筹资和内部投资决策。任何组织都需要财务管理，但营利和非营利组织的财务管理有较大区别。本教材讨论的是营利性组织的财务管理，即企业的财务管理。

企业要进行生产经营活动，就必须具备劳动力、生产资料等生产经营要素。企业的生产经营过程一方面表现为各生产要素实物形态的运动，另一方面表现为生产要素价值形态的运动。随着生产要素实物形态的运动，生产要素的价值形态也在不停地运动，并不断有序地改变各种价值形态，形成有规律的循环和周转。即企业再生产过程具有两重性，它既是使用价值的生产和交换过程，又是价值的形成和实现过程。

在商品经济条件下，社会产品是使用价值和价值的统一体，财产物资价值的货币表现就是资金。因此，资金的实质是企业生产经营过程中运动着的价值。伴随着生产经营过程的不断进行，资金也表现为一个周而复始的周转过程。资金运动是企业经营活动的价值方面，它以价值形式综合地反映着企业的生产经营过程。由资金运动引起的企业与有关各方所发生的经济利益关系就是企业的财务关系。企业财务是指企业再生产过程中的资金运动及其所体现的经济利益关系。前者称为财务活动，后者称为财务关系。

财务管理是基于企业再生产过程中客观存在的财务活动和财务关系而产生的，是企业组织财务活动、处理与各方面财务关系的一项经济管理工作，而这项工作必须依据国家财经法律法规，按照财务管理的客观规律去做，是企业管理的一项重要组成部分。因此，财务管理的定义可表述为：财务管理是依据国家财经法律法规，按照财务管理的客观规律，组织企业财务活动、处理与各方面财务关系的一项综合性管理工作，是企业管理的一个重要组成部分。

（一）财务活动

财务活动体现了企业资金运动的各个阶段的内容。所谓财务活动是指资金的筹集、投放、使用、收回及分配等一系列活动。

财务活动包括以下四个方面内容：

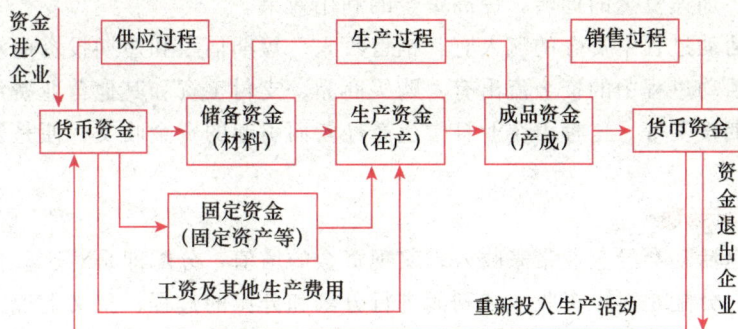

图 1-1　制造业企业资金运动图

1. 筹资活动

筹资是企业为了满足投资和用资的需要，筹措和集中所需资金的过程。企业筹资管理工作内容是：

（1）在筹资过程中，要了解企业资金的需要量，确定筹资的总规模。

（2）要通过筹资渠道、筹资方式或工具的选择，合理确定筹资结构，以降低筹资成本和风险。

企业筹集来的资金按其来源分为两类：一是企业自有资金。自有资金也叫权益资金，在资产负债表上形成股东权益部分。筹集自有资金有向投资者吸收直接投资、发行股票、企业内部留存收益等方式。其投资者包括国家、法人、个人等。二是企业债务资金，是通过企业向银行借款、发行债券、应付款项等方式取得。企业筹集资金表现为资金的流入，企业偿还借款、支付利息、股利以及支付各种筹资费用等，则表现为资金的流出。这种因为资金筹集而产生的资金收支，便是由企业筹资而引起的财务活动，是企业财务管理的主要内容之一。

2. 投资活动

投资是筹资的目的，企业投资有广义投资和狭义投资两种。广义投资包括企业内部使用资金和对外投放资金两个过程，狭义投资仅指对外投资。企业投资管理工作的内容如下。

（1）确定投资规模。

（2）进行投资决策指标分析，进行项目投资管理，确定合理的投资结构以提高投资效益、降低投资风险。

在企业投资活动中的资金流出有：购买内部所需资产、对外投放资金（如投资购买其他企业的有价证券或与其他企业联营等）。企业投资活动中的资金流入有：企业变卖对内、对外的各种投资而收回的资金。这种由企业投资而引起的资金收支，便是投资引起的财务活动。

3. 资金营运活动

企业的营运资金主要是满足企业日常营业活动的需要而垫付的资金，资金营运活动是因企业经营而引起的财务活动，包括企业采购材料和商品，以及支付工资或其他费用而支出款项的活动，也包括企业出售产品或商品取得资金而收入款项以及进行短期投资等活动。企业资金营运管理工作的内容有：在保证生产经营所需资金的基础上，尽量减少资金的占用。同时，加速资金的周转，提高资金的利用效果。

资金营运活动过程中资金的流入有：销售收入、短期借款和短期投资中对证券的变现等。资金营运活动过程中的资金流出有：购买商品、支付工资和其他营业费用、归还短期借款、对外短期投资等。这种由企业日常生产经营而引起的资金收支，便是资金营运引起的财务活动。

4. 资金分配活动

资金的营运活动会给企业带来收入，实现资金的增值，分配即是对这些投资成果的分配。广义上说，分配是对投资收入和利润进行分割和分派的过程；狭义上说，分配仅指对利润的分配。分配活动的管理工作内容如下。

(1) 按照有关协议或程序分配利润。

(2) 在分配过程中合理确定分配规模和分配方式，例如确定提取任意盈余公积金的比例、采用现金股利形式还是股票股利形式分配等等。

企业的利润总额是由营业利润、投资净收益以及营业外收支净额三部分构成。营业利润是企业的销售收入减去生产经营耗费以及流转税费而得到的。利润的分配有固定的程序，利润总额首先要按国家规定缴纳所得税，得到净利润然后提取公积金和公益金，用于扩大积累、弥补亏损和改善职工集体福利，其余的利润作为投资者的收益分配给投资者或作为投资者的追加投资暂时留在企业中。

值得说明的是，企业筹集的资金归结为所有者权益和负债两个方面。在对这两种资金分配报酬时，前者是通过利润分配的形式进行的，属于税后分配；后者是通过将利息等计入成本费用的形式进行分配的，属于税前分配。

综上所述，企业的财务活动是由四个相互联系、又相互区别的方面构成的完整体系。这也正是企业财务管理的基本内容。

（二）财务关系

财务关系是企业在资金运动过程中产生并体现的与各相关利益集团间的经济关系。主要有以下七个方面的关系。

(1) 企业与投资者之间的财务关系。这种关系是企业的投资人向企业投入资金，而企业向其支付投资报酬所形成的经济关系。企业的投资人就是企业的所有者，对企业负有出资的责任，并有按照有关协议或章程索取剩余的权利，同时，对企业重大事项具有决定权或投票权。在这里企业是受资者。

(2) 企业与债权人之间的财务关系。这种关系是企业向债权人借入资金，并按合同定时支付利息和归还本金而形成的经济关系。企业的债权人主要有债券持有人、贷款银行及其他金融机构、商业信用提供者和其他出借资金给企业的单位和个人。企业与债权人的财务关系在性质上属于债务与债权的关系。

(3) 企业与受资者之间的财务关系。企业与受资者的财务关系是体现所有权性质的投资与受资的关系。这种关系以企业购买股票或直接投资的形式向其他企业投资而形成，并按约定履行出资义务，出资企业以其出资额参与受资企业的经营管理和利润分配。

(4) 企业与债务人之间的财务关系。企业与其债务人的关系体现的是债权与债务的关系。这种关系是企业将其资金以购买债券、提供借款或商务信用等形式出借给其他单位而形成的经济关系，企业在这种关系中有权要求其债务人按约定的条件支付利息和归还本金。

（5）企业与政府之间的财务关系。这种关系体现为一种强制和无偿的分配关系。中央政府和地方政府作为社会的管理者，担负着维护社会正常秩序、保卫国家安全、组织和管理社会活动等任务，行使行政职能。依据这一身份，政府无偿参与企业的利润分配，形式是企业按照税法规定向中央政府和地方政府缴纳各种税款，包括所得税、流转税、资源税、财产税和行为税等。

（6）企业内部各单位之间的财务关系。企业内部各职能部门和生产单位既分工又合作，共同形成一个企业系统。企业内部各单位之间在生产经营各环节中相互提供产品或劳务要形成一定的经济关系，企业供、产、销各个部门以及各个生产部门之间，相互提供劳务费和产品也要计价结算，这种在企业内部形成的资金结算关系体现的就是企业内部各单位之间的财务关系。

（7）企业与职工之间的财务关系。主要是企业向职工支付劳动报酬的过程中形成的经济关系。企业职工以自身提供的劳动参加企业的分配，企业根据劳动者的劳动情况，用其收入向职工支付工资、津贴和奖金，并按规定提取公益金等，体现着职工个人和集体在劳动成果上的分配关系。企业与职工的分配关系会直接影响企业利润并由此影响所有者权益，最终导致所有者权益的变化。

二、财务管理的环节

财务管理的环节是指财务管理的工作步骤与一般程序，是企业为了达到财务目标而对财务环境发展变化所做的能动的反映，也可以称为财务管理的职责和功能。

（一）财务预测

财务预测是根据财务活动的各期历史资料，考虑现实的要求和条件，对企业未来的财务活动和财务成果做出科学的预计和测算。其主要任务有：测算各项生产经营方案的经济效益，为决策提供可靠的依据。预计财务收支的发展状况，以确定经营目标。测定各项定额和标准，为编制计划、分解计划指标服务。

财务预测工作包括以下几个步骤：

（1）明确预测目标。

（2）搜集相关资料。

（3）建立预测模型。

（4）实施财务预测。

（二）财务决策

财务决策是指财务人员在财务目标的总体要求下，通过专门的方法从各种备选方案中选出最佳方案。在市场经济条件下，财务决策是财务管理的核心。财务预测是为财务决策服务的，决策关系到企业的兴衰成败。

财务决策的工作包括以下步骤：

（1）确定决策目标。

（2）提出备选方案。

（3）选择备选方案。

（三）财务预算

财务预算是运用科学的技术手段和数量方法，对目标进行综合平衡，制订主要的计划指标，拟定增产节约措施，协调各项计划指标。财务预算是以确定的方案和财务预测提供的信息为基础编制的，是财务预测和财务决策的具体化，是控制财务活动的依据。

财务预算的编制包括以下几个步骤：

（1）分析财务环境，确定预算指标。

（2）协调财务能力，组织收支平衡。

（3）选择预算方法，编制财务预算。

（四）财务控制

财务控制是在财务管理的过程中，利用有关部门信息和特定手段，对企业财务活动施加影响或调节，以便实现预算指标、提高经济效益。实行财务控制是落实预算任务、保证预算实现的有效措施。

实施财务控制要经过以下步骤：

（1）制订控制标准，分解落实责任。

（2）实施追踪控制，及时调整误差。

（3）分析执行差异，搞好考核奖惩。

（五）财务分析

财务分析是根据核算资料，运用特定的方法，对企业财务活动过程及其结果进行分析和评价的一项工作。通过财务分析，可以掌握各项财务计划的完成情况，评价财务状况，研究和掌握企业财务活动的规律性，改善财务预测、决策、预算和控制，改善企业管理水平，提高企业经济效益。

财务分析包括以下步骤：

（1）占有资料，掌握信息。

（2）指标对比，揭露矛盾。

（3）分析原因，明确责任。

（4）提出措施，改进工作。

延伸阅读

假设你毕业于财务专业，去一家咨询公司上班。张玲是你的一个客户，她正打算创立一家生产健身器材的企业。由于近几年这一行业前景被市场看好，因此已有多位出资者表示愿意对张玲的新公司出资。鉴于采用发行股票方式设立公司的手续复杂，张玲打算采用有限责任公司的组织形式，她想通过你来了解有关公司财务方面的问题。你的老板设计了下面这些问题，让你通过这些问题的询问与回答来帮助张玲了解相关知识。

（1）企业的财务活动有哪些内容，财务人员在进行这些活动时需要注意的问题是什么？

（2）作为公司的财务人员，企业中具有哪些财务关系？这些关系的实质是什么？

任务二　财务管理目标选择与协调

任务引例

MT企业，成立于1960年，属国营单位，当初成立时，全部职工不过200人，拥有固定资产40万元，流动资金10万元。企业的主要任务是完成国家下达的煤炭生产任务。

MT企业生产的煤炭属优质煤，由国家无偿调配，企业所需的生产资料和资金每年均由某地区煤炭管理局预算下拨。曾有参观团问过王矿长：你们的材料充足吗？车辆够用吗？王矿长没有直接回答，却领着他们参观了一下仓库。参观团所见：仓库堆满了各种备用工具，足可放心地使用3年，车库停放着5辆披满灰尘的解放牌汽车。有人用手一擦，惊叹道：呵，全是新车，你们企业真富有！

进入20世纪80年代，经济形势发生了深刻变化，计划经济结束，商品经济时代开始。由于国家对企业拨款实行有偿制，流动资金实行贷款制，产品取消调配制，导致MT企业一夜之间产生了危机感，好在王矿长能解放思想，大胆改革。

企业首先成立了销售部，健全了会计机构，引入一批人才。人员管理方面引入竞争机制；物资管理方面实行限额领料、定额储备制度；成本管理方面推行全员负责制；生产管理方面实行以销定产；销售管理方面实行优质优价。按王矿长的话讲：我们所做的一切管理工作都是为了实现自负盈亏，多创造利润，为国家多做贡献，为企业员工多发奖金，多搞福利。

MT企业从规模上毕竟属于中小企业，进入20世纪90年代，随着市场经济的建立，随着国家抓大放小政策的实施，MT企业不得已走上了股份制改造之路。国家将MT企业的净资产2 000万元转化为2 000万股，向社会发售，每股面值1元，售价2元。MT公司成立之后，决策层开始考虑负债融资问题，目标资本结构：自有与借入之比为1∶1；其次考虑的是更新设备、引入先进生产线等重大投资问题。

董事会议决议：利用5年左右时间使企业的生产技术水平赶上一流，企业产品在全国市场占有率达到3％，股票争取上市并力争价格突破15元/股。

此案例揭示了MT企业财务管理目标的不同时期演进过程，体现了各种财务管理目标的优点及其局限性。

一、财务管理目标的概念

财务管理目标是指企业进行财务活动所要达到的根本目的，又称理财目标，它决定着企业财务管理的基本方向。确定财务管理目标的重要性，在于财务管理目标制约着财务运行的基本特征和发展方向，是财务决策的出发点和归宿。财务管理目标的确定要在充分研究财务活动客观规律的基础上，根据实际情况和未来趋势确定。

从根本上说，财务管理的目标取决于企业的目标，所以财务管理的目标和企业的目标是一致的。企业以盈利为目的的组织，其出发点和归宿是盈利。已经创立起来的企业虽然有改善职工待遇、改善劳动条件、扩大市场份额、提高产品质量、减少环境污染等多种目标，但是，盈利是其最基本、最一般、最重要的目标。盈利不但体现了企业的出发点和归宿，而且可以概括其他目标的实现程度，并有助于其他目标的实现。最具综合性的计量是财务计量。因此，企业目标也成为企业的财务目标。

二、关于财务管理目标的不同观点

财务管理目标是一定的政治、经济环境的产物，随着环境因素的变化而变化。财务管理的目标经历了从"筹资数量最大化或产值最大化""利润最大化"到"股东财富最大化""企业价值最大化"的过程。

1. 利润最大化

这种观点来自西方微观经济学的基础理论，即假定在企业的投资预期收益确定的情况下，财务管理行为将朝着有利于企业利润最大化的方向发展，即以追逐利润最大化作为财务管理的目标。这种观点认为：利润代表了企业新创造的价值，利润越多说明企业财富增加得越多，越接近企业目标。持这种观点的理由有以下三点：①人类从事生产经营活动的目的是为了创造更多的剩余产品，在商品经济条件下，剩余产品的多少可以利用利润这个价值指标来衡量。②在自由竞争的资本市场中，资本的使用权最终属于获利最多的企业。③只有每个企业都最大限度地获得利润，整个社会的财富才可能实现最大化，从而带来社会的进步和发展。

在社会主义市场经济条件下，企业作为自主经营的主体，所创利润是企业在一定期间全部收入和全部费用的差额，是按照收入与费用配比原则加以计算的。它不仅可以直接反映企业创造的剩余产品是多少，而且也从一定程度上反映出企业经济效益的高低和对社会贡献的大小。同时，利润是企业补充资本、扩大经营规模的源泉。因此，以利润最大化为理财目标是有一定道理的。

然而，片面强调利润最大化目标在实践中也存在以下缺陷：①这里的利润是指企业一定时期实现的税后利润，没有考虑资金的时间价值。②没有反映创造的利润与投入的资本之间的关系，因而不利于不同资本规模的企业或同一企业不同期间之间的比较。③在市场风险逐渐增加的情况下，盲目追求利润最大化导致资本规模的无度扩张，会给企业带来财务风险。④片面追求利润最大化，可能导致企业短期行为，如忽视产品开发、人才开发、生产安全、技术装备水平、生活福利设施和履行社会责任等。

2. 股东财富最大化

这种观点认为：企业财务管理以实现股东财富最大为目标。

股东创办企业的目的是增加财富。如果企业不能为股东创造财富，股东就不会为企业提供资本。没有了权益资本，企业也就不存在了。因此企业要为股东创造财富。在上市公司，股东财富是由其所拥有的股票数量和股票市场价格两方面来决定。在股票数量一定时，股票价格达到最高，股东财富也就达到最大。股价的升降代表了投资大众对公司股权价值的客观评价。

以股东财富最大化作为财务管理的目标有以下优点：①考虑了风险因素。②在一定程度上能避免企业短期行为。③对上市公司而言，比较容易量化，便于考核和奖惩。

作为财务管理的目标存在的问题有：①通常只适用于上市公司。②股价受多种因素影响，不能完全准确反映企业财务管理状况。③它强调的是股东利益，而对其他相关者的利益重视不够。

3. 企业价值最大化

持这种观点的人认为投资者建立企业的重要目的在于创造尽可能多的财富，这种财富首先表现为企业的价值。企业虽然不是一般意义上的商品，但也可以买卖，要买卖就要通过市场评价来确定企业的市场价值或企业价值，对企业评价时看重的不是企业已获得的利润水平，而是企业潜在的获利能力。因此，企业价值不是账面资产的总价值，而是企业全部财产的市场价值，它反映了企业潜在或预期获利能力。企业价值是企业所有者和债权人权益的市场价值，或企业所能创造的预计未来现金流量的现值。投资者在评价企业价值时，是以投资者预期投资时间为起点的，并将未来收入按预期投资时间的同一口径进行折现，因而企业所得的收益越多，实现收益的时间越近，应得的报酬就越确定，则企业的价值或股东财富越大。

以企业价值最大化作为财务管理的目标有以下四个方面的优点：①这一目标考虑了资金的时间价值和投资的风险价值，有利于安排长短期规划、合理选择投资方案、有效筹措资金、合理制订股利政策等。②这一目标反映了企业资产保值增值的要求。从某种意义上说，股东财富越多，企业市场价值就越大，追求股东财富最大化的结果可促使企业保值增值。③这一目标克服了管理上的片面性和短期行为。④这一目标有利于社会资源合理配置。社会资金通常流向企业价值最大化或股东财富最大化的企业或行业，有利于实现社会效益最大化。

以企业价值最大化作为财务管理的目标存在的最主要问题是，对于非上市企业，只有对企业进行专门的评估才能真正确定其价值，而这种评估不易做到客观和准确，也会导致企业价值确定的困难。

4. 相关者利益最大化

企业利益相关者是指股东、企业经营者、员工、债权人、客户、供应商、政府等。在确定财务管理目标时，不能忽视这些利益相关群体的利益。

相关者利益最大化的具体内容包括如下几个方面：①强调风险与报酬的均衡，将风险限制在企业可以承受的范围内。②强调股东的首要地位，并强调企业与股东之间的协调关系。③强调对代理人即经营者的监督和控制，建立有效的激励机制以便企业战略目标的顺利实施。④关心本企业普通职工的利益。⑤不断加强与债权人的关系。⑥关心客户的长期利益。⑦加强与供应商的协作。⑧保持与政府部门的良好关系。

以相关者利益最大化作为财务管理目标，具有以下优点：①有利于企业长期稳定发展。②体现了合作共赢的价值理念，有利于实现企业经济效益和社会效益的统一。③该目标是一个多元化、多层次的目标体系，较好地兼顾了各利益主体的利益。④体现了前瞻性和现实性的统一。

三、财务管理目标的协调

各种财务管理目标，都以股东财富最大化为基础，但还应考虑利益相关者的利益。在此基础上，财务活动所涉及的利益主体如何进行协调是财务管理必须解决的问题。具体内容有以下两个方面。

1. 所有者与经营者的矛盾与协调

企业价值的最大化直接反映了企业所有者的利益，而作为企业的经营者只能得到薪金（工资），与企业的长远收益没有直接的关系。经营者与所有者的主要矛盾就是经营者希望在提高企业价值和股东财富的同时，能更多地增加享受成本，而所有者和股东则希望以最小的享受成本支出带来更高的企业价值和股东财富。

为了解决这一矛盾，主要采取让经营者的报酬与绩效相联系的办法，并辅助以一定的监督措施。具体的约束措施有：①通过所有者约束经营者，即解聘。如果经营者不能使企业的价值达到最大，就会面临解聘。②通过市场约束经营者，即接收。如果经营者经营决策失误或经营不力，其公司就面临被接收，其本人也意味着被解聘。

激励措施是将经营者的报酬和绩效挂钩以使经营者采取使企业价值最大化的措施。一般采用两种方式：一是股票选择权，即允许经营者以固定价格购买一定数量的公司股票；二是"绩效股"的形式，即用每股利润、资产报酬率来评价经营者的业绩，视业绩大小给予经营者数量不等的股票作为报酬。给予经营者股票激励有利于企业的经营者个人目标与企业长远目标保持一致，有利于企业财务管理目标的实现。目前，我国主要采取"期权""期股"方式激励经营者。

2. 所有者与债权人的矛盾与协调

所有者与债权人的矛盾主要表现在两个方面：首先，所有者可能未经债权人同意，要求经营者投资于比债权人预计风险更高的项目，增大了偿债的风险，债权人的负债价值也必然会实际降低，项目成功，额外的利润会被所有者独享，若失败，则债权人要与所有者一起承担由此而造成的损失。其次，所有者与股东未征得现有债权人的同意，要求经营者发行新债券或举借新债，致使旧债券或老债的价值降低。

为协调所有者与债权人的上述矛盾，通常采用以下方法：①限制性借债，即在债权人借款给企业时，在合同中加入某些限定性条件，如规定借款的用途、借款的担保条件和借款的信用条件等。②收回借款或不再借款，当债权人发现公司有侵蚀其债权价值的意图时，采取收回借款和不给予公司重新放款，从而保护自身利益。

延伸阅读 ▶▶

　　龙源公司是一家从事 IT 产品开发的企业。由三位志同道合的朋友共同出资 100 万元，三人平分股权比例共同创立。企业发展初期，创始股东都以企业的长远发展为目标，关注企业的持续增长能力，所以，他们注重加大研发投入，不断开发新产品，这些措施有力地提高了企业的竞争力，使企业实现了营业收入的高速增长。在开始的几年间，销售业绩以年 60％ 的递增速度提升。然而，随着利润的不断快速增长，三位创始股东开始在收益分配上产生了分歧。股东王某、张某倾向于分红，而股东赵某则认为应将企业取得的利益用于扩大再生产，以提高企业的持续发展能力，实现长远利益的最大化。由此产生的矛盾不断升级，最终导致坚持企业长期发展的赵某被迫出让持有的 1/3 股份而离开企业。但是，此结果引起了与企业有密切联系的广大供应商和分销商的不满，因为他们许多人的业务发展壮大都与该公司密切相关，他们深信该公司的持续增长将为他们带来更多的机会。于是，他们威胁如果赵某离开企业，他们将断绝与企业的业务往来。面对这一情况，其他两位股东提出他们可以离开，条件是赵某必须收购他们的股份。赵某的长期发展战略需要较多投资，这样做将导致企业陷入没有资金维持生产的境地。这时，众多供应商和分销商伸出了援助之手，他们或者主动延长应收账款的期限，或者预付货款，最终使赵某又重新回到了企业，成为公司的掌门人。经历了股权变更的风波后，该公司在赵某的领导下，不断加大投入，实现了企业规模化发展，在同行业中处于领先地位，企业的竞争力和价值不断提升。

　　请思考分析以下问题：

　　1. 赵某坚持企业长远发展，而其他股东要求更多分红，你认为赵某的目标是否与股东财富最大化的目标相矛盾？

　　2. 拥有控制权的大股东与供应商和客户等利益相关者之间的利益是否矛盾，如何协调？

　　3. 像案例中这样的公司，其所有权与经营权是合二为一的，这对企业的发展有什么利弊？

　　4. 重要利益相关者能否对企业的控制权产生影响？

任务三　财务管理环境

任务引例

　　例 1：迪瓦农机装配公司在科特迪瓦有过劳资纠纷经历。这家公司在 1998 年开业当年，就毫无思想准备地陷入了一场旷日持久的劳资纠纷。引发这场纠纷的"导火索"是公司对部分当地员工不满意，准备辞退他们。这些员工不服，把公司告上法庭，索赔 9 000

万西非法郎（折合30多万美元）。由于公司不熟悉当地法律，这场官司一直拖到2005年才了结，公司最终赔偿800万西非法郎。

例2：长期以来，加纳输液系列产品市场一直被印度药商所控制。1998年，黑龙江民营企业家孟繁明前来考察市场，发现了加纳医药产业这个潜在的投资机会。于是，他决定首期投资100多万美元，在当地兴建第一家软包装输液生产厂——三宝（加纳）制药有限公司。创业初期并不顺利，企业投产后的头两年一直亏损。2004年，企业终于开始盈利。2006年，"三宝"又拿到了加纳卫生系统90%的输液产品订单。科特迪瓦等周边国家药商也纷纷慕名上门订货。加纳国家食品药品管理局则希望他扩大生产规模，把年产量提高到800万袋，以全面取代进口输液产品。不过，孟繁明认为，当地市场潜力有限，不可盲目扩大生产。

结合以上两个例子，再从中外财务管理的发展史中，可以总结出一条基本规律：财务管理发展与创新的动力来自财务管理环境的变化。展望21世纪财务管理的发展趋势，同样离不开对当前与今后一段时间内企业所处的环境分析。

知识解析

财务管理环境是指对企业财务活动产生影响的企业内部与外部的各种作用因素，包括经济环境、法律环境和金融环境等。熟悉这些环境，学会对其进行分析和预测，有利于财务人员提前做好准备，进行财务决策。

一、经济环境

经济环境是指对财务管理有重要影响的一系列经济因素，包括宏观经济环境和微观经济环境。

（一）宏观经济环境

宏观经济环境是指影响企业财务管理的各项宏观经济因素，主要包括经济周期、经济发展状况和经济政策等。

1. 经济周期

资本主义经济周期是人所共知的现象，西方财务学者曾探讨了经济周期中的经营理财策略，要点如表1-1所示。

表1-1 经济周期策略表

复苏	繁荣	衰退	萧条
1. 增加厂房设备	1. 扩充厂房设备	1. 停止扩张	1. 设立投资标准
2. 实行长期租赁	2. 继续建立存货	2. 出售多余设备	2. 保持市场份额
3. 建立存货	3. 提高价格	3. 停产不利产品	3. 缩减管理费用
4. 开发新产品	4. 进行营销规划	4. 停止长期采购	4. 放弃次要利益
5. 增加劳动力	5. 增加劳动力	5. 减少存货	5. 削减存货
		6. 停止增加劳动力	6. 裁减雇员

我国的经济发展与运行也呈现其特有的周期特征，带有一定的经济波动。过去曾经历过若干次从投资膨胀、生产高涨到控制投资、紧缩银根和正常发展的过程。此外，由于国际经济交流与合作的发展，西方的经济周期影响也不同程度地波及我国。因此，企业财务人员必须认识到经济周期的影响，掌握在经济发展波动中的理财本领。

2. 经济发展水平

经济发展的速度，对企业理财有重大影响。近年来，我国的国民经济增长比较快。企业为了跟上这种发展并在行业中维持它的地位，至少要有同样的增长速度。企业要相应增加厂房、机器、存货、工人等。这种增长需要大规模地筹集资金，需要财务人员借入巨额款项或增发股票。因此，财务工作者必须探索与经济发展水平相适应的财务管理模式。

3. 经济政策

我国的财税体制、金融体制、外汇体制、外贸体制、计划体制、价格体制、投资体制、社会保障制度等深刻地影响着我国的经济生活，也深刻地影响着我国企业的发展和财务活动的运行。如金融政策中货币的发行量、信贷规模都能影响企业投资的资金来源和投资的预期收益，财税政策会影响企业的资金结构和投资项目的选择等，价格政策能影响决定资金的投向和投资的回收期及预期收益等。

由于我国政府具有较强的调控宏观经济的职能，企业在财务决策时，要认真研究政府政策，按照政策导向行事，才能趋利除弊。企业在财务决策时要预见其变化的趋势，为企业理财服务。

4. 通货膨胀

通货膨胀时，价格不断上涨，不仅对消费者不利，给企业理财也带来很大困难。主要表现在：①大规模的通货膨胀会引起资金占用的迅速增加。②通货膨胀还会引起利息率的上升，增加企业的筹资成本。③通货膨胀时期有价证券价格的不断下降，给企业筹资带来相当大的困难。④通货膨胀会引起利润虚增，造成企业资金流失。

（二）微观经济环境

理财的微观经济环境是指影响企业财务管理的各项微观经济环境因素，主要包括企业所处的市场环境、采购环境、生产环境和人员环境等。

1. 市场环境

构成市场环境的要素主要有两项：一是参加市场交易的生产者的数量；二是参加市场交易的商品的差异程度。一般而言，参加交易的生产者的数量越多，竞争越大；反之，竞争越小。而参加交易商品的差异程度越小，竞争程度越大；商品的差异程度越大，竞争程度越小。

企业所处的市场环境，通常有四种，即完全垄断市场、完全竞争市场、不完全竞争市场、寡头垄断市场。企业所处的不同市场环境，对财务管理有着重要影响。

2. 采购环境

采购环境按物资来源是否稳定，可分为稳定的采购环境和波动的采购环境；按价格变动情况，可分为价格上涨的采购环境和价格下降的采购环境。

3. 生产环境

不同的生产企业和服务企业具有不同的生产环境，这些生产环境对财务管理有着重要影响。

4. 人员环境

人员环境是指由企业内部或外部利益集团构成的人员组合。企业财务实际上处理的是人与人之间的经济关系，因而人员环境对理财的影响是相当大的。

二、法律环境

财务管理的法律环境是指企业和外部发生经济关系时所应遵守的各种法律、法规和规章。政策法规的制定及增减变动都会对财务管理工作带来影响。法律为企业经营活动规定了活动空间，也为企业在相应空间内自由经营提供了法律上的保护。企业的理财活动，无论是筹资、投资还是利润分配，都要和企业外部发生经济关系。在处理这些经济关系时，应当遵守有关的法律规范。

（一）企业组织法律规范

企业组织必须依法成立。从企业组织形式上，法律规定了独资企业、合伙企业、公司企业等几种形式。组建不同的企业，要依照不同的法律规范。《公司法》《中华人民共和国全民所有制工业企业法》《中华人民共和国外资企业法》《中华人民共和国中外合资经营企业法》《中华人民共和国中外合作经营企业法》《中华人民共和国私营企业条例》《中华人民共和国合伙企业法》等法律规范既是企业的组织法，又是企业的行为法。

从财务管理来看，非公司企业与公司企业有很大不同。非公司企业的所有者，包括独资企业的业主和合伙企业的合伙人要承担无限责任，他们占有企业的盈利（或承担损失），一旦经营失败必须抵押其个人的财产，以满足债权人的要求。公司企业的股东承担有限责任，经营失败时其经济责任以出资额为限，无论股份有限公司还是有限责任公司都是如此。

（二）税务法律规范

任何企业都有法定的纳税义务。税法规定了企业经营必须承担的税赋责任，所得税、流转税、资源税、财产税和行为税是企业必须承担的税种。

税负是企业的一种费用，会增加企业的现金流出，对企业理财财有重要影响。企业希望在不违反税法的前提下减少税负。税负的减少，只能靠合理安排和筹划投资、筹资和和利润分配等财务决策，而不允许在纳税行为已经发生时偷税漏税。掌握税法，对财务主管人员有重要意义。

（三）财务法律规范

财务法律规范主要是企业财务通则和行业财务制度。《企业财务通则》是各类企业进行财务活动、实施财务管理的基本规范。该通则对建立资本金制度、固定资产的折旧、成本的开支范围、利润的分配等问题做了规定。行业财务制度是根据《企业财务通则》的规定，为适应不同行业的特点和管理要求，由财政部制定的行业规范。

三、金融环境

金融环境是企业最为主要的环境因素之一。企业经营及投资用的资金除自有资金外主要从金融机构和金融市场取得，金融政策的变化必然影响企业筹资、投资和资金运营活动。金融机构、金融市场及利息率构成了金融环境三大要素。

（一）金融机构

金融机构包括银行和非银行金融机构。我国银行主要包括：①中央银行，即中国人民银行。②国家专业银行，如中国工商银行、中国农业银行、中国银行和中国建设银行。③国家政策性银行，如中国进出口银行和国家开发银行。④其他银行，如交通银行、招商银行、光大银行等。

非银行金融机构主要包括金融资产管理公司、信托投资公司、财务公司和金融租赁公司等。

（二）金融市场

金融市场是指资金供应者和资金需求者双方通过信用工具融通资金的市场，即实现货币借贷和资金融通、办理各种票据和进行有价证券交易活动的市场。

金融市场是以资金为交易对象的市场，在金融市场上，资金被当作一种"特殊商品"来交易。金融市场可以是有形的市场，也可以是无形的市场。金融市场的主要类型如图1-2所示。

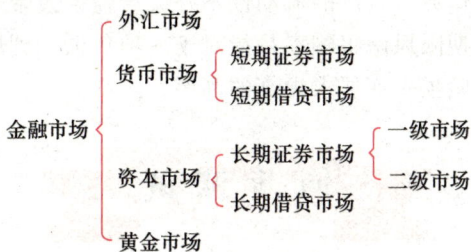

图1-2 金融市场的主要类型

金融市场对于商品经济的运行具有充当金融中介、调节资金余缺的功能。

（三）利息率

利息率简称利率，是利息占本金的百分比指标。从资金的借贷关系看，利率是一定时期运用资金资源的交易价格，资金作为一种特殊的商品是以利率这一价格标准实行分配的。

利率可按照不同的标准进行如下分类：

（1）按利率之间的变动关系可分为基准利率和套算利率。

基准利率在市场中现存的多种利率中起决定作用，了解基准利率的变化趋势就可以了解全部利率的变化水平。基准利率在西方通常是中央银行的再贴现利率，在我国是中国人民银行对商业银行贷款的利率。

套算利率是指在基准利率确定后，各金融机构根据基准利率和借贷款项的特点换算出的利率。例如：金融机构规定，贷款 AAA 级、AA 级、A 级企业的利率，应分别在基准利率的基础上加 0.5%、1%、1.5%，加总计算所得的利率便是套算利率。

（2）按利率与市场资金供求情况的关系可分为固定利率和浮动利率。

固定利率是在借贷期内不变的利率。

浮动利率是在借贷期内随通货膨胀状况变化的利率。

（3）按利率形成机制不同，可分为市场利率和法定利率。

市场利率是根据资金市场上的供求关系而自由变动的利率。法定利率又称官方利率，是政府金融管理部门或者中央银行确定的利率。

利率的一般计算公式。资金的利率通常由纯利率、通货膨胀补偿和风险报酬三部分组成，一般表达公式如下：

利率＝纯利率＋通货膨胀补偿率＋违约风险报酬率＋流动性风险报酬率＋期限风险报酬率

其中，纯利率是指没有风险和通货膨胀情况下的均衡点利率，其来源是资金投入生产运营后的增值部分，即剩余价值额。

通货膨胀补偿率是指由于持续的通货膨胀会降低货币的实际购买力，为补偿其购买力损失而要求提高的利率。

风险报酬是投资者因冒风险而获得的超过时间价值的那部分报酬。包括违约风险报酬、流动性风险报酬和期限风险报酬。其中：①违约风险报酬率是指借款人无法按时支付利息或偿还本金会给投资人带来风险，投资人为补偿其风险损失而要求提高的利率。②流动性风险报酬率是指由于债务人资产的流动性不好会给债权人带来风险，为补偿其风险损失而要求提高的利率。③期限风险报酬率是指对于一项负债，到期日越长，债权人承受的风险就越大，为补偿其风险损失而要求提高的利率。

同 步 测 试

一、单项选择

1. 考虑了时间价值和风险价值因素的财务管理目标是（　　）。

　A. 利润最大化　　　　　　　　　B. 资本利润率最大化

　C. 企业价值最大化　　　　　　　D. 每股利润最大化

2. 按利率与市场资金供求情况的关系，利率可分为（　　）。

　A. 固定利率和浮动利率　　　　　B. 市场利率和法定利率

　C. 名义利率和实际利率　　　　　D. 基准利率和套算利率

3. 企业价值最大化目标强调的是企业的（　　）。

　A. 实际利润额　　　　　　　　　B. 实际投资利润率

　C. 预期获利能力　　　　　　　　D. 实际投入资金

4. 企业与债权人之间的财务关系主要体现为（　　）。

　　A. 投资—收益关系　　　　　　　　B. 债务债权关系

　　C. 分工协作关系　　　　　　　　　D. 债权债务关系

5. 企业分配活动有广义和狭义之分，广义的收益分配是指（　　）。

　　A. 对企业销售收入和销售成本的分割和分派过程

　　B. 对企业利润的分配过程

　　C. 对企业工资的分配过程

　　D. 是投资产生的收入及其利润进行的分配

6. 企业的财务活动是指企业的（　　）。

　　A. 货币资金收支活动　　　　　　　B. 分配活动

　　C. 资金运动　　　　　　　　　　　D. 资本金投入和收益活动

7. 企业资金运动过程反映的是企业再生产过程的（　　）方面。

　　A. 实物　　　　B. 价值　　　　C. 货币　　　　D. 信息

8. 没有考虑资金时间价值、没有反映产出与投入的关系、不利于不同资本规模的企业之间的比较、没有考虑风险因素、有可能导致企业短期行为，这是（　　）财务管理目标的主要缺点。

　　A. 企业价值最大化　　　　　　　　B. 资本利润率最大化

　　C. 利润最大化　　　　　　　　　　D. 每股利润最大化

9. 在没有通货膨胀的情况下，（　　）的利率可以视为纯利率。

　　A. 企业债券　　　　　　　　　　　B. 金融债券

　　C. 国家债券　　　　　　　　　　　D. 短期借款

10. 下列财务管理目标中，容易导致企业短期行为的是

　　A. 相关者利益最大化　　　　　　　B. 企业价值最大化

　　C. 股东财富最大化　　　　　　　　D. 利润最大化

二、多项选择

1. 下列各项中，属于企业财务活动的有（　　）。

　　A. 筹资活动　　　　B. 投资活动　　　　C. 资金营运活动　　　D. 分配活动

2. 下列各项中，属于企业财务关系的是（　　）。

　　A. 企业与政府之间的财务关系　　　B. 企业与受资者之间的财务关系

　　C. 企业内部各单位之间财务关系　　D. 企业与职工之间的财务关系

3. 下列各项中，属于利率的组成因素的有（　　）。

　　A. 通货膨胀补偿率　　　　　　　　B. 风险报酬率

　　C. 纯利率　　　　　　　　　　　　D. 社会积累率

4. 企业价值最大化目标的优点为（　　）。

　　A. 考虑了资金时间价值和投资的风险价值

　　B. 反映了对企业资产保值增值的要求

　　C. 克服了短期行为

D. 有利于社会资源的合理配置

5. 以利润最大化为理财目标的主要弊病有（　　）。

A. 没有反映所的利润与投入资本额的关系

B. 没有考虑资金时间价值和风险问题

C. 利润的多少与经济效益的大小没有关系

D. 容易导致企业追求短期利益的行为

6. 财务管理内容是对企业资本或资金的运作，包括企业（　　）。

A. 筹资管理　　　　　　　　　　B. 投资管理

C. 收益分配管理　　　　　　　　D. 成本管理

7. 所有者与经营者的协调利益矛盾的办法有（　　）。

A. 解聘　　　　　B. 接收　　　　　C. 激励　　　　　D. 处罚

8. 企业财务管理的经济环境因素主要有（　　）。

A. 经济周期　　　　　　　　　　B. 经济前景

C. 经济发展水平　　　　　　　　D. 经济政策

9. 财务管理的金融环境要素主要有（　　）。

A. 金融政策　　　B. 金融机构　　　C. 金融市场　　　D. 利息率

10. 金融市场按其业务对象不同可划分为（　　）。

A. 证券市场　　　　　　　　　　B. 外汇市场

C. 资金市场　　　　　　　　　　D. 黄金市场

三、判断题

1. 企业与政府之间的财务关系体现为投资与受资的关系。　　　　　　（　　）

2. 以企业价值最大化作为理财目标，有利于社会资源的合理配置。　　（　　）

3. "解聘"是一种通过市场约束经营者的办法。　　　　　　　　　　（　　）

4. 从资金的借贷关系看，利率是一定时期运用资金这一资源的交易。　（　　）

5. 财务管理的核心是价值管理。　　　　　　　　　　　　　　　　　（　　）

6. 财务关系是伴随着资金运动的过程而产生的。　　　　　　　　　　（　　）

7. 从根本上说，企业目标取决于财务管理的目标。　　　　　　　　　（　　）

8. 企业价值最大化是合理的财务管理目标。　　　　　　　　　　　　（　　）

9. 纯利率是指没有风险和通货膨胀情况下的均衡点利率。　　　　　　（　　）

10. 财务预测是财务决策的基础，财务决策又是财务预算的前提。　　（　　）

资金时间价值与风险价值

职业能力目标

专业能力：

- 理解资金的时间价值的概念，掌握时间价值的基本计算及其应用
- 了解风险的概念、种类，掌握风险衡量指标的应用

社会能力：

- 能运用资金的时间价值的计算方法对实务中的财务问题进行分析
- 能使用相关指标对企业财务管理中碰到的不同风险进行衡量

方法能力：

- 会运用数理统计等方法加工整理选取资料
- 能系统清晰地撰写分析报告

　　资金时间价值和投资风险价值是财务活动中客观存在的经济现象，也是现代财务管理的两个价值观念。资金时间价值和投资风险价值对于筹资管理、投资管理乃至成本管理、收益管理都有重要的影响。因此，在学习各项业务管理以前，需要理解资金时间价值和投资风险价值的基本概念和有关计算方法。

任务一　资金时间价值计算及应用

任务引例

德哈文的天文债权

　　1988年，美国人德哈文的后代起诉至美国法院，向联邦政府追讨国会欠其家族211年的债务，本利共1 416亿美元。事情的经过是这样的：1777年冬，当时的美国联军统帅华盛顿将军所率领的革命军弹尽粮绝，华盛顿为此向所困之地的宾州人民紧急求援，大地主德哈文借出时值5万美元的黄金及时值40万美元的粮食物资，这笔共约45万美元的贷款，借方为大陆国会，年息为6厘（相当于6％）。211年后的1988年，45万美元连本带利已滚成1 416亿美元。面对这笔天文数字的债务，美国政府当然要耍赖拒还了。

　　45万美元变成1 416亿美元，原因是211年6厘的复利，此故事足以说明复利增长的神奇力量。

知识解析

　　本节将介绍货币时间价值、单利、复利、年金等概念，着重解释复利现值终值的计算、普通年金、预付年金、递延年金和永续年金等的计算方法。通过学习，要求树立价值观念，掌握货币时间价值的计算。

一、资金时间价值的概念

（一）资金时间价值的含义

　　日常生活中，有这样一个浅显的道理：存在银行中的100元，假如银行存款年利率是3.25％（不考虑风险和通货膨胀），1年之后可以得到103.25元。这100元经过一年时间的投资增加了3.25元。换一句话讲，今天的100元钱和将来的100元钱不等值，货币在不同时点上，其价值是不一样的，这就是资金时间价值的作用。

　　资金时间价值，也称为货币的时间价值，是指资金经历一定的投资和再投资所增加的价值，它表现为同一数量的货币在不同的时点上具有不同的价值。

（二）资金时间价值产生的条件

　　资金时间价值是资金在周转使用中产生的，是资金所有者让渡资金使用权而参与社会财富分配的一种形式。它是在生产经营中产生的，来源于劳动者在生产过程中创造的剩余价值。倘若将一笔资金用储藏手段保存起来，随着时间的推移，它是不会增值的。资金的占用金额越大，使用的时间越长，所有者要求的报酬就越高。资金在周转过程中的价值增值是资金时间价值产生的根本源泉。

（三）资金时间价值的表示方法

资金时间价值通常用相对数来表示，其实际内容是在没有风险和通货膨胀条件下的社会平均资金利润率。每个企业在选择投资项目时，至少要取得社会平均利润率，否则企业将会投资于其他的项目或其他的行业。所以，资金时间价值成为评价投资方案的基本标准。资金时间价值也是使用资金的最低成本率。

由于资金在不同时点上具有不同的价值，不同时点上的资金就不能直接比较，必须换算到相同的时点上才能比较。财务管理在资金的筹集、投放、使用和收回等各个方面都应考虑资金时间价值这一因素，因此掌握资金时间价值的计算就很重要。

二、一次性收付款项的终值和现值

一次性收付款项是指在某一特定时点上一次性支出或收入，经过一段时间后再一次性收回或支出的款项。例如，现在将一笔 10 000 元的现金存入银行，5 年后一次性取出本利和。

资金时间价值的计算，涉及两个重要的概念：现值和终值。现值又称本金，是指未来某一时点上的一定量现金折算到现在的价值。终值又称将来值或本利和，是指现在一定量的现金在将来某一时点上的价值。由于利息的计算有复利和单利两种，因此终值与现值的计算也有复利和单利之分。在财务管理中，一般按复利来计算。

为计算方便，本章假定有关字母的含义如下：I 为利息；F 为终值；P 为现值；i 为利率（折现率）；n 为计算利息的期数。

（一）单利终值和现值的计算

单利方式下，每期都按初始本金计算利息，当期利息即使不取出也不计入下期本金，计算基础不变。

1. 单利终值的计算

$$F = P (1 + n \times i)$$

式中，P 为现值；F 为终值；i 为折现率（通常用利率替代）；n 为计息期期数；$(1 + n \times i)$ 为单利终值系数。

【例 2-1】张某将 10 000 元存入银行，年利率为 6%，5 年到期后能从银行拿到的款项为：

$$F = P (1 + n \times i) = 10\ 000 \times (1 + 5 \times 6\%) = 13\ 000 （元）$$

2. 单利现值的计算

$$P = F / (1 + n \times i)$$

式中，$1 / (1 + n \times i)$ 为单利现值系数。

【例2-2】王某要想5年后从银行取出65 000元，年利率为6%，那么现在应存入银行的款项为：

$$P = F / (1 + n \times i) = 65\ 000 / (1 + 5 \times 6\%) = 50\ 000 （元）$$

结论：(1) 单利的终值和单利的现值互为逆运算；

(2) 单利终值系数 $(1 + i \times n)$ 和单利现值系数 $1/(1 + i \times n)$ 互为倒数。

(二) 复利的现值和终值

复利方式，是指不仅本金要计算利息，每经过一个计息期，还要将所生利息加入本金再计算利息，逐期滚动计算，即俗称"利滚利"的利息计算方法。

1. 复利终值

$$F = P (1 + i)^n$$

式中，$(1 + i)^n$ 为复利终值系数，记作 $(F/P, i, n)$；n 为计息期。

【例2-3】某人将10 000元存入银行，年利率为6%，复利计算，5年后能从银行拿到的款项为：

$$F = P (1 + i)^n = 10\ 000 \times (1 + 6\%)^5 = 10\ 000 \times (F/P, 6\%, 5) = 13\ 380 （元）$$

2. 复利现值

$$P = F / (1 + i)^n$$

式中，$1/(1 + i)^n$ 为复利现值系数，记作 $(P/F, i, n)$；

【例2-4】李某计划在5年后从银行取得10 000元，利息率为5%，现在应存入银行的款项为：

$$P = F / (1 + i)^n = 10\ 000 / (1 + 5\%)^5 = 10\ 000 (P/F, 5\%, 5) = 7\ 835 （元）$$

结论：(1) 复利终值和复利现值互为逆运算；

(2) 复利终值系数和复利现值系数互为倒数。

三、年金终值和现值的计算

年金是指一定时期内，每隔相同的时间等额收付的系列款项，通常记为A。年金的形式多种多样，如保险费、折旧费、租金、税金、养老金、债券利息和优先股股息、等额分期收款或付款、零存整取储蓄存款中的零存数、整存零取储蓄存款中的零取金额等，都可以是年金形式。年金具有连续性和等额性特点。连续性要求在一定时间内，间隔相等时间就要发生一次收支业务，中间不得中断，必须形成系列。等额性要求每期收、付款项的金额必须相等。

年金又包括普通年金、预付年金、递延年金和永续年金。其中，普通年金应用最为广泛，其他几种年金均可在普通年金的基础上推算出来。以后凡涉及年金问题若不特殊说明均指普通年金。

(一) 普通年金

普通年金，又称后付年金，是指每期期末等额的付款（或收款）的年金。

1. 普通年金终值的计算

普通年金终值的含义可如图 2-1 所示（设利率为 5%，共 4 年期）：

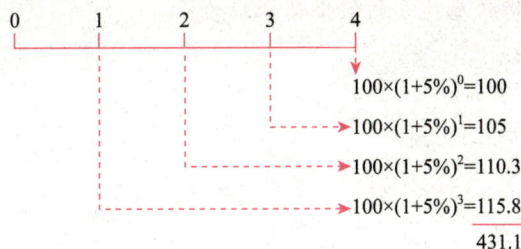

$$0 \quad 1 \quad 2 \quad 3 \quad 4$$

$$100 \times (1+5\%)^0 = 100$$
$$100 \times (1+5\%)^1 = 105$$
$$100 \times (1+5\%)^2 = 110.3$$
$$100 \times (1+5\%)^3 = 115.8$$
$$431.1$$

图 2-1　普通年金终值的含义

图中，0 指第一年年初，1、2、3、4 分别指第一至第四年年末，从第一年年末至第四年年末，每年末都收到或付出 100 元，至第四年年末，这一系列款项的本利之和共计 431.1 元，即该笔年金的终值。

如果年金的期数很多，用上述方法计算终值显然相当烦琐。由于每年支付额相等，折算终值的系数又是有规律的，所以，可找出简便的计算方法。

设每年的支付额为 A，利率为 i，期数为 n，则按复利计算的年金终值 F 为：

$$F = A + A \cdot (1+i) + A \cdot (1+i)^2 + \cdots + A \cdot (1+i)^{n-1}$$

等式两边同乘 $(1+i)$，则有：

$$F \cdot (1+i) = A \cdot (1+i) + A \cdot (1+i)^2 + A \cdot (1+i)^3 + \cdots + A \cdot (1+i)^n$$

两者相减得：

$$F \cdot (1+i) - F = A \cdot (1+i)^n - A$$

整理上式，可得到：

$$F = A \cdot \frac{(1+i)^n - 1}{i}$$

式中，分式称作"年金终值系数"，记作 $(F/A, i, n)$，可以通过直接查阅"1 元年金终值表"求得有关数值。上式可以记作：

$$F = A \cdot (F/A, i, n)$$

【例 2-5】 某人为了在 20 年之后退休时能获得一定的养老保险，现在每 1 年年末存入养老保险账户 1 万元，利率为 5%，那么，该人退休时其养老保险账户的资金余额为多少？

$$F = A \times [(1+i)^n - 1] / i = 10\ 000 \times [(1+5\%)^{20} - 1] / 5\% = 330\ 660（元）$$

或者 $F = 10\ 000 \times (F/A, 5\%, 20) = 10\ 000 \times 33.066 = 330 \cdot 660（元）$

2. 年偿债基金的计算

年偿债基金是指为了在约定的未来某一时点清偿某笔债务或积聚一定数额的资金而必须分次等额形成的存款准备金。由于每次形成的等额准备金类似年金存款，因而同样可以获得按复利计算的利息，所以债务实际上等于年金终值，每年提取的偿债基金等于年金 A。也就是说，偿债基金的计算实际上是年金终值的逆运算。其计算公式如下：

$$A = F \cdot \frac{i}{(1+i)^n - 1}$$

式中，分式称作"偿债基金系数"，记作 $(A/F，i，n)$，等于年金终值系数的倒数。

【例 2-6】假设某企业有一笔 4 年后到期的借款，到期值为 200 万元。若存款年复利为 10%，则为偿还该项借款应建立的偿债基金应为：

$$A = 200 \times 10\% / [(1 + 10\%)^4 - 1] = 200 \times 0.215\ 4 = 43.08(万元)$$

或　$A = F \times (A/F, i, n)$

$$= 200 \times (A/F, 10\%, 4)$$

$$= 200 \times [1/(F/A, 10\%, 4)]$$

$$= 43.08(万元)$$

每年年末存入银行 43.08 万元，4 年后才能还清债务 200 万元。

结论：(1) 偿债基金和普通年金终值互为逆运算；

　　　　(2) 偿债基金系数和普通年金终值系数互为倒数。

3. 普通年金现值的计算

普通年金现值是指一定期间内每期期末等额支付款项（或收入款项）的复利现值之和。年金现值的计算公式为：

$$F = A(1 + i)^{-1} + A(1 + i)^{-2} + A(1 + i)^{-3} + \cdots + A(1 + i)^{-(n-1)} + A(1 + i)^{-n}$$

整理上式，可得到：

$$P = A \cdot \frac{1 - (1 + i)^{-n}}{i}$$

式中，分式称作"年金现值系数"，记作 $(P/A，i，n)$，可通过直接查阅"1 元年金现值系数表"求得有关数值。上式可以记作：

$$P = A \cdot (P/A, i, n)$$

【例 2-7】某企业计划现在存入一笔款项，以便在将来的 5 年内每年年终向有突出贡献的科研人员发放 10 000 元春节慰问金，若银行年利率为 5%，现在应存入的款项为多少？

$$P = 10\ 000\ (P/A, 5\%, 5)$$

$$= 10\ 000 \times 4.329\ 5$$

$$= 43\ 295\ (元)$$

4. 年资本回收额的计算

年资本回收额是指在约定的年限内等额回收初始投入资本或清偿所欠债务的金额，年资本回收额的计算实际上是已知普通年金现值 P，求年金 A，即：

$$A = P \cdot \frac{i}{1 - (1 + i)^{-n}}$$

式中，分式称作"资本回收系数"，记作 $(A/P，i，n)$，等于年金现值系数的倒数。

【例 2-8】某人购入一套商品房，须向银行按揭贷款 100 万元，准备 20 年内于每年年末等额偿还，银行贷款利率为 5%。求：每年应还多少元？

$$A = P \times (A/P, i, n)$$

$$= 100 \times (A/P, 5\%, 20)$$

$$= 100 \times [1/(P/A, 5\%, 20)]$$

$$= 100 \times 1/12.462\ 2$$
$$= 8.024\ 3（万元）$$

结论：（1）资本回收额与普通年金现值互为逆运算；

（2）资本回收系数与普通年金现值系数互为倒数。

（二）预付年金

预付年金也称先付年金或即付年金，是指从第一期起，在一定时期内每期期初等额收付的系列款项。

1. 预付年金终值的计算

预付年金的终值是其最后一期期末时的本利和，是各期收付款项的复利终值之和。

n 期预付年金与 n 期普通年金的付款次数相同，但由于其付款时期不同，n 期预付年金终值比 n 期普通年金的终值多计算一期利息。因此，在 n 期普通年金终值的基础上乘上 $(1+i)$ 就是 n 期预付年金的终值。其计算公式为：

$$F = A \times \frac{(1+i)^n - 1}{i} \times (1+i) = A \times \frac{(1+i)^{n+1} - (1+i)}{i} = A \times \left[\frac{(1+i)^{n+1} - 1}{i} \right]$$

式中，$\dfrac{(1+i)^{n+1} - 1}{i} - 1$ 称"预付年金终值系数"，记作 $[(F/A，i，n+1) - 1]$。可利用普通年金终值表查得 $(n+1)$ 期的终值，然后减去 1，就可得到 1 元预付年金终值。

【例 2-9】为给儿子上大学准备资金，王先生连续 6 年于每年年初存入银行 3 000 元。若银行存款利率为 5%，则王先生在第 6 年末能一次取出本利和多少钱？

【解答】$F = A[(F/A，i，n+1) - 1]$
$$= 3\ 000 \times [(F/A，5\%，7) - 1]$$
$$= 3\ 000 \times (8.142\ 0 - 1)$$
$$= 21\ 426（元）$$

2. 预付年金现值的计算

虽然 n 期预付年金现值与 n 期普通年金现值的期限相同，但由于其付款时间不同，n 期预付年金现值比 n 期普通年金现值少折现一期。因此，在 n 期普通年金的现值基础上，乘上 $(1+i)$ 便可计算出 n 期预付年金的现值。其计算公式为：

$$P = A \times \frac{(1+i)^{n+1}}{i} \times (1+i) = A \times \frac{(1+i) - (1+i)^{-(n+1)}}{i} = A \times \left[\frac{1 - (1+i)^{n+1}}{i} + 1 \right]$$

式中，$\dfrac{1 - (1+i)^{n+1}}{i} + 1$ 称"预付年金现值系数"，记作 $[(P/A，i，n-1) + 1]$，可利用普通年金现值表查得 $(n-1)$ 期的现值，然后加上 1，就可得到 1 元预付年金现值。

【例 2-10】某人分期付款购买住宅，每年年初支付 6 000 元，20 年还款期，假设银行借款利率为 5%，如果该分期付款现在一次性支付，则需支付的款项为：

$$P = A \times [(P/A，i，n-1) + 1]$$
$$= 6\ 000 \times [(P/A，5\%，19) + 1]$$
$$= 6\ 000 \times 13.085\ 3 = 78\ 511.8（元）$$

（三）递延年金

递延年金是指第一次收付款发生在第二期或以后各期的年金。递延年金是普通年金的特殊形式。

1. 递延年金终值的计算

递延年金的终值大小与递延期无关，只与年金共支付了多少期有关，故计算方法与普通年金终值相同。

$$F = A(F/A, i, n)$$

式中，"n"表示的是 A 的个数，与递延期无关。

2. 递延年金现值的计算

递延年金的现值计算方法有三种：

第一种方法：先把递延年金视为 n 期普通年金，求出递延年金在 n 期期初（m 期期末）的现值，然后再将它作为终值贴现至 m 期的第一期期初，便可求出递延年金的现值。其计算公式如下：

$$P_0 = A \times (P/A, i, n) \times (P/F, i, m)$$

式中，m 为递延期，n 为连续收支期数。

第二种方法：假定递延期间也进行支付，先求出 $m+n$ 期普通年金现值，然后扣除没有付款的递延期 m 的年金现值，即可求出递延年金的现值。其计算公式如下：

$$P_0 = A \times [(P/A, i, m+n) - (P/A, i, m)]$$

第三种方法：先求递延年金终值再折现为现值：

$$P_0 = A \times (F/A, i, n) \times (P/F, i, m+n)$$

【例 2-11】某工程施工款项来自银行贷款，贷款年利息率为 6%。协议规定前 5 年不用还本付息，但从第 6 年至第 15 年每年年末偿还本息 40 000 元。要求：用两种方法计算这笔款项的现值。

$$
\begin{aligned}
P &= 40\ 000 \times (P/A, 6\%, 10) \times (P/F, 6\%, 5) \\
&= 40\ 000 \times 7.360\ 1 \times 0.747\ 3 \\
&= 220\ 008（元）
\end{aligned}
$$

或：
$$
\begin{aligned}
P &= 40\ 000 \times [(P/A, 6\%, 15) - (P/A, 6\%, 5)] \\
&= 40\ 000 \times (9.712\ 2 - 4.212\ 4) \\
&= 219\ 992（元）
\end{aligned}
$$

两种计算方法的误差是因小数点的尾数造成的。

（四）永续年金

永续年金是指无限期的收入或支出相等金额的年金，也称永久年金。它也是普通年金的一种特殊形式。优先股因为有固定的股利而又无到期日，其股利可以视为永续年金；有些债券未规定偿还期限，如永续性债券、永久性基金等，其利息也可视为永续性年金。

由于永续年金没有终止时间，也就没有终值，只有现值。通过普通年金现值计算公式（当 n 趋向无穷大时）可推出永续年金现值的计算公式：

$$P = A[1 - (1+i)^{-n}]/i = A/i$$

【例 2-12】某企业要建立一项永久性帮困基金，计划每年拿出 5 万元帮助失学儿童，年利率为 5%。要求计算现应筹集多少资金。

解答：$P = A/i = 5/5\% = 100$（万元）

现应筹集到 100 万元资金，就可每年拿出 5 万元帮助失学的儿童。

三、利率的换算、折现率和期间的推算

1. 名义利率与实际利率的换算

在前面的复利计算中，所涉及的利率均假设为年利率，并且每年复利一次。但在实际业务中，复利的计算期不一定是一年，可以是半年、一季、一月或一天。当利息在一年内要复利几次时，给出的年利率称名义利率，根据名义利率计算出的每年复利一次的年利率称实际利率。

名义利率与实际利率之间，可由以下简便公式加以换算：

$$i = (1 + r/m)^m - 1$$

式中：i 为实际利率；r 为名义利率；m 为每年计息的次数。

对于一年内复利多次的情况，可采用两种方法计算时间价值。

第一种方法是运用以上公式将名义利率调整为实际利率，然后按实际利率计算时间价值。

【例 2-13】某人将 10 000 元存入银行，若年利率为 6%，按复利计算，银行每半年计息一次，5 年后的本利和将为多少？

解：该投资者获得的实际年利率为：

$$i = (1 + r/m)^m - 1 = (1 + 6\%/2)^2 - 1 = 6.09\%$$

$$F = 10\ 000 \times (F/P, 6.09\%, 5) = 13\ 439（元）$$

第二种方法是不计算实际利率，而是调整有关指标，每期利率为 r/m，总计息期数为 $m \times n$。直接利用系数表进行计算即可。

$$F = 10\ 000(F/P, 3\%, 10) = 10\ 000 \times 1.343\ 9 = 13\ 439（元）$$

2. 利率（折现率）的推算

在前面计算现值和终值时，都是假定利率（折现率）是已知的，但在财务管理中，有时也会遇到已知终值、现值、计息期数，求利率（折现率）的问题。

（1）单利利率（折现率）的推算。

根据单利终值或现值的计算公式，可得：

$$i = (F/P - 1)/n$$

（2）普通年金利率（折现率）的推算。

普通年金利率（折现率）的推算比较复杂，在已知 P、A 和 n 的情况下，推算普通年金利率（折现率）的步骤如下：

①计算 $\dfrac{P}{A}$ 的值，假定为 α。

②查"普通年金现值系数表"或"普通年金终值系数表"，沿着 n 所在行横向查找，若能找到某一数字等于 α，则该数字所在列对应的利率即为所求的普通年金利率（折现率）。

③若不能找到某一数字正好等于 α，就需要沿着 n 所在行找与 α 最接近的两个左右相邻的数值，设为 β_1、β_2（$\beta_1\alpha<\beta_2$），找出 β_1、β_2 所对应的利率，设为 i_1、i_2，则普通年金利率（折现率）i 必在 i_1 和 i_2 之间，可用内插法计算。

④在内插法下的计算公式如下：

$$i=i_1+\frac{\beta_1-\alpha}{\beta_1-\beta_2}\cdot(i_2-i_1)$$

【例 2-14】某公司第 1 年初借款 80 000 元，每年年末还本付息总额均为 16 000 元，连续 9 年还清。问该公司的实际借款利率为多少？

解：①计算 $\dfrac{P}{A}=\dfrac{80\ 000}{16\ 000}=5$

②查"普通年金现值系数表"，沿着 $n=9$ 这一行横向查找，找不到某一数字正好等于 5，则继续沿着 $n=9$ 这一行找与 5 最接近的两个左右相邻的数值，是 5.328 2 和 4.946 4，令 β_1、$=5.328\ 2$，$\beta_2=4.946\ 4$，找出 β_1、β_2 所对应的利率，则 $i_1=12\%$、$i_2=14\%$。

利率　　　　　　　　　　　　年金现值系数

$$\left.\begin{array}{l}12\%\\[4pt] i\\[4pt] 14\%\end{array}\right\}\ i=12\%+\left\}14\%-12\%\right\}\ \left.\begin{array}{l}5.328\ 2\\[4pt] 5\\[4pt] 4.946\ 4\end{array}\right\}-0.328\ 2\right\}-0.381\ 8$$

$$\frac{i-12\%}{14\%-12\%}=\frac{5-5.328\ 2}{4.946\ 4-5.328\ 2}$$

$$i=12\%+\frac{5-5.328\ 2}{4.946\ 4-5.328\ 2}\cdot(14\%-12\%)$$

$$=13.72\%$$

（3）一次性收付款项利率（折现率）的推算。

根据复利利终值或现值的计算公式，可得：

$$i=\sqrt[n]{\frac{F}{P}}-1$$

也可以运用内插法计算。若已知复利现值（或者终值）系数以及期数 n，可以查"复利现值（或者终值）系数表"，找出与已知复利现值（或者终值）系数最接近的两个系数及其对应的利率，按内插法公式计算利率。

【例 2-15】王先生下岗获得 50 000 元现金补助，他决定趁现在还有劳动能力，先找工作糊口，将款项存起来。王先生预计，如果 20 年后这笔款项连本带利达到 250 000 元，那就可以解决自己的养老问题。问银行存款的年利率为多少，王先生的预计才能变为现实？

解答：$50\ 000\times(F/P,\ i,\ 20)=250\ 000$

$(F/P,\ i,\ 20)=5$，即 $(1+i)^{20}=5$

可采用内插法计算：

当 $i=8\%$ 时，$(1+8\%)^{20}=4.661$

当 $i=9\%$ 时，$(1+9\%)^{20}=5.604$

因此，i 在 8% 和 9% 之间。

运用内插法，则：

$$i＝8\%＋(5－4.661)\times(9\%－8\%)/(5.604－4.661)＝8.359\%$$

说明如果银行存款的年利率为8.539％，则王先生的预计可以变为现实。

（4）永续年金利率（折现率）的推算。

根据永续年金现值的计算公式，可得：

$$i＝\frac{A}{PA}$$

3. 计息期数的推算

在财务管理中，有时也会遇到已知终值、现值、年金、利率（折现率），求计息期数的问题。例如：某人想在若干年后存够30万买用于购买商品房的首付款，如果现在起每年年末存4万元，在银行存款利率为4％的条件下，需要存多少年？

计息期数的推算，其原理和步骤与利率（折现率）i的推算方法类似，区别只是沿着已知i所在列纵向查找计息期数n。现以普通年金为例，在已知P_A或F_A、A和i的情况下，推算普通年金计息期数的步骤如下：

（1）计算$\frac{PA}{A}$（或$\frac{FA}{A}$）的值，假定$\frac{PA}{A}$（或$\frac{FA}{A}$）$＝\alpha$

（2）查"普通年金现值系数表"或"普通年金终值系数表"，沿着i所在列纵向查找，若能找到某一数字等于α，则该数字所在行对应的n即为所求的普通年金计息期数。

（3）若不能找到某一数字正好等于α，就需要沿着i所在列找与α最接近的两个上下相邻的数值，设为β_1、β_2（$\beta_1\alpha＜\beta_2$），找出β_1、β_2所对应的计息期数，设为n_1、n_2，则普通年金计息期数n必在n_1和n_2之间，可用内插法计算。

$$n＝n_1＋\frac{\beta_1－\alpha}{\beta_1－\beta_2}\cdot(n_2－n_1)$$

【例2－16】某人想存够30万用于购买一部轿车，如果现在起每年年末存5万元，在银行存款利率为4％的条件下，需要存多少年？

解：①计算$\frac{FA}{A}＝\frac{300\ 000}{50\ 000}＝6$

②查"普通年金终值系数表"，沿着$i＝4\%$这一列纵向查找，找不到某一数字正好等于6，则继续沿着$i＝4\%$这一列找与6最接近的两个上下相邻的数值，是6.633 0和5.416 3，令β_1＝6.633 0，$\beta_2＝5.416\ 3$，找出β_1、β_2所对应的计息期数，则$n_1＝6$、$n_2＝5$。

计息期数			年金终值系数		
5			5.416 3		
n	$n-5$	$6-5$	6	0.583 7	1.216 7
6			6.633 0		

$$\frac{n－5}{6－5}＝\frac{6－5.416\ 3}{6.633－5.416\ 3}$$

$$n＝5＋\frac{6－5.416\ 3}{6.633－5.416\ 3}\cdot(6－5)$$

$$＝5.48$$

任务二 风险衡量指标计算及应用

任务引例

某饮料厂陷入经营困境，原有果汁饮料因市场竞争激烈，消费者喜好产生变化等开始滞销。为改变产品结构，开拓新的市场领域，拟开发两种饮料产品。

（1）开发洁清纯净水。

面对全国范围内的节水运动及环境问题，开发部认为洁清纯净水将进入百姓的日常生活，市场前景看好，有关预测资料如表2-1所示。

表2-1 纯净水预测表

市场销路	概率	预计年收益率
好	0.3	25%
一般	0.5	20%
差	0.2	15%

（2）开发消渴啤酒。

北方人有豪爽、好客、畅饮的性格，亲朋好友聚会的机会日益增多；北方气温大幅度升高，并且气候干燥；北方人的收入明显增多，生活水平日益提高。开发部据此提出开发消渴啤酒方案，有关市场预测资料如表2-2所示。

表2-2 啤酒预测表

市场销路	概率	预计年收益率
好	0.3	30%
一般	0.5	20%
差	0.2	10%

要求解决以下问题：

（1）对两个产品开发方案的收益与风险予以计量。

（2）公司应选择哪个方案？

知识解析

一、认识风险

（一）风险的概念

风险随处可见，不同的人对风险的感受也不一样。学生面临的风险是可能考试不及格，拿不到奖学金；股票投资者面临的风险是股票价格的波动，以及因此而可能造成的投资损失；农民面临的风险是粮食价格波动可能带来的收益损失。那么，何谓风险呢？

从财务管理的角度看，风险就是企业在各项财务活动过程中，由于各种难以预料或无法控制的因素作用，企业的实际收益与预计收益发生背离，从而蒙受经济损失的可能性。风险意味着有可能出现与人们取得收益的愿望相背离的结果。当人们只能够事先确定采取某种行动有多种可能的结果，以及每种结果出现可能性的程度，而行动的最终结果究竟会怎样，人们不能预知，这就是风险。例如，掷一枚硬币，我们可事先知道硬币落地时有正面朝上和反面朝上两种结果，每种结果出现的可能性各为 50%，但谁也无法事先知道硬币落地时是正面朝上还是反面朝上。如上例，我们在预计一个投资项目的报酬时，不可能十分精确，也没有百分之百的把握，有些事情的未来发展变化我们也不可能事先确知，如价格、销量、成本等都可能发生我们预想不到且无法控制的变化。

在经济活动中，风险一般具有以下几个特征：

（1）风险是事件本身的不确定性，具有客观性。风险不同于危险，危险只可能出现坏的结果，而风险则是指既可能出现坏的结果，也可能出现好的结果。

风险具有客观性，而风险决策具有主观性。例如，投资于国库券的收益不确定性较小，而投资于股票的不确定性大得多，在什么时间购买、买多少等这些条件变化时的风险是不一样的。也就是说，投资的风险大小是客观的，是否去冒风险及冒多大的风险，是可以选择的，是主观决策。人们在投资活动中，由于主观努力，把握时机，往往能有效地避免失败，并取得较高的收益。

（2）风险是一把"双刃剑"，它可能给投资人带来收益，也可能带来超出预期的损失。一般来说，投资人对意外损失的关切比对意外收益要强烈得多。因此，人们研究风险时侧重研究如何减少损失，主要从不利的方面来考察风险，通常把风险看成是不利事件发生的可能性。

（3）风险是"一定时期内"的风险，风险的大小随时间延续而变化。当我们估计一个投资项目的成本时，事先的预计可能不很准确，越接近完工则预计越准确。随时间延续，事件的不确定性在减小。事件完成时结果也就完全肯定了。

风险是客观的、普遍的，广泛地存在于企业的财务活动中，并影响着企业的财务目标。企业冒着风险投资的最终目的是为了得到额外收益。由于各种难以预料和无法控制的原因，可能使企业遭受风险，蒙受损失，因此，仔细分析风险，以承担最小的风险来换取最大的收益，是十分必要的。

（二）风险的类型

1. 从投资主体的角度分，风险可分为市场风险和企业特有风险

（1）市场风险。市场风险是指影响所有企业的风险。它由企业的外部因素引起的风险，如国家政治形势的变化、国家经济政策的调整、战争、自然灾害、利率的变化、经济周期的变化等。这些因素往往会对证券市场上所有资产的收益产生影响，因此不可能通过多元化投资来分散，企业无法控制、无法分散，涉及所有的投资对象，又称系统风险或不可分散风险。系统风险对于不同行业、不同企业的影响是不同的，有些行业或企业受其影响较大，有些则受其影响要小一些。例如：一个人投资于股票，不论买哪一种股票，他都

要承担市场风险,金融危机导致经济衰退时各种股票的价格都要下跌,但程度不同。

(2)企业特有风险。企业特有风险是指个别企业的特有事件造成的风险。如工人罢工、新产品开发失败、没有争取到重要合同、诉讼失败、销售份额减少等。这类事件是随机发生的,只与个别企业和个别投资项目有关,不涉及所有企业和所有项目,可以通过多元化投资来分散,即发生于一个企业的不利事件可以被其他企业的有利事件所抵消。这类风险又称非系统风险和可分散风险。例如:一个人投资于股票时,买几种不同的股票比只买一种股票风险小。

2. 从企业本身的角度分,风险可分为经营风险和财务风险

(1)经营风险。经营风险是指由于企业生产经营条件的变化对企业收益带来的不确定性,又称商业风险。这些生产经营条件的变化可能来自于企业内部的原因,也可能来自于企业外部的原因,例如,由于原材料价格变动、供应渠道改变、新材料的出现等引起的供应方面的风险;由于设备故障、产品质量问题、新产品开发失败、生产组织不合理等引起的生产方面的风险;由于消费者爱好的变化、新的竞争对手的出现、销售决策失误等引起的销售方面的风险。此外,经济危机、通货膨胀、宏观经济政策的变化等,也会给企业的经营带来风险。这些内外因素的共同作用,会使企业的生产经营产生不确定性,最终引起收益变化。

(2)财务风险。财务风险是指由于企业举债而给财务成果带来的不确定性,又称筹资风险。企业借款,虽可以解决企业资金短缺的困难、提高自有资金的盈利能力,但也改变了企业的资金结构和自有资金利润率,还须还本付息,并且借入资金所获得的利润是否大于支付的利息额,具有不确定性,因此借款就有风险。在全部资金来源中,借入资金所占的比重大,企业的负担就重,风险程度也就高。因此,必须确定合理的资金结构,维持适当的负债水平,企业既要充分利用举债经营这一手段获取财务杠杆收益,提高权益资金的盈利能力,又要注意防止过度举债而加大财务风险,避免陷入财务困境。

二、风险的衡量

风险客观存在,广泛影响着企业的财务和经营活动,因此,正视风险并将风险程度予以量化,进行较为准确的衡量,便成为企业财务管理中的一项重要工作。统计中的方差、标准差、标准离差率等反映实际结果与期望结果偏离程度的指标,往往被用来计算与衡量风险的大小。

(一)概率与预期收益

在完全相同的条件下,某一事件可能发生也可能不发生,可能出现这种结果也可能出现另外一种结果,这类事件称为随机事件。例如,财务管理中的投资收益率、现金流量等都是随机事件。概率就是用来表示随机事件发生可能性大小的数值。通常,把必然发生的事件的概率定为1,把不可能发生的事件的概率定为0,随机事件的概率在0与1之间,所有可能的 n 种结果出现的概率之和一定为1。上例中,所有市场销路的概率 P_i 均在0和1之间,且 $P_1+P_2+P_3=0.3+0.5+0.2=1$。

如果我们将一项活动各种可能结果及相应的概率按一定规则排列出来,构成分布图,

则称为概率分布。概率分布一般用平面直角坐标系的图示来反映，横坐标表示某一事件的结果，纵坐标表示每一结果相应的概率。

概率分布有两种类型：一是离散型概率分布，其特点是各种可能结果只有有限个值，概率分布在各个特定点上，是不连续图像；二是连续型概率分布，其特点是各种可能结果有无数个值，概率分布在连续图像上的两点之间的区间上。

我们在进行投资分析时，为了简化计算，通常假设经济情况的个数是有限个的，并为每一种经济情况赋予一定的概率，这种概率分布就是属于离散型分布。

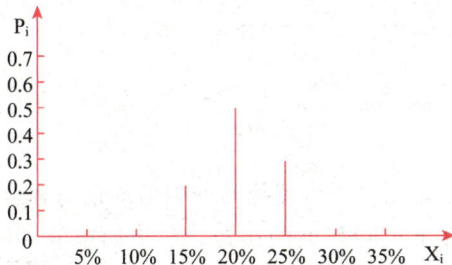

图 2-2　概率柱状分布图

图 2-3　概率分布折线图

期望值是一个概率分布中的所有可能结果以各自相应的概率为权数计算的加权平均值。通常用符号 E 表示，根据概率统计知识，一个随机变量的期望值为：

$$E = \sum_{i=1}^{n} X_i P_i$$

利用"引导案例"中的资料分别计算纯净水（A 项目）和啤酒（B 项目）两个项目收益率的期望值：

$$E_A = 25\% \times 0.3 + 20\% \times 0.5 + 15\% \times 0.2 = 20.5\%$$
$$E_B = 30\% \times 0.3 + 20\% \times 0.5 + 10\% \times 0.2 = 21\%$$

期望收益率仅代表一个投资项目的获利水平的高低，反映预计收益的平均化，它代表着投资者的合理预期，但不能反映投资项目的风险程度。如 A、B 两个项目，虽然其预期收益率相同，但其概率分布不同。因此，还需要通过一系列指标刻画投资项目的风险程度。

（二）标准差

标准差是用来衡量概率分布中各种可能值对期望值的偏离程度，反映风险的大小，标准差用 σ 表示。标准差的计算公式为：

$$\sigma = \sqrt{\sum_{i=1}^{n} (X_i - E)^2 P_i}$$

标准差用来反映决策方案的风险，是一个绝对数。在 n 个方案的情况下，若期望值相同，则标准差越大，表明各种可能值偏离期望值的幅度越大，结果的不确定性越大，风险也越大；反之，标准差越小，表明各种可能值偏离期望值的幅度越小，结果的不确定越小，则风险也越小。

利用"引导案例"中的资料，计算标准差：

$$\sigma_A = \sqrt{(25\% - 20.5\%)^2 \times 0.3 + (20\% - 20.5\%)^2 \times 0.5 + (15\% - 20.5\%)^2 \times 0.2}$$
$$= 3.5\%$$

$$\sigma_B = \sqrt{(30\% - 21\%)^2 \times 0.3 + (20\% - 21\%)^2 \times 0.5 + (10\% - 21\%)^2 \times 0.2}$$
$$= 5\%$$

（三）标准离差率

标准差作为一个绝对数，反映了可能值与期望值的偏离程度，可用来衡量风险，但它只适用于在期望值相同条件下风险程度的比较，对于期望值不同的决策方案，则不适用，为此，我们需要引入标准离差率这一指标。

标准离差率是指标准差与期望值的比值，也称离散系数，用 V 表示，计算公式如下：

$$V = \frac{\acute{o}}{E}$$

标准离差率是一个相对数，标准离差率越大，表明可能值与期望值偏离程度越大，结果的不确定性越大，风险也越大；反之，标准离差率越小，表明可能值与期望值偏离程度越小，结果的不确定性越小，风险也越小。

利用"引导案例"中的资料计算标准离差率：

$$V_A = \frac{3.5\%}{20.5\%} = 0.170\ 7 = 17.07\%$$

$$V_B = \frac{5\%}{21\%} = 0.238\ 1 = 23.81\%$$

可见，A 的标准离差率小于 B 的标准离差率，即 A 的风险程度小于 B。

有了标准离差率，我们就可以确定不同方案风险的大小，选择决策方案。对单个方案，决策者可将标准离差（率）与设定的可接受的此项指标最高限值比较；对于多个方案，决策者应选择低风险、高收益的方案，即选择标准离差（率）低、期望值高的方案。但实际经济生活中，往往高收益伴随着高风险，低收益的方案往往风险也较低，这就需要决策者在风险和收益之间进行权衡，具体情况具体分析，而且还要视决策者对风险的态度而定。对风险比较反感的人可能会选择期望收益较低同时风险也较低的方案，喜爱冒风险的人则可能选择风险虽高但同时收益也高的方案。

三、风险报酬的计算

（一）风险报酬的含义

如上所述，企业的财务活动和经营管理活动总是在有风险的状态下进行的，只不过风险有大有小。投资者冒着风险投资，是为了获得更多的报酬，冒的风险越大，要求的报酬就越高。风险和报酬之间存在密切的对应关系，高风险的项目必然有高报酬，低风险的项目必然低报酬，因此，风险报酬是投资报酬的组成部分。投资者要求的最低报酬率应该包括无风险报酬率与风险报酬率两部分。即：

必要收益率＝无风险收益率＋风险收益率

那么，什么是风险报酬呢？它是指投资者冒着风险进行投资而获得的超过货币时间价值（不考虑通货膨胀）的那部分额外收益，是对人们所遇到的风险的一种价值补偿，也称风险价值。它的表现形式有两种：风险报酬额和风险报酬率。

风险报酬额是指投资者因冒风险进行投资而获得的超过时间价值的额外报酬，是对人们所遇到风险的一种价值补偿，也称为风险价值。

风险报酬率是风险报酬额与原投资额的比率，也叫风险收益率。通常用风险报酬率来表示风险报酬。在财务管理实务中，风险报酬一般以风险报酬率来表示。

（二）风险报酬的计算

标准离差率仅反映一个投资项目的风险程度，并未反映真正的风险报酬，要将其换算为风险报酬率必须借助于一个转换系数—风险报酬系数，又叫风险报酬斜率。风险报酬率、风险报酬系数和标准离差率之间的关系可用公式表示如下：

$$R_R = bV$$

式中：R_R 为风险报酬率；b 为风险报酬系数（风险的价格）；V 为标准离差率（风险的大小）。

其中，b 的设定方法主要有以下几种：

（1）根据以往同类投资项目的历史资料进行确定。

（2）主要是根据标准离差率、风险报酬系数和风险报酬率的历史数据进行测算。

（3）企业领导或企业组织有关财经专家加以确定。如缺乏历史资料，可由企业领导如CEO、CFO等根据经验确定，也可由企业组织有关财经专家加以确定。

（4）由国家有关部门组织专家确定。

风险报酬率是指投资者因冒风险进行投资而要求的、超过货币时间价值的那部分额外的收益率，在金额上等于风险报酬额与原投资额的比率。

如果不考虑通货膨胀，投资者冒着风险进行投资所希望得到的投资报酬率是无风险报酬率与风险报酬率之和。即：

$$K = R_f + R_R = R_f + bV$$

式中：K 为投资报酬率；R_f 为无风险报酬率。

无风险报酬率就是货币的时间价值，是在没有风险状态下的投资报酬率，是投资者投资某一项目，能够肯定得到的报酬，具有预期报酬的确定性，并且与投资时间的长短有关，可用政府债券利率来近似地替代。

风险报酬率是风险价值，是超过货币时间价值的额外报酬，风险报酬率与风险大小并成正比关系。

风险和投资报酬率的关系如图 2－4 所示：

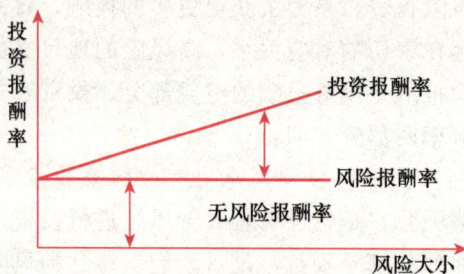

图 2-4 风险和收益的关系图

利用"引导案例"中的资料，假设无风险报酬率为 4%，股票投资的风险报酬系数为 0.3，则投资 A 项目的风险报酬率和期望投资报酬率分别为：

$$A 项目的风险报酬率 = 0.3 \times 17.07\% = 5.12\%$$
$$A 项目的期望投资报酬率 = 4\% + 5.12\% = 9.12\%$$

由于 B 项目的风险程度大于 A 项目，按理论上计算出来的 B 项目的风险报酬率就会高于 A 项目。

五、风险的控制对策

（一）规避风险

当风险所造成的损失不能由该项目可能获得收益予以抵销时，应当放弃该项目，以规避风险。例如：拒绝与不守信用的企业业务往来；放弃可能明显导致亏损的投资项目。

（二）减少风险

主要有两方面意思：一是控制风险因素，减少风险的发生；二是控制风险发生的频率和降低风险损害程度。

减少风险的常用方法有：及时与政府部门沟通获取政策信息；进行准确的预测；对决策进行多方案优选或相关替代；在发展新产品前，充分进行市场调研；采用多领域、多地域、多项目、多品种的投资以分散风险。

（三）转移风险

对有可能给企业带来灾难性损失的项目，企业应以一定代价，采取某种方式转移风险。如向保险公司投保；采取合资、联营、联合开发等措施实现风险共担；通过技术转让、租赁经营和业务外包等实现风险转移。

（四）接受风险

接受风险包括风险自担和风险自保两种方式。风险自担，是指风险损失发生时，直接将损失摊入成本或费用，或冲减利润；风险自保，是指企业预留一笔风险金或随着生产经营的进行，有计划地计提资产减值准备等。

任务三　有价证券投资的风险与估价

随着我国资本市场的不断发展，证券品种越来越多，企业证券投资的选择余地也越来越大，这里介绍股票和债券投资的风险、基本估价模型以及证券投资收益率的计算方法，以便为企业的证券投资决策奠定理论基础。

一、有价证券投资的概念和种类

有价证券投资是指企业为特定经营目的和获取收益，在金融市场上买卖短期和长期有价证券的投资行为。金融市场上的有价证券种类很多，证券投资按其投资的对象不同，可分为债券投资、股票投资、基金投资以及衍生金融资产投资等等。其中，债券投资、股票投资、基金投资是目前企业最常用的投资方式。

（一）债券投资

债券投资是指投资者购买国库券、公司债券等各类债券，以取得稳定收益的一种投资活动。

（二）股票投资

股票投资是指将资金投向股票，通过股票的买卖获取收益的投资行为。

（三）基金投资

基金投资是指投资者通过购买投资基金份额来获取收益的投资方式。这种方式可使投资者享受专家服务，有利于分散风险，获得一定的投资收益。

二、有价证券投资的目的

（一）充分利用闲置资金，增加企业收益

企业在生产经营过程中，一般都拥有一定数量的现金，以满足日常经营的需要，但是，从现金管理的角度来看，盈利性较差的现金余额过多是一种浪费。因此，企业可以将闲置的现金进行有价证券投资，以获取一定的收益，并在现金流出超过现金流入时，将持有的证券出售，以取得经营所需的现金。这样，既能调节现金余额，又能增加企业的投资收益。

（二）与筹集长期资金相配合

处于成长期或扩张期的公司一般每隔一段时间就会发行股票或公司债券，但所获得的资金一般并不一次用完，而是逐渐、分次使用。这样，暂时不用的资金可投资于有价证券，以获取一定收益，而当企业进行投资需要资金时，则可出售有价证券，以获得现金。

（三）满足未来的财务需求

企业可以采用储备有价证券的形式来储备现金，以便到时售出，满足未来财务方面的

需求。

（四）满足季节性经营对现金的需求

从事季节性经营的公司在一年内的某些月份有剩余现金，在另几个月则会出现现金短缺，这些公司通常在现金有剩余时买入证券，而在现金短缺时出售证券。

（五）获得对相关企业的控制权

有些企业为了控制其他企业，往往会动用一定资金购买一企业的股票，以便获得对这些企业的控制权。

三、有价证券投资的风险与收益

（一）有价证券投资的风险

证券投资风险按风险性质分为系统性风险和非系统性风险两大类别。

1. 系统性风险

系统性风险又称不可分散风险或市场风险，是由于外部某些因素变化引起整个金融市场不确定性加强，从而给市场上所有证券都带来经济损失的可能性。如战争、经济衰退、通货膨胀、国家货币政策变化等因素对所有证券都会有不同程度的影响。系统性风险包括以下几种：

（1）利率风险。由于利率变动而引起证券价格波动，投资人遭受损失的风险，称利率风险。证券的价格将随利率的变动而变动，一般而言，银行利率下降，则证券价格上升；银行利率上升，则证券价格下跌；不同期限的证券，利率风险也不一样，期限越长，风险越大。

（2）购买力风险。购买力风险，又称通货膨胀风险，是指由于通货膨胀而使证券到期或出售时所获得的货币资金的购买力降低的风险。一般而言，随着通货膨胀的发生，浮动收益的证券比固定收益的证券要好。因此，普通股票被认为比公司债券和其他有固定收入的证券能更好地避免购买力风险。

（3）再投资风险。再投资风险是由于市场利率下降，投资者在证券到期后找不到合适投资机会的风险。例如投资者的部分债券到期，目前市场利率已下降到 8％，而原来购买这部分债券的利率为 12％，所以，投资者在目前情况下进行再投资的投资报酬率只能在 8％左右，不能使再投资报酬率达到 12％。

2. 非系统性风险

非系统性风险又称可分散风险或公司特有风险，是由于某些因素变化对个别证券造成经济损失的可能性。它是一种特定公司或行业所特有的风险。如只影响特定公司的自然灾害、企业在诉讼中失败、企业在市场竞争中失败、主要客户消失等。非系统性风险主要包括以下几种：

（1）违约风险。违约风险是指证券发行人无法按期支付利息或偿还本金的风险。一般而言，政府发行的证券违约风险小，金融机构发行的证券次之，工商企业发行的证券风险相对较大。造成发行人违约的原因有以下几个方面：①政治、经济形势发生重大变动。②发生自然灾害，如水灾、火灾等。③企业经营管理不善，成本高、浪费大。④企业在市场竞争中失败，主要顾客消失。⑤企业财务管理失误，不能及时清偿到期债务。

（2）流动性风险。流动性风险是指在投资者想以合理的价格出售证券获取现金时，证券不能立即出售的风险。一种能在短期内以合适的价格大量出售的资产，是流动性较好的资产，这种资产的流动性风险较小；反之，有的资产不能在短期内以合理价格出售，则属于流动性较差的资产，这种资产的流动性风险较大。例如，购买小公司的债券，想立即出售比较困难，因而流动性风险较大；但若购买国库券，几乎可以立即出售，则流动性风险小。

（3）破产风险。破产风险是在证券发行者破产清算时，投资者无法收回应得收益的风险。当证券发行者由于经营管理不善而持续亏损、现金周转不畅而无力清偿债务或其他原因导致难以持续经营时，可能会申请破产保护。破产保护会导致债务清偿的赦免，使得投资者无法取得应得的投资收益。

（二）有价证券投资的收益

企业进行证券投资的目的之一是为了获取投资收益，证券投资的收益包括投资的资本利得以及定期的股利或利息收益。资本利得是指证券投资者通过证券的买卖，主要是低买高卖所获得的资本价差收益，但如果卖出价低于买入价，则资本利得收益表现为负值。股利或利息收益是指投资者按期从证券发行人处取得的资金使用费收入，如债券的利息、股票的股利等。证券投资收益，既可以用相对数表示，也可以用绝对数表示，而在企业财务管理中通常用相对数，即投资收益率来表示。

四、债券投资的风险与估价

企业可以发行债券筹集资金，也可以购买其他企业的债券以获得投资收益。债券投资是企业作为债权人通过认购债券，成为债券发行单位债权人，并获取投资收益的活动。这里的债权包括国库券、金融债券、企业债券、公司债券等。

（一）债券投资的风险分析

债券投资具有非常明确的期限性，投资者既可按期收到固定的利息，并到期日收回本金。尽管债券的利率一般是固定的，债券投资仍然和其他投资一样是有风险的。债券投资的风险包括违约风险、利率风险、购买力风险、流动性风险和再投资风险。

1. 违约风险

违约风险是指债券的发行人不能履行合约规定的义务，无法按期支付利息和偿还本金的风险。不同种类的债券风险是不同的。政府债券是以国家财政为担保，一般不会违约，可看作无风险的债券。其他债券一般都存在违约风险。一般来说，金融机构发行的债券的风险要比公司债券的风险小。形成违约风险的原因有很多，但常见的有：政治、经济形势等宏观环境发生重大变化；自然灾害或其他非常事故，如水灾、战争等；企业在竞争中失败，丧失生存和发展的机会；企业经营不善，发生重大亏损；企业陷入财务困境，缺乏足够的现金清偿到期债务等。

在西方国家，违约风险的大小，通常通过对债券的信用评级表现出来。世界著名的信用评级机构有穆迪评价公司和标准普尔公司。标准普尔公司将评定的债券分为三等九级，即 AAA、AA、A、BBB、BB、B、CCC、CC、C。高信用等级的债券违约风险要比低信用等级的债券小。根据信用等级，债券可以分为两大类，从 AAA 级到 BBB 为投资级，B 级以下一般就是投机级。

2. 利率风险

利率风险是指由于市场利率上升而引起的债券价格下跌，从而使投资者遭受损失的风险。债券的价格随着市场利率的变动而变动。一般来说，当市场利率上升时，债券价值会随之下降，引起债券市场价格下跌，从而使投资者遭受损失；但当市场利率下降时，债券价值会随之上升，导致债券市场价格上升，从而使投资者从中获得额外收益。这项损益与债券本身的质量无关，它是由企业无法控制的货币市场货币资金供求变化引起利率的变化造成的。

3. 流动性风险

流动性风险是指债券能否在短期内按合理的市场价格出售的风险，又称变现力风险。也就是说，如果投资者遇到了另一个更好的投资机会，他想出售现有资产以便再投资，但短期内找不到愿意出合理价格的买主，要把价格降到很低才能找到买主，或者要等很长时间才能找到买主，不是丧失新的机会就是蒙受降价损失。例如，某人购买一种冷门债券，当他想在短期内出售时，就只好折价。国库券有一个活跃的市场，如果他当初买的是国库券，可以在极短的时间内以合理的市价将其售出。一般来说，政府债券以及一些著名的大公司债券的流动性较高，而不为人们所了解的小公司的债券的流动性就较差。

4. 购买力风险

购买力风险又称通货膨胀风险，是指由于通货膨胀而使债券到期或出售时所获得的现金的购买力减少的风险。在通货膨胀比较严重的时期，通货膨胀风险对债券投资者的影响比较大，因为投资于债券只能得到一笔固定的利息收益，而由于货币贬值，这笔现金收入的购买力会下降。一般而言，在通货膨胀情况下，固定收益证券要比变动收益证券承受更大的通货膨胀风险。因此，公司债券被认为比普通股票有更大的通货膨胀风险。然而，如果发生过度的通货膨胀，任何资本市场都无法避免购买力风险，投资者会纷纷将资金投资于房地产等保值能力较强的实物资产，从而导致各种证券的价格下跌，加大了风险。减少购买力风险的对策就是在通货膨胀期间投资于实物资产和普通股。

5. 汇率风险

汇率风险是指由于外汇汇率的变动而给外币债券的投资者带来的风险。当投资者购买了某种外币债券时，本国货币与该外币的汇率变动会使投资者难以确定未来的本币收入。如果债券到期时，该外币贬值，就会使投资者遭受损失。

6. 期限风险

期限风险是指由于债券期限长而给投资者带来的风险。一项债券投资的时间越长，投资者面临的不确定性因素就越多，所承担的风险也就越大。

（二）债券的内在价值

债券的内在价值是指债券未来现金流入的现值。投资者在做债券投资决策时，只有债券的价值大于购买价格才值得购买。债券价值估算的基本模型是：

$$V=\frac{I_1}{(1+R)^1}+\frac{I_2}{(1+R)^2}+\cdots+\frac{I_n}{(1+R)^n}+\frac{M}{(1+R)^n}=\sum_{i=1}^{n}\frac{I_t}{(1+R)^t}+\frac{M}{(1+R)^n}$$

式中，V 为债券价值；I_t 为第 t 期的利息；M 为到期的本金；R 为贴现率，投资者要求的必要报酬率，一般采用当时的市场利率；n 为债券到期前的年数。

1. 分期支付利息、到期归还本金的债券估价模型

典型的债券是固定利率、每年计算并支付利息、到期归还本金。其基本模型为

$$V=I\times(P/A,R,n)+M\times(P/F,R,n)$$

即　　　　　　　　　债券价值＝各年的利息的现值＋面值的现值

【例 2－17】 企业于 2020 年 7 月 1 日购买了一张面值为 1 000 元，票面利率为 10%，期限为 3 年的债券，每年 1 月 1 日和 7 月 1 日计算并支付利息。当时的市场利率为 12%，则该债券当时的购买价值计算如下：

$$V=1\,000\times10\%\times6/12\times(P/A,6\%,6)+1\,000\times(P/F,6\%,6)$$
$$=950.85(元)$$

如果该债券当时的市场价格为 948 元，由于债券价值高于市价，若忽略风险，则投资此债券合算。

2. 一次还本付息且不计复利的债券估价模型

我国目前发行的债券大多属于一次还本付息且不计复利的债券，其基本模型为

$$V=M(1+n\times i)\times(P/F,R,n)$$

式中，i——债券的票面利率，

即　　　　　　　　　债券价值＝到期本利和×复利现值系数

【例 2－18】 聚源公司拟购买东方公司发行的利随本清的债券，该债券面值 100 元，票面利率 10%，期限 5 年，当前市场利率为 8%，当该债券市场价格为多少时，聚源公司才能购买？

$$100(1+10\%\times5)(P/F,8\%,5)$$
$$=150\times0.680\,6$$
$$=102.09（元）$$

当该债券的市场价格低于 102.09 元时，聚源公司才能购买。

3. 无息债券（折现发行债券）的估价

无息债券是指以折价方式发行，没有票面利率，到期按面值偿还的债券。其价值为到期本金的现值。

$$V=M\times(P/F,R,n)$$

即　　　　　　　　　债券价值＝面值 * 复利现值系数

【例 2－19】 聚源公司拟购买南方公司发行的债券面值 1 000 元，期限 5 年，以折价方式发行，期内不计利息，到期按面值偿还本金，若当前市场利率为 12%，该债券市场价格

为多少时，聚源公司才应该购买该债券？

$$1\ 000(P/F,12\%,5)=1\ 000\times 0.567\ 4=567.4(元)$$

当该债券市场价格低于567.4元时，聚源公司才应该购买。

（三）债券的到期收益率

债券的到期收益率是指从购买债券后，一直持有该债券至到期可获取的收益率，是使债券投资的未来现金流入的现值之和与现金流出现值相等的贴现率。当债券的到期收益率高于债券投资者要求的必要报酬率时，则应投资该债券，反之，则应放弃投资该债券。

1. 分期支付利息的债券

计算到期收益率的方法是求解含有折现率的方程。

【例2－20】聚源公司拟购买东方公司发行的面值10 000元的债券，票面利息率12%，每年付息一次，期限8年，投资者以10 600的价格购入并持有该种债券到期。计算债券持有期年均收益率。其到期收益率可通过下式计算：

$$10\ 600=1\ 200\times(P/A,i,8)+10\ 000\times(P/F,i,8)$$

计算其中i的方法是逐次测试法：

设$i=10\%$，

$$1\ 200\times(P/A,10\%,8)+10\ 000\times(P/F,10\%,8)=11\ 067$$

设$i=11\%$，

$$1\ 200\times(P/A,11\%,8)+10\ 000\times(P/F,11\%,8)=10\ 515$$

利率	净现值
10%	11 067
i	10 600
11%	10 515

解得$i=10.85\%$

如果该企业要求的收益率为8%，则买入此债券合适。

2. 到期一次还本付息债券

【例2－21】聚源公司拟购买北方公司当日发行的三年期，到期一次还本付息的债券，面值100 000元，票面利率6%，买入价为90 000元。则债券持有期年均收益率为（债券利息采用单利计息方式）

$$90\ 000=118\ 000\times(1+K)$$

$$(1+K)^{-3}=118\ 000/90\ 000^{-3}$$

$$K=\sqrt[3]{\frac{118\ 000}{90\ 000}}-1=9\%$$

3. 无息债券（折现发行债券）

计算到期收益率的方法与到期一次还本付息债券收益率的计算方法相同。

五、股票投资的风险与估价

股票是一种有价证券，它是股份公司发行的用以证明投资者的股东身份和权益，并据以获取股息和红利的凭证。

股票一经发行，持有人即为股票发行公司的股东，有权参与公司的决策，分享公司的利益，同时也要分担公司的责任和经营风险。股票一经认购，持有人不能以任何理由要求退还股本，只能通过证券市场将股票转让和出售。作为交易对象和抵押品，股票已成为金融市场上主要的、长期的信用工具，但实质上，股票只是代表股份资本所有权的证书，它本身并没有任何价值，不是真实的资本，而是一种独立于实际资本之外的虚拟资本。

（一）股票投资的风险

股票投资的风险按照形成来源可以分为股票市场风险和公司特有风险。

股票市场风险，是指因政治、经济的宏观因素以及技术和人为因素等个别或综合作用于股票市场致使股票价格大幅波动，从而给投资者带来经济损失的可能性。股票市场的风险主要有：国家宏观经济政策变动所带来的风险，社会经济状况变动、行业变动、利率变动和通货膨胀等因素所带来的风险等。股票市场的最大风险是股市风潮风险。从西方国家的股票市场来看，股市的风潮是经常发生的，而且亦会发生股市危机的情况。在发生股市危机时，股市的价格一落千丈，这是投资者的灾难，是股票投资者最大的风险。

公司特有风险是由公司经营管理水平及偶然事件引起公司盈利水平的变动，从而给投资者带来经济损失的可能性。投资者投资于股票，其作为股东的权益必然要由发行该股票的股份公司来兑现，股东的股息和红利主要取决于股份公司的经营和获利能力，因此，股票投资者必然面临着来自股份公司的风险问题。最轻微的风险体现为，股份公司盈利下降，股东的股息和红利水平亦会下降，该股票的市场价格一般会出现下跌的趋势，因此会直接影响股票持有者的收益。相比较而言，股份公司破产或解散的风险是一种高强度风险。在股份公司破产时，股东持有的股票不可能交易转让，而且要在清偿股份公司债权人的债务后，才能就剩余的资产在股东间按股票的类别顺序和股东所占有的股份份额进行分配，以获得一些投资的补偿，甚至连一点补偿也得不到，股票变成"一纸空票"，毫无价值。

（二）股票价值的计算

股票价值是指股票预期能够提供的所有未来现金流量的现值。只有当股票的价值大于股票价格时，才值得购买。

对于股票价值的计算，利用货币时间价值计算方法，先进行现金流量分析，然后再将其折算成现值即可。关键是估计股票未来的股利以及折现率。未来的股利取决于股票发行公司的盈利能力及利润分配政策，即每股收益和股利支付率，可根据发行公司的历史资料及对未来的盈利预测，运用统计分析加以确定。折现率就是股东所要求的必要收益率，可根据发行公司的风险程度，运用资本资产定价模型或在债券收益率的基础上加上一定的风险收益率确定。

1. 长期持有、股利固定不变（零增长）的股票估价

零增长股票的股利实际上相当于一个永续年金，其价值即为永续年金现值。

$$V_0 = \frac{D}{R_S}$$

式中，V_0 为股票价值；D 为年股利收入；R_S 为折现率，一般采用股东所要求的必要收益率或资本成本率。

【例2-22】某股份公司每年每股分配股利 3 元，投资者要求的收益率为 15%，则：

$$V_0 = 3 \div 15\% = 20 \text{（元）}$$

股票的内在价值为 20 元。当股票价格低于 20 元，投资者可以考虑买进。假如股票市场价格为 19 元，则其预期收益率为 $R = 3 \div 19 \times 100\% = 15.79\%$。

可见，市价低于股票价值时，预期收益率高于投资者要求收益率。

2. 股利固定增长的股票价值

假设某公司今年的股利为 D_0，今后按照一个常数 g 增长，则未来第 t 年的预期股利为：

$$D_t = D_0 \times (1 + g)^t$$

当 $R_S > g$ 时，则：

$$V_0 = \sum_{t=1}^{\infty} \frac{D_0 (1+g)^t}{(1+R_s)^t} = \frac{D_0(1+g)}{R_s - g} = \frac{D_1}{R_s - g}$$

式中，D_1 为第一年的股利收入。

【例2-23】某股份公司今年分配的股利 D_0 为 3 元，以后每年递增 5%，投资者要求的收益率为 15%，则：

$$V_0 = \frac{3 \times (1+5\%)}{15\% - 5\%} = 31.5 \text{（元）}$$

（三）长期股票投资收益率的计算

1. 未来准备出售的股票收益率

计算收益率的方法是求解含有折现率的方程。

【例2-24】聚源公司购买西北公司发行的股票 100 万股，每股价格 6 元。在一年后、二年后、三年后分别得到每股现金股利 0.6 元、0.8 元、0.9 元，并于第三年末以每股 8 元的价格全部出售，计算投资收益率。则其到期收益率可通过下式计算：

$$600 = 60 \times (P/F, i, 1) + 80 \times (P/F, i, 2) + 890 \times (P/F, i, 3)$$

用逐次测试法：

先用 20% 的收益率测试，得到现值为 620.59。

再用 24% 的收益率测试，得到现值为 567.23。

运用内插法计算出 $i = 21.54\%$。

2. 长期持有、股利稳定不变的股票收益率

由于每年股利为年金形式，可以根据永续年金现值的计算公式推算出收益率。

3. 长期持有、股利固定增长的股票收益

根据股利固定增长的股票估价模型，可得到股票投资收益率为：

$$R = \frac{D_1}{P_0} + g \quad \text{（} P0 \text{ 为股票购买价格）}$$

【例2-25】某股票的价格为 20 元，预计下一期的股利是 2 元，并且股利以大约 10%

的速度持续增长，投资于该股票的收益率为多少？

收益率 R＝2/20＋10％＝20％

六、资本资产定价模型

资本资产定价模型是由 1990 年度诺贝尔经济学奖获得者威廉姆·夏普于 20 世纪 60 年代根据投资组合理论提出的。资本资产定价模型是财务学形成和发展的重要里程碑。它第一次使人们可以量化市场的风险大小，并且能够对风险价值进行计量。具体表示如下：

$$R_i=R_F+\beta_i \times (R_M-R_F)$$

式中：R_i 为第 i 种股票或第 i 种证券组合的必要报酬率；R_F 为无风险报酬率；β_i 为第 i 种股票或第 i 种证券组合的风险等级；R_M 为所有股票的平均报酬率。

这个公式被称为"资本资产定价模型"（Capital-asset-pricing Model，即 CAPM），它表明某种证券的必要报酬率与其 β 系数相关。在此，β 系数，是指可以反映单项资产收益率与市场平均收益率之间变动关系的一个量化指标。它表示单项资产收益率的变动受市场平均收益率变动的影响程度。换句话说，就是相对于市场组合的平均风险而言，单项资产系统风险的大小。当某资产的 β 系数等于 1 时，说明该资产的收益率与市场平均收益率呈同方向、同比例的变化，即如果市场平均收益率增加（或减少）5％，那么该资产的收益率也相应地增加（或减少）5％，也就是说，该资产的系统风险与市场组合的风险一致；当某资产的 β 系数小于 1 时，说明该资产收益率的变动幅度小于市场组合收益率的变动幅度，假如 $\beta=0.5$，说明该资产的收益率变化是市场的 1/2，市场的收益率变化为 5％，该项资产的收益率变化为 2.5％，因此其系统风险小于市场组合的风险；当某资产的 β 系数大于 1 时，说明该资产收益率的变动幅度大于市场组合收益率的变动幅度，因此其系统风险大于市场组合的风险。

【例 2－26】若股票市场的无风险收益率为 6％，市场平均收益率为 10％，A 公司股票的 β 系数为 1.2，B 公司股票的 β 系数为 0.6。要求：计算 A、B 公司股票的必要报酬率、

解：A 公司：$R_A=6\%＋1.2\times（10\%－6\%）=10.8\%$

B 公司：$R_B=6\%＋0.6\times（10\%－6\%）=8.4\%$

同 步 测 试

一、单项选择题

1. 若希望在 3 年后取得 500 元，利率为 10％，则单利情况下现在应存入银行（   ）。

   A.384.6   B.650   C.375.6   D.665.5

2. 一定时期内每期期初等额收付的系列款项称为（   ）。

   A. 永续年金   B. 预付年金

   C. 普通年金   D. 递延年金

3. 某项永久性奖学金，每年计划颁发 50 000 元，若年利率为 8%，采用复利方式计息，该奖学金的本金应为（　　）元。

　　A. 625 000　　　　　B. 605 000　　　　　C. 700 000　　　　　D. 725 000

4. 某项存款年利率为 6%，每半年复利一次，其实际利率为（　　）。

　　A. 12.36%　　　　　B. 6.09%　　　　　C. 6%　　　　　　　D. 6.6%

5. 某企业年初借得 50 000 元贷款，10 年期，年利率 12%，每年末等额偿还。已知年金现值系数（P/A, 12%, 10）＝5.650 2，则每年应付金额为（　　）元。

　　A. 8 849　　　　　　B. 5 000　　　　　　C. 6 000　　　　　　D. 2 825

6. 在普通年金终值系数的基础上，期数加 1、系数减 1 所得的结果，在数值上等于（　　）。

　　A. 普通年金现值系数　　　　　　　　B. 即付年金现值系数

　　C. 普通年金终值系数　　　　　　　　D. 即付年金终值系数

7. 一项 600 万元的借款，借款期 3 年，年利率为 8%，若每半年复利一次，年实际利率会高出名义利率（　　）。

　　A. 4%　　　　　　　B. 0.24%　　　　　C. 0.16%　　　　　D. 0.8%

8. 某人年初存入银行 10 000 元，假设银行按每年 8% 的复利计息，每年末取出 2 000 元，则最后一次能够足额（2 000 元）提款的时间是（　　）。

　　A. 6 年　　　　　　　　　　　　　　B. 7 年末

　　C. 8 年　　　　　　　　　　　　　　D. 9 年末

9. 投资者因冒风险进行投资，所获得超过资金时间价值的那部分额外报酬称为（　　）。

　　A. 无风险报酬　　　　　　　　　　　B. 风险报酬

　　C. 平均报酬　　　　　　　　　　　　D. 投资报酬

10. 当一年内复利 m 次时，其名义利率 r 与实际利率 i 之间的关系是（　　）。

　　A. $i＝（1＋r/m）m－1$　　　　　　　B. $i＝（1＋r/m）－1$

　　C. $i＝（1＋r/m）－m－1$　　　　　　D. $i＝1－（1＋r/m）－m$

11. 甲某拟存入一笔资金以备 3 年后使用，假定银行 3 年期存款年利率为 5%，甲某 3 年后需用的资金总额为 34 500 元，则在单利计息的情况下，目前需存入的资金为（　　）元。

　　A. 30 000　　　　　　B. 29 803.4　　　　　C. 32 857.14　　　　　D. 31 500

12. 企业发行债券，在名义利率相同的情况下，对其最不利的复利计息期是（　　）。

　　A. 1 年　　　　　　　B. 半年　　　　　　C. 1 季　　　　　　D. 1 月

13. 在复利条件下，已知现值、年金和贴现率，求计算期数，应先计算（　　）。

　　A. 年金终值系数　　　　　　　　　　B. 年金现值系数

　　C. 复利终值系数　　　　　　　　　　D. 复利现值系数

14. 为在第 5 年获本利和 100 元，若年利率为 8%，每 3 个月复利一次，求现在应向银行存入多少钱，下列算式正确的是（　　）。

A. $P=100\times(1+8\%)5$ 　　　　　　　B. $P=100\times(1+8\%)-5$

C. $P=100\times(1+8\%/4)5\times4$ 　　　D. $P=100\times(1+8\%/4)-5\times4$

15. 甲方案在三年中每年年初付款 500 元，乙方案在三年中每年年末付款 500 元，若利率为 10%，则两个方案第三年年末时的终值相差（　　　）。

A. 105 元　　　　B. 165.50 元　　　　C. 665.50 元　　　　D. 505 元

16. 以 10% 的利率借得 50 000 元，投资于寿命期为 5 年的项目，为使该投资项目成为有利的项目，每年至少应收回的现金数额为（　　　）元。

A. 10 000　　　　B. 12 000　　　　C. 13 189　　　　D. 8 190

17. 若使复利终值经过 4 年后变为本金的 2 倍，每半年计息一次，则年利率应为（　　　）。

A. 18.10%　　　　B. 18.92%　　　　C. 37.84%　　　　D. 9.05%

18. 下列各项中，代表即付年金现值系数的是（　　　）。

A. $[(P/A,i,n+1)+1]$ 　　　　B. $[(P/A,i,n+1)+1]$

C. $[(P/A,i,n-1)-1]$ 　　　　D. $[(P/A,i,n-1)+1]$

19. 当银行利率为 10% 时，一项 6 年后付款 800 元的购货，若按单利计息，相当于第一年初一次现金支付的购价为（　　　）元。

A. 451.6　　　　B. 500　　　　C. 800　　　　D. 480

20. 已知 $(F/A,10\%,9)=13.579$，$(F/A,10\%,11)=18.531$，则 10 年、10% 的即付年金终值系数为（　　　）。

A. 17.531　　　　B. 15.937　　　　C. 14.579　　　　D. 12.579

二、判断题

1. 在通常情况下，资金时间价值是在既没有风险也没有通货膨胀条件下的社会平均利润率。（　　　）

2. 在通货膨胀率很低的情况下，公司债券的利率可以视同为资金时间价值。（　　　）

3. 永续年金与其他年金一样，既有现值又有终值。（　　　）

4. 递延年金终值的大小，与递延期无关，所以计算方法和普通年金终值相同。（　　　）

5. 在利息率和计息期相同的条件下，复利现值系数与复利终值系数互为倒数。（　　　）

6. 计算偿债基金系数，可根据年金现值系数求倒数。（　　　）

7. 名义利率是指一年内多次复利时给出的年利率，它等于每期利率与年内复利次数的乘积。（　　　）

8. 普通年金现值系数加 1 等于同期、同利率的预付年金现值系数。（　　　）

9. 在终值一定的情况下，贴现率越低，计算期越少，则复利现值越大。（　　　）

10. 国库券是在一种几乎没有风险的有价证券，其利率可以代表资金时间价值。（　　　）

三、计算题

1. 假设某公司拥有 100 万元，现利用这笔资金建设一个化工厂，这个厂投资建成 10

年后将全部换置，其残值与清理费用相互抵消，问该厂10年内至少能为公司提供多少收益才值得投资？假定年利率10%，按复利计算。

2. 假定以出包方式准备建设一个水利工程，承包商的要求是：签约之日付款5 000万元，到第四年初续付2 000万元，五年完工再付5 000万元，为确保资金落实，于签约之日将全部资金准备好，其未支付部分存入银行，备到时支付，设银行存款年利率为10%，问举办该项工程需筹资多少？

3. 一个新近投产的公司，准备每年末从其盈利中提出1 000万元存入银行，提存5年积累一笔款项新建办公大楼，按年利率5%计算，到第5年末总共可以积累多少资金？

4. 如果向外商购入一个已开采的油田，该油田尚能开采10年，10年期间每年能提供现金收益5 000万元，10年后油田枯竭废弃时，残值与清理费用相互抵消，由于油田风险大，投资者要求至少相当于24%的利率，问购入这一油田愿出的最高价是多少？

5. "想赚100万元吗？就这样做……从所有参加者中选出一个获胜者将获得100万元。"这就是最近在一项比赛中的广告。比赛规则详细描述了"百万元大奖"的事宜："在20年中每年支付50 000元的奖金，第一笔将在一年后支付，此后款项将在接下来的每年同一时间支付，共计支付100万元。"若以年利率8%计算，这项"百万元奖项"的真实价值是多少？

6. 王先生最近购买彩票中奖，获得了10 000元奖金，他想在10年后买一辆车，估计10年后该种车价将为25 937元，你认为王先生必须以多高利率进行存款才能使他10年后能买得起这种车子。

7. 某企业向银行借款10 000元，年利率10%，期限10年，每半年计息一次，问第5年末的本利和为多少？

8. 某公司进行一项股票投资，需要投入资金200 000元，该股票准备持有5年，每年可获得现金股利10 000，根据调查分析，该股票的 β 系数为1.5，目前市场国库券的利率为6%，股票市场上的股票市场风险报酬率为4%。

要求：

(1) 计算该股票的预期收益率；

(2) 该股票5年后市价大于多少时，现在才值得购买。

案例分析

拿破仑1797年3月在卢森堡第一国立小学演讲时说了这样一番话："为了答谢贵校对我，尤其是对我夫人约瑟芬的盛情款待，我不仅今天呈上一束玫瑰花，并且在未来的日子里，只要我们法兰西存在一天，每年的今天我将亲自派人送给贵校一束价值相等的玫瑰花，作为法兰西与卢森堡友谊的象征。"时过境迁，拿破仑最终惨败而被流放到圣赫勒拿岛，把对卢森堡的诺言忘得一干二净。

可卢森堡这个小国对这位"欧洲巨人与卢森堡孩子亲切、和谐相处的一刻"念念不忘，并载入他们的史册。1984年底，卢森堡向法国提出违背"赠送玫瑰花"诺言的索赔：

要么从 1797 年起，用 3 路易作为一束玫瑰花的本金，以 5 厘复利（即利滚利）计息全部清偿这笔"玫瑰花"债；要么法国政府在法国各大报刊上公开承认拿破仑是个言而无信的小人。

起初，法国政府准备不惜重金赎回拿破仑的声誉，但却又被电脑算出的数字惊呆了：原本 3 路易的许诺，本息竟高达 1 375 596 法郎。经苦思冥想，法国政府斟词酌句的答复是："以后，无论在精神上还是在物质上，法国将始终不渝地对卢森堡大公国的中小学教育事业予以支持与赞助，来兑现我们的拿破仑将军那一诺千金的玫瑰花信誉。"这一措辞最终得到了卢森堡人民的谅解。

请思考：为何本案例中每年赠送价值 3 路易的玫瑰花相当于在 187 年后一次性支付 1 375 596 法郎？

筹资方案筹划

职业能力目标

专业能力：

- 会运用销售百分比法等专门方法预测筹资规模
- 能通过各种筹资方式的比较，为筹资方式决策提供信息

社会能力：

- 会与企业内外相关部门沟通筹资决策方面的信息
- 能比较敏锐地判断经济环境、金融环境、法律环境对筹资活动产生的影响

方法能力：

- 会通过互联网等现代媒体手段收集企业筹资决策所需资料
- 会运用数理统计等方法加工整理选取资料

任务引例

东方汽车制造公司是一个多种经济成分并存，具有法人资格的大型企业集团。公司现在急需1亿元的资金用于技术改造项目。为此，总经理赵广文召开由生产副总经理张伟、财务副总经理王超、销售副总经理李立、某信托投资公司金融专家周明、某研究中心经济学家吴教授、某大学财务学者郑教授组成的专家研讨会，针对如何筹措这笔资金进行了激烈的讨论。

生产副总经理张伟认为，目前筹集的1亿元资金，主要是用于投资少、效益高的技术改造项目。这些项目在两年内均能完成建设并正式投产，到时将大大提高公司的生产能力和产品质量，估计这笔投资在投产后3年内可完全收回。所以应发行5年期的债券筹集资金。

财务副总经理王超提出了不同意见，他认为：目前公司全部资金总额为10亿元，其中自有资金为4亿元，借入资金为6亿元，自有资金比率为40%，负债比率为60%。这种负债比率在我国处于中等水平，与世界发达国家如美国、英国等相比，负债比率已经比较高了。如果再利用债券筹集1亿元资金，负债比率将达到64%，显然负债比率过高，财务风险太大。所以，不能利用债券筹资，只能靠发行普通股股票或优先股股票筹集资金。

但金融专家周明却认为：目前我国金融市场还不完善，一级市场刚刚建立，二级市场尚在萌芽阶段，投资者对股票的认识尚有一个过程。因此，在目前条件下要发行1亿元普通股股票十分困难。发行优先股还可以考虑，但根据目前的利率水平和市场状况，发行时年股息率不能低于16.5%，否则无法发行。如果发行债券，因投资者的风险较小，估计以12%的年利息率便可顺利发行债券。

来自某大学的财务学者郑教授听了大家的发言后指出：以16.5%的股息率发行优先股不可行，因为发行优先股所花费的筹资费用较多，把筹资费用加上以后，预计利用优先股筹集资金的资金成本将达到19%，这已高出公司税后资金利润率，所以不可行。但若发行债券，由于利息可在税前支付，实际成本大约在9%左右。他还认为，目前我国正处于通货膨胀时期，利息率比较高，这时不宜发行较长时期的具有固定负担的债券或优先股股票，因为这样做会长期负担较高的利息或股息。所以，郑教授认为，应首先向银行筹措1亿元的技术改造贷款，期限为1年，1年以后，再以较低的股息率发行优先股股票来替换技术改造贷款。

财务副总经理王超听了郑教授的分析后，也认为按16.5%发行优先股，的确会给公司造成沉重的财务负担。但他不同意郑教授后面的建议，他认为，在目前条件下向银行筹措1亿元技术改造贷款几乎不可能；另外，通货膨胀在近1年内不会消除，要想消除通货膨胀，利息率有所下降，至少需要两年时间。金融学家周明也同意王超的看法，认为两年后利息率才会保持稳定或略有下降。

思考：

你认为总经理最后应选择何种筹资方式？本案例对你有哪些启示？

任务一　企业筹资认知

财务管理的核心是适时、适量和低成本地筹集并有效运用各项资金，以确保企业一定时期经营目标的实现。所以，财务管理部门必须根据企业具体经营目标的要求，通过对企业编制公司长短期的资金预算和相应计划，来直接制定和实施企业的筹资决策方案。同时，在进行筹资决策时，必须对各种可能的筹资方式、筹资规模和时间、筹资成本和筹资后企业资本结构的变化等多种因素，做综合的比较和分析，选择最合理的筹资方案。

一、筹资的含义与动机

筹资是企业根据生产经营等活动对资金的需要，通过一定的渠道，采取适当的方式获取所需资金的一种行为。企业筹资的基本目的是为了自身的生存和发展。具体说来，企业的筹资动机有以下几种：

（1）设立性筹资动机。这是企业设立时为取得资本金而产生的筹资动机。

（2）扩张性筹资动机。这是企业为扩大生产经营规模或增加对外投资而产生的动机。具有良好的前景，处于扩张期的企业一般具有这样的筹资动机。

（3）调整性筹资动机。这是企业因调整现有资金结构的需要而产生的筹资动机。随着企业经营情况的变化，需要对资本结构进行相应的调整。

（4）混合性筹资动机。这是企业为同时实现扩大规模以及调整资金结构等几个目标而产生的筹资动机。

二、筹资的分类

企业筹集的资金可按不同的标准进行分类，主要分类如下。

（一）权益资金与债务资金

企业筹集的资金，按资金性质的不同可分为权益资金和债务资金两类。合理安排权益资金与债务资金的比例关系，是筹资管理的一个核心问题。

1. 权益资金

权益资金也称为自有资金，是企业依法筹集、长期拥有、自主支配的资金，是由投资者的原始投资和投资积累形成的。其主要包括实收资本、资本公积金、盈余公积金和未分配利润等。权益资金的多少，反映了企业的资金实力，在相当程度上可以反映企业财务状况的稳定程度以及企业适应生产经营客观环境变化的能力。企业权益资金的筹集可以采用吸收直接投资、发行股票和留存利润等方式筹措取得。

2. 债务资金

债务资金也称借入资金，是企业通过债务方式取得，依约使用、按期偿还的资金。这部分资金在一定期限内归企业使用。但到期必须偿还，因而其偿债压力大。债务资金包括应付账款、应付票据、银行借款、应付债券及其他各种应付的款项。可采用银行借款、发行债券、融资租赁和商业信用等方式筹措取得。

（二）短期资金与长期资金

企业筹集的资金，按资金的使用期限可分为短期资金与长期资金两类。

1. 短期资金

短期资金是指使用期限在 1 年以内的资金，一般是为满足企业周转性资金的需要。短期资金主要通过短期借款、商业信用、发行短期债券等方式筹集。短期资金，由于其期限较短，风险较小，其资金成本也相对较低。但是其较短的偿还期造成企业较大的偿本付息压力，在一定程度上又增大了企业的财务风险。

2. 长期资金

长期资金是相对于短期资金的一个概念，指企业使用期限在 1 年以上的资金，一般为企业的长期经营发展提供可靠保证。主要用于新产品的开发和推广，生产规模的扩大、厂房和设备的更新。一般需要几年甚至十几年才能收回。企业的长期资金主要通过吸收直接投资、发行股票、发行长期债券、长期借款、融资租赁等方式筹集。长期资金由于期限较长，风险较大，其资金成本也相对较高，但其到期还本付息压力较小，在一定程度上降低了企业的财务风险，并且，还可以长期稳定地使用，这是短期资金所无法具备的优点。

（三）直接筹资与间接筹资

企业筹资活动，按是否通过金融机构可以划分为直接筹资与间接筹资两类。

1. 直接筹资

直接筹资是指企业不通过金融机构而是直接面对资金供应者进行的筹资活动。一般是通过吸收直接投资、发行股票、发行债券等方式进行筹集。随着金融法规的逐渐健全、证券市场的不断完善，我国居民、企业参与直接融资的机会大大增加，参与方式也日趋多样化，所以，直接筹资的范围会越来越广。

2. 间接筹资

间接筹资，是企业借助银行等金融机构融通资本的筹资活动。在间接筹资方式下，银行等金融机构发挥了中介的作用，预先集聚资金，资金拥有者首先向银行等金融机构让渡资金的使用权，然后由银行等金融机构将资金提供给企业。间接筹资的基本方式是向银行借款，此外还有融资租赁等筹资方式，间接筹资形成的主要是债务资金，主要用于满足企业资金周转的需要。

长期以来，间接筹资一直在我国企业的筹资活动中占主导地位。但是，随着金融市场的不断完善，间接筹资的地位比以前有所削弱，尤其是伴随着现代企业制度建设——股份制改造的深化，越来越多的企业把筹资方式转向资本市场，进行直接融资。

（四）内部筹资与外部筹资

按资金的来源范围不同，企业筹资分为内部筹资和外部筹资两种类型。

内部筹资是指企业通过利润留存而形成的筹资来源。内部筹资数额的大小主要取决于企业可分配利润的多少和利润分配政策（股利政策），一般无须花费筹资费用，从而降低了资本成本。

外部筹资是指企业向外部筹措资金而形成的筹资来源。处于初创期的企业，内部筹资的可能性是有限的；处于成长期的企业，内部筹资往往难以满足需要。这就需要企业广泛地开展外部筹资，如发行股票、债券，取得商业信用、向银行借款等。

企业向外部筹资大多需要花费一定的筹资费用，从而提高了筹资成本。因此，企业筹资时首先应利用内部筹资，然后再考虑外部筹资。

二、企业筹资渠道和方式

企业筹资活动需要通过一定的渠道并采用一定的方式来完成。

（一）筹资渠道

筹资渠道是指企业取得资金的来源，即资金从哪里来。目前我国企业筹资渠道主要有以下几种：

（1）国家财政资金，是国家以财政拨款或注资的方式投入企业的资金。这种融资渠道主要适用于国有企业。

（2）银行信贷资金，是各商业银行贷给企业的资金，是企业非常重要的债务资金来源。

（3）非银行金融机构资金。非银行金融将社会闲散资金集中起来，向需要资金的企业提供借款，也是企业重要的债务资金来源。

（4）其他企业资金。企业有时会有闲置多余的资金，这些资金可以用于购买其他企业的股票或债券，将暂时不用的资金提供给需要资金的企业使用。

（5）居民的资金。随着居民收入水平不断提高，居民的理财意识也日益增强，民间资金越来越多流向资本市场，逐渐成为企业筹资的重要渠道。

（6）企业的留存收益。当企业当年取得利润以后，可以留给企业使用，等以后取得更多的利润后一起分配给投资者。

（二）筹资方式

筹资方式是指可供企业在筹措资金时选用的具体筹资形式。筹资管理的重要内容是如何针对客观存在的筹资渠道，选择合理的筹资方式进行筹资，降低筹资成本，提高筹资效益。目前我国企业筹资方式主要有以下几种：

（1）吸收直接投资。吸收直接投资指企业通过协议等形式吸收投资者直接投入资金的筹资方式。

（2）发行股票。发行股票指股份公司通过股票发行筹措资金的一种筹资方式。

（3）利用留存收益。盈余公积金、未分配利润形成企业内部的资金来源。

（4）发行债券。发行债券指企业按照债券发行协议通过发售债券直接筹资，形成企业债务资金的一种筹资方式。

（5）银行借款。银行借款是指企业按照借款合同从银行等金融机构贷款而获得债务资金的一种筹资方式。

（6）商业信用。商业信用是企业通过赊购商品、预收货款等商品交易行为获得债务资金的一种筹资方式。

（7）融资租赁。融资租赁是指企业按照租赁合同租入资产从而筹措资金的特殊筹资方式。

其中，利用前三种方式筹措的资金为权益资金；利用后四种方式筹措的资金为债务资金。

三、筹资原则

企业筹资决策涉及筹资渠道与方式、筹资数量、筹资时机、筹资结构、筹资风险、筹资成本等，企业筹资必须遵循以下基本原则：

（1）规模适当。企业的资金需求量往往是不断波动的，在筹资之前，企业要认真分析科研、生产、经营状况，采用一定的方法，预测资金的需要量，合理确定资金规模。这样，既能防止筹资不足而影响生产经营活动的正常开展，同时也能避免筹资过剩而降低筹资效益。

（2）筹措及时。同等数量的资金，在不同时点上具有不同的价值，因此，企业在筹资过程中，必须按照投资机会来把握筹资时机，从投资计划或时间安排上，确定合理的筹资计划与筹资时机，以避免取得资金过早而造成投资前的闲置，或者取得资金的相对滞后而影响投资时机。

（3）结构合理。结构合理是指企业在筹集资金时，必须使资本总额中股权资本和借入资本保持合理的比例关系，使负债的多少与股权资本和偿债能力的要求相适应，防止负债过多而增加财务风险，偿债能力降低；或者没有充分利用负债经营，而使股权资本收益水平降低。

（4）节约成本。企业无论以何种方式筹集资金，都要付出代价，但不同筹资方式下的资金成本是不同的，因此，就需要对各种筹资方式进行分析、对比，选择经济、可行的筹资方式，使企业筹集到的资金成本达到最低。

任务二　权益性筹资

权益资金是指投资者投入企业以及企业生产经营过程中所形成的积累性资金。它反映企业所有者的权益，可以为企业长期占有和支配，是企业一项最基本的资金来源。

一、吸收直接投资

吸收直接投资，是指企业按照"共同投资、共同经营、共担风险、共享收益"的原则，直接吸收国家、法人、个人和外商投入资金的一种筹资方式。吸收直接投资是非股份制企业筹集权益资本的基本方式，采用吸收直接投资的企业，资本不分为等额股份，无须公开发行股票。吸收直接投资实际出资额，注册资本部分形成实收资本，超过注册资本的部分属于资本溢价，形成资本公积。

（一）吸收直接投资的种类

1. 吸收国家投资

国家投资是指有权代表国家投资的政府部门或机构，以国有资产投入公司，这种情况下形成的资本叫国有资本。根据《公司国有资本与公司财务暂行办法》的规定，在公司持续经营期间，公司以盈余公积、资本公积转增实收资本的，国有公司和国有独资公司由公司董事会或经理办公会决定，并报主管财政机关备案；股份有限公司和有限责任公司由董事会决定，并经股东大会审议通过。吸收国家投资一般具有以下特点：

（1）产权归属国家。

（2）资金的运用和处置受国家约束较大。

（3）在国有公司中采用比较广泛。

2. 吸收法人投资

法人投资是指法人单位以其依法可支配的资产投入公司，这种情况下形成的资本称为法人资本。吸收法人资本一般具有以下特点：

（1）发生在法人单位之间。

（2）以参与公司利润分配或控制为目的。

（3）出资方式灵活多样。

3. 吸收外商直接投资

企业可以通过合资经营或合作经营的方式吸收外商直接投资，即与其他国家的投资者共同投资，创办中外合资经营企业或者中外合作经营企业，共同经营、共担风险、共负盈亏、共享利益。

4. 吸收社会公众投资

社会公众投资是指社会个人或本公司职工以个人合法财产投入公司，这种情况下形成的资本称为个人资本。吸收社会公众投资一般具有以下特点：

（1）参加投资的人员较多。

（2）每人投资的数额相对较少。

（3）以参与公司利润分配为基本目的。

（二）吸收直接投资的出资方式

1. 以货币资产出资

以货币资产出资是吸收直接投资中最重要的出资方式。企业有了货币资产，便可以获取其他物质资源，支付各种费用，满足企业创建时的开支和随后的日常周转需要。我国《公司法》规定，公司全体股东或者发起人的货币出资金额不得低于公司注册资本的30%。

2. 以实物资产出资

实物出资是指投资者以房屋、建筑物、设备等固定资产和材料、燃料、商品产品等流动资产所进行的投资。实物投资应符合以下条件：

（1）适合企业生产、经营、研发等活动的需要。

（2）技术性能良好。

（3）作价公平合理。

实物出资中实物的作价，可以由出自各方协商确定，也可以聘请专业资产评估机构评估确定。国有及国有控股企业接受其他企业的非货币资产出资，需要委托有资格的资产评估机构进行资产评估。

3. 以土地使用权出资

土地使用权是指土地经营者对依法取得的土地在一定期限内有进行建筑、生产经营或其他活动的权利。土地使用权具有相对的独立性，在土地使用权存续期间，包括土地所有者在内的其他任何人和单位，不能任意收回土地和非法干预使用权人的经营活动。企业吸收土地使用权投资应符合以下条件：

（1）适合企业科研、生产、经营、研发等活动的需要。

（2）地理、交通条件适宜。

（3）作价公平合理。

4. 以工业产权出资

工业产权通常是指专有技术、商标权、专利权、非专利技术等无形资产。投资者以工业产权出资应符合以下条件：

（1）有助企业研究、开发和生产出新的高科技产品。

（2）有助于企业提高生产效率，改进产品质量。

（3）有助于企业降低生产消耗、能源消耗等各种消耗。

（4）作价公平合理。

吸收工业产权等无形资产出资的风险较大。因为以工业产权投资，实际上是把技术转化为资本，使技术的价值固定化。而技术具有强烈的时效性，会因其不断老化落后而导致实际价值不断减少甚至完全丧失。

此外，对无形资产出资方式的限制，《公司法》规定，股东或发起人不得以劳务、信用、自然人姓名、商誉、特许经营权或者设定担保的财产等作价出资。对于非货币资产出资，需要满足三个条件：可以用货币估价，可以依法转让，法律不禁止。《公司法》对无形资产出资的比例要求没有明确限制，但《外企企业法实施细则》另有规定，外资企业的工业产权、专有技术的作价应与国际上通常的作价原则相一致，且作价金额不得超过注册资本的20％。

（三）吸收直接投资筹资的优缺点

1. 优点

（1）吸收直接投资融入的资金是企业的主权资本，能够增强企业的信誉和借款能力，企业无固定的还本付息压力，能够降低企业的财务风险。

（2）企业采用吸收直接投资方式筹资可以直接获得投资者的先进设备和先进技术，因而有利于尽快形成生产经营能力。

（3）与股票筹资相比，吸收直接投资方式所履行的法律程序相对简单，从而使筹资速度相对较快。

2. 缺点

（1）资金成本较高。在这一筹资方式下，投资者要承担较高的投资风险，自然要求获得较高的投资报酬，从而使企业负担较高的资金成本。

（2）企业控制权集中，不利于企业治理。采用吸收直接投资方式筹资，投资者一般都要求获得与投资数额相适应的经营管理权。如果某个投资者的投资额比例较大，则该投资者对企业的经营管理就会有相当大的控制权，容易损害其他投资者的利益。

（3）不利于产权交易。吸收投入资本由于没有证券为媒介，不利于产权交易，难以进行产权转让。

二、发行股票

股票是股份公司为筹集股权资本而发行的、表示其股东按其持有的股份享有权益和承担义务的可转让书面凭证。股票持有人即为股东。股东作为出资人按投入资本额享有获得资产收益、参与制定公司重大决策和选择管理者等权利，并以其所持股份为限对公司承担责任。股票筹资是股份公司筹集资本的主要方法。

（一）股票的类型

股份有限公司根据筹资与投资的需要，可发行各种不同种类的股票。

1. 按股东权益的不同分为普通股与优先股

普通股是公司发行的代表股东享有平等的权利、义务，不加特别限制且股利不固定的股票，它是公司最基本的股票。普通股股东具有以下权利：

（1）公司管理权。股东对公司的管理权主要体现在重大决策参与权、经营者选择权、财务监控权、公司经营的建议和质询权、股东大会召集权等方面。

（2）收益分享权。股东有权通过股利方式获取公司的税后利润，利润分配方案由董事会提出并经过股东大会批准。

（3）股份转让权。股东有权将其所持有的股票出售或转让。

（4）优先认股权。原有股东拥有优先认购本公司增发股票的权利。

（5）剩余财产要求权。当公司解散、清算时，股东有对清偿债务、清偿优先股股东以后的剩余财产索取的权利。

优先股则是公司发行的、使其股东优先于普通股股东分派股息和公司剩余财产的股票。优先股股东在股东大会上无表决权，在参与公司经营管理上受到一定限制，仅对涉及优先股权利的问题有表决权。

2. 按票面是否记名分为记名股票和无记名股票

记名股票是在股票票面记载股东的姓名或者名称的股票，股东姓名或名称要记入公司的股东名册。记名股票一律用股东本名，其转让、继承要办理过户手续。

无记名股票则是在股票票面不记载股东的姓名或名称的股票，公司只记载股票数量、编号及发行日期。无记名股票的转让、继承无须办理过户手续。

3. 按发行对象和上市地点，分为A股、B股、H股、N股和S股等

A股即人民币普通股票，由我国境内公司发行，境内上市交易，它以人民币标明面

值，以人民币认购和交易。B股即人民币特种股票，由我国境内公司发行，境内上市交易，它以人民币标明面值，以外币认购和交易。H股是注册地在内地、上市在香港的股票。依此类推，在纽约和新加坡上市的股票，就分别称为N股和S股。

（二）股票发行的规定与条件

按照我国《公司法》的有关规定，股份有限公司发行股票，应符合以下规定和条件：

（1）每股金额相等。同次发行的股票，每股的发行条件和价格应当相同。

（2）股票发行价格可以按票面金额，也可以超过票面金额，但不得低于票面金额。

（3）股票应当载明公司名称、公司登记日期、股票种类、票面金额及代表的股份数、股票编号等主要事项。

（4）向发起人、国家授权投资机构、法人发行的股票，应当为记名股票；对社会公众发行的股票，可以为记名股票，也可以为无记名股票。

公司发行新股，必须具备下列条件：具备健全且运行良好的组织机构，具有持续经营能力，最近三年财务会计报告被出具无保留意见审计报告，发行人及其控股股东、实际控制人最近三年不存在贪污、贿赂、侵占财产、挪用财产或者破坏社会主义市场经济秩序的刑事犯罪，经国务院批准的国务院证券监督管理机构规定的其他条件。

公司发行新股，应由股东大会做出有关下列事项的决议：新股种类及数额，新股发行价格，新股发行的起止日期，向原有股东发行新股的种类及数额。

（三）股票上市交易

股票上市的目的是多方面的，主要包括：

（1）便于筹措新资金。证券市场是资本商品的买卖市场，证券市场上有众多的资金供应者。同时，股票上市经过了政府机构的审查批准并接受严格的管理，执行股票上市和信息披露的规定，容易吸引社会资本投资者。公司上市后，还可以通过增发、配股、发行可转换债券等方式进行再融资。

（2）促进股权流通和转让。股票上市后便于投资者购买，提高了股权的流动性和股票的变现力，便于投资者认购和交易。

（3）促进股权分散化。上市公司拥有众多的股东，加之上市股票的流通性强，能够避免公司的股权集中，分散公司的控制权，有利于公司治理结构的完善。

（4）便于确定公司价值。股票上市后，公司股价有市价可循，便于确定公司的价值。对于上市公司来说，即时的股票交易行情，就是对公司价值的市场评价。同时，市场行情也能够为公司收购兼并等资本运作提供询价基础。

但股票上市也有对公司不利的一面，这主要有：上市成本较高，手续复杂严格；公司将负担较高的信息披露成本；信息公开的要求可能会暴露公司的商业机密；股价有时会歪曲公司的实际情况，影响公司声誉；可能会分散公司的控制权，造成管理上的困难。

（四）发行普通股的优缺点

与其他筹资方式相比，普通股筹资具有以下优点与不足：

1. 优点

（1）普通股筹集的资金是一项永久性的资金来源，没有固定的到期日，没有到期偿还的压力。普通股也没有固定的费用负担，有盈利才支付股利，无盈利则不必支付股利。甚至在有盈利的情况下，也可不支付或少支付股利。因此，普通股筹资的风险小。

（2）普通股筹资，能增强公司的实力和举债能力。由于从整体上减少了公司财务风险，保障了债权人的利益，会增加公司债券的价值，使债券筹资成本降低。

（3）所有权与经营权相分离，分散公司控制权，有利于公司自主管理、自主经营。普通股筹资的股东众多，公司的日常经营管理事务主要由公司的董事会和经理层负责。

（4）能增强公司的社会声誉。普通股筹资使得股东大众化，由此给公司带来了广泛的社会影响。特别是上市公司，其股票的流通性强，有利于市场确认公司的价值。

2. 缺点

（1）资本成本较高。投资股票的风险较高，股东相应要求得到较高的报酬率，股利从税后利润中支付，不允许从税前利润中扣除，普通股的发行、上市等方面的费用也很庞大。

（2）可能会分散公司的控制权。利用普通股筹资，发行新股，可能会因分散公司的控制权而遭到现有股东的反对。

（3）公司过度依赖普通股筹资，会被投资者视为消极的信号，从而导致股票价格下跌；股票发行过量会直接导致每股净收益额的降低，从而给公司股价带来负面影响。

三、发行优先股

优先股在法律地位上与普通股一样都是公司股权资金，具有普通股特征，但它又是一种股息固定的股票，类似于债券，具有财务杠杆的作用，优先股股东一般没有表决权和管理权。因而，它常被普通股股东视为债券，而被债权人视为主权资本。发行优先股对于优化公司资本结构、提高公司的效益水平具有重要的意义。

（一）优先股的种类

优先股按发行条款和股利的分配条款不同，可分为若干种类，最常见的分类如下。

1. 按股利能否累积，分为累积优先股和非累积优先股

（1）累积优先股。指公司由于种种原因而未能在营业年度内按期支付的股利积累到以后年度一并支付的优先股股票，是一种最常见的优先股。公司必须付清了优先股股利之后才能支付普通股的股利。在大量拖欠优先股股利时，公司若想支付普通股股利，可以采用将优先股调换为普通股而使优先股股东放弃对拖欠股利的要求权来达到。

（2）非累积优先股。指不论上年度公司对其优先股股利是否进行过分配，一律以本年度所获得的盈余和比率为限进行分配的优先股股票。公司不负有累计补付优先股股利的义务，优先股股东也无权要求公司予以补发。它会损害优先股股东所获得的优先地位，在实际中很少发行该类优先股票，一般只有在公司改组的情况下才可能发行。

2. 按能否参与剩余利润分配，分为参加优先股和不参加优先股

（1）参加优先股。指优先股在其所应得的固定股利之外，还有权与普通股一同参加利润分配的股票。根据参与利润分配的方式不同，又可分为全部参加分配的优先股和部分参

加分配的优先股。前者表现为优先股股东有权与普通股股东共同等额分享本期剩余利润，后者则表现为优先股股东有权按规定额度与普通股股东共同参与利润分配，超过规定额度部分的利润，归普通股所有。

（2）不参加优先股。指优先股的股东所获得的股利只限于按事先规定的股利率计算，如果公司有额外盈余，应全部归属普通股所有的优先股。其特点表现在优先股股东只有权分取定额股利。

3. 按是否可转换为普通股，分为可转换优先股和不可转换优先股

（1）可转换优先股。亦称可调换优先股，指在发行契约中规定，优先股的持有人可以在既定条件下将其股票按照事先规定的兑换率转换为公司的普通股。

（2）不可转换优先股。指优先股的持有人无权要求将其优先股转换成普通股，只能享受固定的股利的优先股。

4. 按发行公司是否可赎回，分为可赎回优先股和不可赎回优先股

（1）可赎回优先股。又称可收回优先股，指发行公司可按一定价格收回的优先股股票。在发行这种股票时，一般都附有收回性条款，规定了赎回该股票的价格。

（2）不可赎回优先股。指不能收回的优先股股票。由于优先股都有固定股利，这种股票一经发行，便会成为一项永久性的财务负担，因此，在实际工作中很少发行。

可见，累积优先股、参加优先股、可转换优先股对股东有利，而可赎回优先股则对股份公司有利。

（二）发行优先股的动机

发行优先股的动机包括：防止股权分散化，调剂现金余缺，改善资金结构，维持举债能力。

（三）优先股股东的权利

优先股股东比普通股股东具有一些优先权利，主要表现在：

（1）优先分配股利权。优先分配股利的权利是优先股最主要的特征。优先股股东可以从发行公司当年可供分配的利润中优先得到股利，一般按面值的一定比例计算，有剩余普通股股东才可获取股利。对于累积优先股而言，这种优先权就更为突出。

（2）优先分配剩余财产权。公司破产清算时，在清偿了所有债务后，剩余财产应先偿还优先股本，其金额只限于优先股的票面金额加上累积未支付的股利，如有剩余才能按股份比例对普通股东进行分配。

（3）部分管理权。优先股股东的管理权限是有严格限制的。通常，在公司的股东大会上，优先股股东没有表决权。但是，当公司研究与优先股有关的问题时，如讨论将一般优先股改为可转换优先股、推迟支付优先股股利时，优先股股东就有权参加股东大会并有权表决。

（四）优先股筹资的优缺点

1. 优先股筹资的优点

（1）没有固定到期日，不用偿还本金。公司事实上等于获得了一笔无限期的贷款，且

一般优先股又附有收回条款，这就使得资金更具有弹性，可以控制公司的资本结构，从而使公司获得较稳定的资金。

（2）股利支付既固定，又有一定弹性。一般而言，优先股固定股利的支付并不构成公司的法定义务。如果公司财务状况不佳，则可暂时不支付优先股股利。

（3）保持普通股股东的控制权。由于优先股股东一般无表决权，所以发行优先股既可增加公司的资本金，又能够维持原股东的控股格局，使公司可按预定规划稳定发展。

（4）降低负债比例，增强举债基础。发行优先股增加了公司的股本，提高了公司的信誉，并且增强了举债能力。

2. 优先股筹资的缺点

（1）筹资成本高。优先股所支付的股利要从税后盈余中支付，不同于债券利息可在税前扣除，因此，优先股成本很高。

（2）财务负担重。优先股需要支付的股利固定，当盈余下降时，优先股股利会成为一项较重的财务负担，有时不得不延期支付。

（3）筹资限制多。发行优先股，通常有许多限制条款，如对普通股股利支付上的限制、对公司借债的限制等。

四、利用留存收益

（一）留存收益的性质

从性质上看，企业通过合法有效地经营所实现的税后净利润，都属于企业的所有者。企业将本年度的利润部分甚至全部留存下来的原因很多，主要包括：第一，收益的确认和计量是建立在权责发生制基础上的，企业有利润，但企业不一定有相应的现金净流量增加，因而企业不一定有足够的现金将利润全部或部分派给所有者。第二，法律法规从保护债权人利益和要求企业可持续发展等角度出发，限制企业将利润全部分配出去，必须提取法定盈余公积金。第三，企业基于自身扩大再生产和筹资的需求，也会将一部分利润留存下来。

（二）留存收益的筹资途径

1. 提取盈余公积金

盈余公积金，是指有指定用途的留存净利润。盈余公积金是从当期企业净利润中提取的积累资金，其提取基数是本年度的净利润。盈余公积金主要用于企业未来的经营发展，经投资者审议后也可以用于转增股本（实收资本）和弥补以前年度经营亏损，但不得用于以后年度的对外利润分配。

2. 未分配利润

未分配利润，是指未限定用途的留存净利润。未分配利润有两层含义：第一，这部分净利润本年没有分配给公司的股东投资者。第二，这部分净利润未指定用途，可以用于企业未来的经营发展、转增资本（实收资本）、弥补以前年度的经营亏损及以后年度的利润分配。

（三）留存收益筹资的优缺点

1. 优点

（1）不发生实际的现金支出。不同于负债筹资，不必支付定期的利息，也不同于股票筹资，不必支付股利；同时还免去了与负债、权益筹资相关的手续费、发行费等开支。

（2）保持企业举债能力。留存收益实质上属于股东权益的一部分，可以作为企业对外举债的基础；留存收益筹资能够使企业保持较大的可支配的现金流，既可解决企业经营发展的资金需要，又能提高企业举债的能力。

（3）企业的控制权不受影响。利用留存收益筹资，不用对外发行新股或吸收新投资者，由此增加的权益资本不会改变公司的股权结构，不会稀释原有股东的控制权。

2. 缺点

（1）筹资数额有限制。留存收益筹资最大可能的数额是企业当期的税后利润和上年未分配利润之和。如果企业经营亏损，则不存在这一渠道的资金来源。此外，留存受益的比例常常受到某些股东的限制。他们可能从消费需求、风险偏好等因素出发，要求股利支付比率要维持在一定水平上。留存收益过多，股利支付过少，可能会影响到今后的外部筹资。

（2）资金使用受限制。留存收益中某些项目的使用，如法定盈余公积金等，要受国家有关规定的制约。

五、股权筹资的优缺点

（一）股权筹资的优点

1. 股权筹资是企业稳定的资本基础

股权资本没有固定的到期日，无须偿还，是企业的永久性资本，除非企业清算时才有可能予以偿还。这对于保障企业对资本的最低需求，促进企业长期持续稳定经营具有重要意义。

2. 股权筹资是企业良好的信誉基础

股权资本作为企业最基本的资本，代表了公司的资本实力，是企业与其他单位组织开展经营业务、进行业务活动的信誉基础。同时，股权资本也是其他方式筹资的基础，尤其可为债务筹资，包括银行借款、发行公司债券等提供信用保障。

3. 企业财务风险较小

股权资本不用在企业正常运营期内偿还，不存在还本付息的财务风险。相对于债务资本而言，股权资本筹资限制少，资本使用上也无特别限制。另外，企业可以根据其经营状况和业绩的好坏，决定向投资者支付报酬的多少，资本成本负担比较灵活。

（二）股权筹资的缺点

1. 资本成本负担较重

尽管股权资本的资本成本负担比较灵活，但一般而言，股权筹资的资本成本要高于债务筹资。这主要是由于投资者投资于股权特别是投资于股票的风险较高，投资者或股东相应要求得到较高的报酬率。企业长期不派发利润和股利，将会影响企业的市场价值。从企业成本开支的角度来看，股利、红利从税后利润中支付，而使用债务资本的资本成本允许税前扣除。此外，普通股的发行、上市等方面的费用也十分高昂。

2. 容易分散企业的控制权

利用股权筹资，由于引进了新的投资者或出售了新的股票，必然会导致企业控制权结构的改变，分散了企业的控制权。控制权的频繁迭变，势必要影响企业管理层的人事变动和决策效率，影响企业的正常经营。

3. 信息沟通与披露成本较大

投资者或股东作为企业的所有者，有了解企业经营业务、财务状况、经营成果等的权利。企业需要通过各种渠道和方式加强与投资者的关系管理，保障投资者的权益。特别是上市公司，其股东众多而分散，只能通过公司的公开信息披露了解公司状况，这就需要公司花更多的精力，有些还需要设置专门的部门，用于公司的信息披露和投资者关系管理。

任务三　负债性筹资

一、银行借款

银行借款是指企业向银行或其他非银行金融机构借入的、需要还本付息的款项，包括偿还期限超过 1 年的长期借款和不足 1 年的短期借款，主要用于企业购建固定资产和满足流动资金周转的需要。

（一）银行借款的种类

1. 按提供贷款的机构，分为政策性银行贷款、商业银行贷款和其他金融机构贷款

政策性银行贷款是指执行国家政策性贷款业务的银行向企业发放的贷款，通常为长期贷款。如国家开发银行贷款，主要满足企业承建国家重点建设项目的资金需要；中国进出口信贷银行贷款，主要为大型设备的进出口提供的买方信贷或卖方信贷；中国农业发展银行贷款，主要用于确保国家对粮、棉、油等政策性收购资金的供应。

商业性银行贷款是指由各商业银行，如中国工商银行、中国建设银行、中国农业银行、中国银行等，向工商企业提供的贷款，用以满足企业生产经营的资金需要，包括短期贷款和长期贷款。

其他金融机构贷款，如从信托投资公司取得实物或货币形式的信托投资贷款，从财务公司取得的各种中长期贷款，从保险公司取得的贷款等。其他金融机构的贷款一般较商业银行贷款的期限要长，要求的利率较高，对借款企业的信用要求和担保的选择比较严格。

2. 按机构对贷款有无担保要求，分为信用贷款和担保贷款

信用贷款是指以借款人的信誉或保证人的信用为依据而获得的贷款。企业取得这种贷款，无须以财产作抵押。对于这种贷款，由于风险较高，银行通常要收取较高的利息，往往还附加一定的限制条件。

担保贷款是指由借款人或第三方依法提供担保而获得的贷款。担保包括保证责任、财务抵押、财产质押，由此，担保贷款包括保证贷款、抵押贷款和质押贷款。

保证贷款是指按《担保法》规定的保证方式，以第三人作为保证人承诺在借款人不能偿还借款时，按约定承担一定保证责任或连带责任而取得的贷款。

抵押贷款是指按《担保法》规定的抵押方式，以借款人或第三人的财产作为抵押物而取得的贷款。抵押是指债务人或第三人不转移财产的占有，将该财产作为债权的担保，债务人不履行债务时，债权人有权将该财产折价或者以拍卖、变卖的价款优先受偿。作为贷款担保的抵押品，可以是不动产、机器设备、交通运输工具等实物资产，可以是依法有权处分的土地使用权，也可以是股票、债券等有价证券等，它们必须是能够变现的资产。如果贷款到期借款企业不能活不愿偿还贷款，银行可取消企业对抵押品的赎回权。抵押贷款有利于降低银行贷款的风险，提高贷款的安全性。

质押贷款是指按《担保法》规定的质押方式，以借款人或第三人的动产或财产权利作为质押物而取得的贷款。质押是指债务人或第三人将其动产或财产权利移交给债权人占有，将该动产或财务权利作为债权的担保，债务人不履行债务时，债权人有权以该动产或财产权利折价或者以拍卖、变卖的价款优先受偿。作为贷款担保的质押品，可以是汇票、支票、债券、存款单、提单等信用凭证，可以是依法可以转让的股份、股票等有价证券，也可以是依法可以转让的商标专用权、专利权、著作权中的财产权等。

3. 按企业取得贷款的用途，分为基本建设贷款、专项贷款和流动资金贷款

基本建设贷款是指企业因从事新建、改建、扩建等基本建设项目需要资金而向银行申请借入的款项。

专项贷款是指企业因为专门用途而向银行申请借入的款项，包括更新改造技改贷款、大修理贷款、研发和新产品研制贷款、小型技术措施贷款、出口专项贷款、引进技术转让费周转金贷款、进口设备外汇贷款、进口设备人民币贷款及国内配套设备贷款等。

流动资金贷款是指企业为满足流动资金的需求而向银行申请借入的款项，包括流动基金借款、生产周转借款、临时借款、结算借款和卖方信贷。

（二）银行借款的保护性条款

由于银行等金融机构提供的长期贷款金额高、期限长、风险大，因此，除借款合同的基本条款之外，债权人通常还在借款合同中附加各种保护性条款，以确保企业按要求使用借款和按时足额偿还借款。保护性条款一般有以下三类：

1. 例行性保护条款。

这类条款作为例行常规，在大多数借款合同中都会出现。主要包括：①要求定期向提供贷款的金融机构提交财务报表，以使债权人随时掌握公司的财务状况和经营成果。②不准在正常情况下出售较多的非产品成品存货，以保持企业正常生产经营能力。③期清偿应缴纳税金和其他到期债务，以防被罚款而造成不必要的现金流失。④不准以资产作其他承诺的担保或抵押。⑤不准贴现应收票据或出售应收账款，以避免或有负债等。

2. 一般性保护条款

一般性保护条款是对企业资产的流动性及偿债能力等方面的要求条款，这类条款应用于大多数借款合同，主要包括：①保持企业的资产流动性。要求企业需持有一定最低限度的货币资金及其他流动资产，以保持企业资产的流动性和偿债能力，一般规定了企业必须保持的最低营运资金数额和最低流动比率数值。②限制企业非经营性支出。如限制支付现金股利、购入股票和职工加薪的数额规模，以减少企业资金的过度外流。③限制企业资本支出的规模。控制企业资产结构中的长期性资产的比例，以减少公司日后不得不变卖固定资产以偿还贷款的可能性。④限制公司再举债规模。目的是以防止其他债权人取得对公司资产的优先索偿权。⑤限制公司的长期投资。如规定公司不准投资于短期内不能收回资金的项目，不能未经银行等债权人同意而与其他公司合并等。

3. 特殊性保护条款

这类条款是针对某些特殊情况而出现在部分借款合同中的条款，只有在特殊情况下才能生效。主要包括：要求公司的主要领导人购买人身保险，借款的用途不得改变，违约惩罚条款，等等。

上述各项条款结合使用，将有利于全面保护银行等债权人的权益。但借款合同是经双方充分协商后决定的，其最终结果取决于双方谈判能力的大小，而不是完全取决于银行等债权人的主观愿望。

（三）借款利息的支付方法

银行和借款企业商定的借款利息支付方法一般有三种。

1. 利随本清法

这种付息方法是在借款到期时向银行支付利息的方法。一般来说，采用这种方法借款的名义利率等于其实际利率。

2. 贴现法

贴现法是银行向企业发放贷款时，先从本金中扣除利息部分，而到期时借款企业再偿还全部本金的一种计息方法。采用这种付息方法，企业可利用的贷款额只有本金扣除利息后的差额部分，一般来说，这种方法的实际利率要比名义利率高。

3. 加息分摊法

加息分摊法是指在借款企业分期偿还借款时，银行先按约定利率计算出企业借款的本利和，然后，要求企业在贷款期内每期等额偿还借款的本利和。

（四）借款的相关信用条件

银行在发放贷款时，往往涉及以下信用条款。

1. 信贷额度

信贷额度是借款人与银行在协议中规定的允许借款人借款的最高限额。如果借款人超过规定限额继续向银行借款，银行则停止办理。

2. 周转信贷协定

周转信贷协定是银行从法律上承诺向企业提供不超过某一最高限额的贷款协定。在协定有效期内，只要企业借款总额未超过最高限额，银行必须满足企业任何时候提出的借款要求。企业享用周转信贷协定，通常要对贷款限额的未使用部分付给银行一笔承诺费。

【例 3-1】 某企业于银行商定在周转信贷额为 1 000 万元，承诺费率为 0.5%，借款企业年度内使用了 400 万元，余额为 600 万元。则借款企业影响银行支付承诺费的金额为：

$$承诺费 = 600 \times 0.5\% = 3（万元）$$

3. 补偿性余额

补偿性余额是银行要求借款人在银行中保持按贷款限额或实际借用额的一定百分比计算的最低存款余额。补偿性余额有助于银行降低贷款风险，补偿其可能遭受的损失；但对借款企业来说，补偿性余额则提高了借款的实际利率，加重了企业的利息负担。

$$实际利率 = \frac{名义借款金额 \times 名义利率}{名义借款金额 \times（1-补偿性余额比例）} = \frac{名义利率}{1-补偿性余额比例}$$

【例 3-2】 某企业按年利率 8% 向银行借款 200 万元，银行要求保留 20% 的补偿性余额，企业实际可以动用的借款只有 160 万元。则该向借款的实际利率为：

$$补偿性余额贷款实际利率 = \frac{8\%}{1-20\%} \times 100\% = 10\%$$

4. 借款抵押

银行向财务风险较大、信誉较差的企业发放贷款，往往需要有抵押品担保，以减少贷款的风险。借款的抵押品通常是借款企业的应收账款、存货、股票、债券以及房屋等。

5. 偿还条件

根据我国金融制度的规定，贷款到期后仍无能力偿还的，将视为逾期贷款，银行要照章加收逾期罚息。贷款的偿还有到期一次偿还和在贷款期内定期等额偿还两种方式。

6. 以实际交易为贷款条件

当企业发生经营性临时资金需求，向银行申请贷款以求解决时，银行则以企业将要进行实际交易为基础，单独立项，单独审批，最后做出决定并确定贷款的相应条件和信用保证。

（五）银行借款筹资的优缺点

1. 优点

（1）筹资速度快。与发行债券、融资租赁等债权筹资方式相比，银行借款的程序相对简单，所花时间较短，公司可以迅速获得所需资金。

（2）资本成本较低。利用银行借款筹资，比发行债券和融资租赁的利息负担要低。而且，无须支付证券发行费用、租赁手续费用等筹资费用。

（3）筹资弹性较大。在借款之前，公司根据当时的资本需求与银行等贷款机构直接商定贷款的时间、数量和条件。在借款期间，若公司的财务状况发生某些变化，也可与债权人再协商，变更借款数量、时间和条件，或提前偿还本息。因此，借款筹资对公司具有较大的灵活性，特别是短期借款更是如此。

（4）有利于企业获得财务杠杆利益。

2. 缺点

（1）限制条款多。与债券筹资相比较，银行借款合同对借款用途有明确规定，通过借款的保护性条款，对公司资本支出额度、再筹资、股利支付等行为有严格的约束，以后公司的生产经营活动和财务政策必将受到一定程度的影响。

（2）筹资数额有限。银行借款的数额往往受到贷款机构资本实力的制约，不可能像发行债券、股票那样一次筹集到大笔资金，无法满足公司大规模筹资的需要。

（3）财务风险高。长期借款合同对利息的支付、本金的归还都有具体规定，因此是固定的偿付义务，也就增加了企业的财务风险。

二、发行公司债券

企业债券又称公司债券，是企业依照法定程序发行的、约定在一定期限内还本付息的有价证券。债券是持有人拥有公司债权的书面证书，它代表持券人同发债公司之间的债权债务关系。

（一）发行债券的条件与种类

1. 发行债券的条件

在我国，根据《公司法》的规定，股份有限公司、国有独资公司和两个以上的国有公司或者两个以上的国有投资主体投资设立的有限责任公司，具有发行债券的资格。

根据《证券法》规定，公开发行公司债券，应当符合下列条件：

（1）股份有限公司的净资产不低于人民币 3 000 万元，有限责任公司的净资产不低于人民币 6 000 万元。

（2）累计债券余额不超过公司净资产的 40％。

（3）最近 3 年平均可分配利润足以支付公司债券 1 年的利息。

（4）筹集的资金投向符合国家产业政策。

（5）债券的利率不超过国务院限定的利率水平。

（6）国务院规定的其他条件。

根据《证券法》规定，公司申请公司债券上市交易，应当符合下列条件：

（1）公司债券的期限为 1 年以上。

（2）公司债券实际发行额不少于人民币 5 000 万元。

（3）公司申请债券上市时仍符合法定的公司债券发行条件。

2. 公司债券的种类

（1）按是否记名，分为记名债券和无记名债券。记名公司债券，应当在公司债券存根簿上载明债券持有人的姓名及住所、债券持有人取得债券的日期及债券的编号等债券持有人信息。记名公司债券，由债券持有人以背书方式或者法律、行政法规规定的其他方式转让；转让后由公司将受让人的姓名或者名称及住所记载于公司债券存根簿。

无记名公司债券，应当在公司债券存根簿上载明债券总额、利率、偿还期限和方式、发行日期及债券的编号。无记名公司债券的转让，由债券持有人将该债券交付给受让人后即产生转让的效力。

（2）按是否能够转换成公司股权，分为可转换债券与不可转换债券。可转换债券，债券持有者可以在规定的时间内按规定的价格转换为发债公司的股票。这种债券在发行时，对债券转换为股票的价格和比率等都做了详细规定。《公司法》规定，可转换债券的发行主体是股份有限公司中的上市公司。不可转换债券，是指不能转换为发债公司股票的债券，大多数公司债券属于这种类型。

（3）按有无特定财产担保，分为担保债券和信用债券。担保债权是指以抵押方式担保发行人按期还本付息的债券，主要是指抵押债券。抵押债券按其抵押品的不同，又分为不动产抵押债券、动产抵押债券和证券信托抵押债券。信用债券是无担保债券，是仅凭公司自身的信用发行的、没有抵押品作抵押担保的债券。在公司清算时，信用债券的持有人因无特定的资产作担保品，只能作为一般债权人参与剩余财产的分配。

（二）债券发行价格的确定

1. 债券发行价格的计算

债券的发行价格取决于债券的内在价值，因此可以通过计算债券的价值并据此确定债券的发行价格。债券的价值大小取决于债券将给债券持有人带来收益的大小，即债券未来收益的现值之和。对于投资者而言，购买债券后将可获得两项现金流入：每年固定的利息收入和债券到期时的本金偿还额。因此，债券的价值计算公式是：

$$V = I \cdot (P/A, k, n) + MV \cdot (P/F, k, n)$$

其中，V 为债券的价值，I 为债券的年利息额，按"面值×票面利率"计算得到，MV 为债券的到期值（面值），k 为市场利率或必要报酬率，n 为债券期限。

假定债券的发行价格（P）就等于其价值，则：

$$P = V = I \cdot (P/A, k, n) + MV \cdot (P/F, k, n)$$

可知，债券的价值由两部分构成：债券到期还本面额按市场利率折现的现值，债券各期利息（年金形式）的现值。

债券的发行价格通常有三种情况，即等价、溢价、折价。等价是指以债券票面金额为价格发行债券，溢价是指以高于债券面额的价格发行债券，折价是指以低于债券面额的价格发行债券。溢价或折价发行债券，主要是由于债券的票面利率与市场利率不一致所造成的。债券的票面利率在债券发行前即已参照市场利率确定下来，并标明于债券票面，无法改变，但市场利率经常发生变动。在债券发售时，如果票面利率与市场利率不一致，就需要调整发行价格（溢价或折价），以协调债券购销双方的利益。当票面利率高于市场利率时，投资者投资于该债券将获得更大的收益，因此，发行公司将抬高发行价格，即采用溢价发行；当票面利率低于市场利率时，发行企业估计债券若等价发行将可能出现销售困难，因此往往采用折价发行。

债券发行价格的计算还受利息的计算方法和支付方式的影响，现举例说明不同情况下公司债券发行价格的计算方法。

（1）分期付息、到期一次还本的债券发行价格的计算方法。一般采用复利方式计算，其计算公式与债券价值的计算公式相同。

【例3-3】某公司发行面值为1 000元、票面利率为10%、期限为10年的债券。该债券每年付息一次，到期按面值偿还本金。分别按市场利率9%、10%和11%三种情况计算其发行价格。

当市场利率为9%时，下列发行价格计算可证实债券应该溢价发行：

$$1\,000\times10\%\times(P/A,9\%,10)+1\,000\times(P/F,9\%,10)$$
$$=100\times6.417\,7+1\,000\times0.4224=1\,064.17(元)$$

当市场利率为10%时，下列发行价格计算可证实债券应该等价发行：

$$1\,000\times10\%\times(P/A,10\%,10)+1\,000\times(P/F,10\%,10)$$
$$=100\times6.144\,6+1\,000\times0.385\,5=1\,000(元)$$

当市场利率为12%时，下列发行价格计算可证实债券应该折价发行：

$$1\,000\times10\%\times(P/A,12\%,10)+1\,000\times(P/F,121\%,10)$$
$$=100\times5.650\,2+1\,000\times0.322\,0=887.02(元)$$

（2）一次还本付息且不计复利的债券发行价格计算方法。这种债券的利息采用单利法计算，在债券的存续期间不支付利息，到期一次性支付本金和利息，我国的债券大多属于这一种。其计算公式为：

$$P=MV\times(1+i\times n)\times(P/F,\ k,\ n)$$

式中，i为债券的票面利率。

【例3-4】 某公司计划发行面值为1 000元，票面利率为10%，期限为10年的公司债券。该债券按单利法计息，到期时一次还本付息。假设目前市场利率为12%，要求计算该债券的发行价格。

该债券的发行价格计算如下：

$$1\,000\times(1+10\%\times10)\times(P/F,\ 12\%,\ 10)$$
$$=2\,000\times0.322\,0$$
$$=644(元)$$

（3）贴现发行债券的价格计算方法。这种债券没有票面利率，采用低于票面金额的方式发行，债券存续期间没有利息，到期时按票面金额偿还。其计算公式为：

$$P=MV\cdot(P/F,\ K,\ n)$$

【例3-5】 某公司计划发行面值为1 000元，期限为10年的债券。该债券没有票面利率，按贴现方式发行，到期时按面值偿还。假设市场利率为11%，要求计算该债券的发行价格。

该债券的发行价格计算如下：

$$1\,000\times(P/F,11\%,10)$$
$$=1\,000\times0.3505$$
$$=350.5(元)$$

2. 债券发行价格的影响因素

（1）债券面值。债券票面金额是决定债券发行价格的最基本因素。一般而言，债券面额越大，发行价格越高。

（2）票面利率。债券的票面利率是债券发行公司向债券投资者做出的将据此支付利息的承诺，一种债券对投资者吸引力的大小主要取决于其票面利率的高低。一般而言，债券的票面利率越高，发行价格也越高。

（3）市场利率。债券发行时的市场利率是衡量债券票面利率高低的参照系，也是债券投资者的最低必要报酬率。显然投资者要求的最低必要报酬率越高，则债券的价格就越低。

（4）债券的期限。债券期限越长，计息次数越多，未来现金流量的现值总和越大，债券的价格也就越高。

（三）发行债券筹资的优缺点

1. 优点

（1）一次筹资数额大。利用发行公司债券筹资，能够筹集大额的资金，满足公司大规模筹资的需要。这是在银行借款、融资租赁等债权筹资方式中，企业选择发行公司债券筹资的主要原因，也能够适应大型公司经营规模的需要。

（2）提高公司的社会声誉。公司债券的发行主体有严格的资格限制。发行公司债券，往往是股份有限公司和有实力的有限责任公司所为。通过发行公司债券，一方面筹集了大量资金，另一方面也扩大了公司的社会影响。

（3）保障所有者对企业的控制权。发行债券筹集的资金是企业的借入资金，债权人无权参与企业的经营管理，因此，债券筹资不会影响所有者对企业的控制权。

（4）能获得财务杠杆利益。企业负债经营，债务利率是固定不变的，当资产利润率提高时，债券利息不会增加，而所有者的利润会有更大提高。

2. 缺点

（1）发行资格要求高，手续复杂。发行公司债券，实际上是公司面向社会负债，债权人是社会公众，因此国家为了保护投资者利益，维护社会经济秩序，对发债公司的资格有严格的限制。从申报、审批、承销到取得资金，需要经过众多环节和较长时间。

（2）资本成本较高，财务压力大。相对于银行借款筹资，发行债券的利息负担和筹资费用都比较高。而且债券不能像银行借款一样进行债务展期，加上大额的本金和较高的利息，在固定的到期日，将会对公司现金流量产生巨大的财务压力。

三、融资租赁

（一）融资租赁的特点

按照租赁合约的不同规定，可将租赁分为经营租赁和融资租赁。融资租赁属于长期租赁，又称为资本租赁，与经营租赁相比，其特点如下：

（1）租赁设备一般是出租人根据承租人的要求购买的，企业租赁的目的是为了融通资金，是融资和融物为一体的筹资行为。

（2）租赁期限较长，一般接近于资产的经济寿命。租赁合约不可解除。

（3）租赁期满，按事先约定的方法处理设备，包括退还租赁公司，或继续租赁，或企业留购。通常采用企业留购办法，即以很少的"名义价格"（相当于设备残值）买下设备。

（4）由承租企业负责设备的维修保养支出、保险费、财产税等。

（二）融资租赁的基本形式

（1）直接租赁。直接租赁是融资租赁的主要形式，承租方提出租赁申请时，出租方按照承租方的要求选购，然后再出租给承租方。

（2）售后回租。售后回租是指承租方由于急需资金等各种原因，将自己资产售给出租方，然后以租赁的形式从出租方原封不动地租回资产的使用权。在这种租赁合同中，除资产所有者的名义改变之外，其余情况均无变化。

（3）杠杆租赁。杠杆租赁是指涉及承租人、出租人和资金出借人三方的融资租赁业务。一般来说，当所涉及的资产价值昂贵时，出租方自己只投入部分资金，通常为资产价值的20%～40%，其余资金则通过将该资产抵押担保的方式，向第三方（通常为银行）申请贷款解决。租赁公司然后将购进的设备出租给承租方，用收取的租金偿还贷款，该资产的所有权属于出租方。出租人既是债权人也是债务人，如果出租人到期不能按期偿还借款，资产所有权则转移给资金的出借者。

（三）融资租赁租金的计算

1. 租金的构成

融资租赁每期租金的多少，取决于以下几项因素：

（1）设备原价及预计残值，包括设备买价、运输费、安装调试费、保险费等，以及该设备租赁期满后，出售可得的市价。

（2）利息，指租赁公司为承租企业购置设备垫付资金所应支付的利息。

（3）租赁手续费，指租赁公司承办租赁设备所发生的业务费用和必要的利润。

2. 租金的支付方式

租金的支付方式有以下几种分类方式：

（1）按支付间隔期长短，分为年付、半年付、季付和月付等方式。

（2）按在期初和期末支付，分为先付和后付。

（3）按每次支付额，分为等额支付和不等额支付。实务中，承租企业与租赁公司商定的租金支付方式，大多为后付等额年金。

3. 租金的计算。

在我国租赁实务中，租金一般采用平均分摊法或等额年金法来确定。

（1）平均分摊法

平均分摊法也称直线法，是指按事先确定的利息率和手续费率计算出租赁期间的利息和手续费总额，然后连同设备成本按支付次数进行平均。这种方法不考虑货币时间价值因素，计算较为简单。其计算公式为：

$$每期支付租金=\frac{设备成本-预计残值+租期内利息+租赁手续}{租期}$$

【例3-6】假定某企业202×年1月向租赁公司租入设备一套，价值为100万元。租期为6年，预计残值为10万元（归出租方所有），租期年利率为10%，租赁手续费率为设备价值的3%。租金为每年末支付一次。

要求：计算该设备每年支付的租金。

解答：

租赁期内利息=100×(1+10%)⁶-100=77.2（万元）

租赁期内手续费＝100×3％＝3(万元)

每期租金＝(100－10＋77.2＋3)/6＝28.4(万元)

（2）等额年金法

等额年金法是将利息率与手续费综合成贴现率，运用年金现值方法计算确定每年应付租金的方法。用这种方法计算出来的每期租金包含租赁手续费在内。其计算公式为：

$$每期支付租金＝\frac{等额租金现值总额}{等额租金的现值系数}$$

【例3-7】某企业于202×年1月1日从租赁公司租入一套设备，价值60万元，租期6年，租赁期满时预计残值5万元，归租赁公司。年利率10％。租金每年年末支付一次，则：

每年租金＝$[600\ 000－50\ 000×(P/F,10\%)^6]/(P/A,10\%,6)＝131\ 283(元)$

（四）融资租赁的筹资特点

1. 优点

（1）在资金缺乏情况下，能迅速获得所需资产。融资租赁集"融资"与"融物"于一身，融资租赁使企业在资金短缺的情况下引进设备成为可能。特别是针对中小企业、新创企业而言，融资租赁是一条重要的融资途径。有时，大型企业对于大型设备、工具等固定资产，也需要融资租赁解决巨额资金的需要，如商业航空公司的飞机，大多是通过融资租赁取得的。

（2）财务风险小，财务优势明显。融资租赁与购买的一次性支出相比，能够避免一次性支付的负担，而且租金支出是未来的、分期的，企业无须一次筹集大量资金偿还。还款时，租金可以通过项目本身产生的收益来支付，是一种基于未来的"借鸡生蛋、卖蛋还钱"的筹资方式。

（3）融资租赁筹资的限制条件较少。企业运用股票、债券、长期借款等筹资方式，都受到相当多的资格条件的限制，如足够的抵押品、银行贷款的信用标准、发行债券的政府管制等。相比之下，租赁筹资的限制条件很少。

（4）避免设备陈旧过时的风险。随着科学技术的不断进步，设备陈旧过时的风险很高，而多数租赁协议规定此种风险由出租人承担，承租企业可免受这种风险。

2. 缺点

（1）资本成本较高。由于出租人承受的风险大，要求的回报必然会相应地提高，其租金通常比举借银行借款或发行债券所负担的利息高得多，租金总额通常要高于设备价值的30％。

（2）增加固定的债务。租金是一种固定的债务，如果过多地租赁资产，必然会降低公司的偿债能力，加大公司的财务风险。

（3）不利于资产的改良。承租人不能擅自进行技术更新和改造，从而有碍于设备使用效能的提高。

四、商业信用

(一) 商业信用的形式

商业信用是短期资金的重要来源。在传统的"钱货两清"制结算关系下，企业间不存在信用行为。但随着市场经济的发展，商业信用已成为企业间加强竞争的主要手段。从筹资角度看，商业信用的偿还压力和风险较大，但成本低，有时是无成本的。其主要形式有应付账款、应付票据和预收货款等。

1. 应付账款

应付账款是由赊购商品形成的、以记账方法表达的商业信用形式。利用应付账款筹资的方法称为记账法。在这种形式下，买方通过商业信用筹资的数量与是否享有折扣有关。一般认为，企业存在三种可能性：

(1) 享有现金折扣，从而在现金折扣期内付款，其占用卖方货款的时间短，信用筹资数量相对较少。如信用条件"2/10，n/30"，就表示在开票之日起 10 天内付款，可享受 2％的现金折扣。

(2) 不享有现金折扣，而在信用期内付款，其筹资量的大小取决于提供的信用期长短。如信用条件"2/10，n/30"，如果放弃现金折扣，则全部货款 30 天付清。

(3) 超过信用期的逾期付款（即拖欠），其筹资量最大，但它对企业的副作用也最大，成本是最高的，企业一般不宜以拖欠货款来进行筹资。

2. 应付票据

应付票据是买方根据购销合同，向卖方开出或承兑的商业票据。利用商业票据筹资的方法为票据法。从应付票据的付款期限看，一般为 1～6 个月，最长不超过 9 个月，应付票据分为带息和不带息两种。不带息票据不收利息，从而与应付账款一样属于免费资金。我国目前大多数票据属于不带息票据。

应付票据筹资，其基本属性与应付账款相似。所不同的只是其限期相对比应付账款要长些。从西方企业结算业务看，一般是企业在无力按期支付应付账款时才由买方开出票据的（大多为带息的）。因此，它是在应付账款逾期未付时，以票据方式重新建立信用的一种做法。我国商业票据的应用与此相比有一定的差异。

3. 预收货款

预收货款是指卖方按合同或协议规定，在交付商品之前向买主预收部分或全部货款的信用方式。它通常只在卖方对买方的信用缺乏了解或表示怀疑，以及销售生产周期长、售价高的产品时使用，对于紧俏商品买方也乐意采用这种结算方式办理结算。在这种情形下，销售单位可以暂时获得资金来源。

(二) 商业信用成本

利用商业信用筹资的成本，只有在信用条件中预定了现金折扣，但买方企业未加利用时才会发生，即产生放弃现金折扣的机会成本。其具体计算公式为：

$$放弃折扣的筹资成本 = \frac{CD}{1-CD} \times \frac{360}{N}$$

式中，*CD* 为现金折扣的百分比；*N* 为失去折扣后延期付款的天数。

在"2/10，n/30"的信用条件中，如果购货企业不是在前10天付款，而是在第30天付款，则该企业利用信用筹资的成本近似为：

$$放弃折扣的筹资成本 = \frac{2\%}{1-2\%} \times \frac{360}{20} = 36.73\%$$

计算结果表明，买方企业如果放弃现金折扣，利用商业信用筹资的近似成本是36.73%，代价是很高的。因此企业一般不应放弃现金折扣，即使是万不得已，企业也应将付款时间推迟到信用期限的最后一天，以最大限度的缩小筹资成本。

另外，如果多次不能支付货款，长时间拖欠，企业还将要承担商业信用的另一种成本，即企业信用等级的下降，以至于不能利用商业信用购买商品，被迫接受货到付款或货前付款的苛刻要求。

（三）商业信用筹资的优缺点

1. 商业信用筹资的优点

（1）筹资方便。商业信用的使用权由买方企业自行选择掌握，买方什么时候需要，需要多少等，在限定的额度内由其自行决定。多数企业的应付账款是一种连续性的信用筹资，无须作特殊的筹资安排，也不需要事先计划，随时可以随着购销行为的产生而得到该项资金。

（2）限制条件少。商业信用比其他筹资方式条件宽松，无须担保或抵押，选择余地大。

（3）资金成本低。大多数商业信用都是由卖方免费提供的，因此与其他筹资方式相比，成本较低。

2. 商业信用筹资的缺点

（1）期限短。它属于短期筹资方式，不能用于长期资产占用。

（2）风险大。各种应付款项经常发生，次数频繁，因此需要企业合理安排现金的调度。

五、债务筹资的优缺点

（一）债务筹资的优点

1. 筹资速度较快

与股权筹资比，债务筹资不需要经过复杂的审批手续和证券发行程序，如银行借款、融资租赁等，可以迅速地获得资金。

2. 筹资弹性大

发行股票等股权筹资，一方面需要经过严格的政府审批；另一方面从企业的角度出发，由于股权不能退还，股权资本在未来永久性地给企业带来了资本成本的负担。利用债务筹资，可以根据企业的经营情况和财务状况，灵活商定债务条件，控制筹资数量，安排取得资金的时间。

3. 资本成本负担较轻

一般来说，债务筹资的资本成本要低于股权筹资。其一是取得资金的手续费用等筹资费用较低；其二是利息、租金等用资费用比股权资本要低；其三是利息等资本成本可以在税前支付。

4. 可以利用财务杠杆

债务筹资不改变公司的控制权，因而股东不会出于控制权稀释原因反对负债。债权人从企业那里只能获得固定的利息或租金，不能参加公司剩余收益的分配。当企业的资本报酬率高于债务利率时，会增加普通股股东的每股收益，提高净资产报酬率，提升企业价值。

5. 稳定公司的控制权

债权人无权参加企业的经营管理，利用债务筹资不会改变和分散股东对公司的控制权。

（二）债务筹资的缺点

1. 不能形成企业稳定的资本基础

债务资本有固定的到期日，到期需要偿还，只能作为企业的补充性资本来源。再加上去的债务往往需要进行信用评级，没有信用基础的企业和新创企业，往往难以取得足够的债务资本。现有债务资本在企业的资本结构中达到一定比例后，往往由于财务风险升高而不容易再取得新的债务资金。

2. 财务风险较大

债务资本有固定的到期日，有固定的利息负担，抵押、质押等担保方式取得的债务，资本使用上可能会有特别的限制。这些都要求企业必须有一定的偿债能力，要保持资产流动性及其资产报酬水平，作为债务清偿的保障，对企业的财务状况提出了更高的要求，否则会给企业带来财务危机，甚至导致企业破产。

3. 筹资数额有限

债务筹资的数额往往受到贷款机构资本实力的制约，不可能像发行债券股票那样一次筹集到大笔资本，无法满足公司大规模筹资的需要。

任务四　资金需要量预测

企业在筹资之前，应当采用一定的方法预测资金需要数量，只有这样，才能使筹集来的资金既能保证满足生产经营的需要，又不会有太多的闲置。现介绍几种预测资金需要量常用的方法。

一、定性预测法

定性预测法是指利用直观的资料，依靠个人的经验和主观分析、判断能力，对未来资金需要量做出预测的方法。其预测过程是：首先由熟悉财务情况和生产经营情况的专家，根据过去所积累的经验进行分析判断，提出预测的初步意见；然后，通过召开座谈会或发出各种表格等形式，对上述预测的初步意见进行修订补充。这样经过一次或几次以后，得出预测的最终结果。

二、销售百分比法

销售百分比法，是根据销售增长与资产增长之间的关系，预测未来资金需要量的方法。企业的销售规模扩大时，要相应增加流动资产；如果销售规模增加很多，还必须增加长期资产。为取得扩大销售所需增加的资产，企业需要筹措资金。这些资金，一部分来自留存收益，另一部分通过外部筹资取得。通常，销售增长率较高时，仅靠留存收益不能满足资金需要，即使获利良好的企业也需外部筹资。

销售百分比法首先假设某些资产与销售额存在稳定的百分比关系，根据销售与资产的比例关系预计资产额，根据资产额预计相应的负债和所有者权益，进而确定筹资需要量。

应用销售百分比法预测未来资金需求量通常需要经过以下步骤：

（1）预计销售额增长率及增长额。

（2）确定变动资产和变动负债项目，并确定这些项目的金额占基期销售额的百分比。变动资产项目是指假设随收入变化而正比例变化的资产项目，变动负债项目是指假设随收入变化而正比例变化的负债项目。

（3）确定总的融资需要量。

（4）预计留存收益增加额，并确定外部融资需要量。

$$\text{销售百分比法的计算公式为：} \frac{A}{S_0} \cdot \Delta S - S_1 \cdot P \cdot E \qquad (9-1)$$

式中，A 代表变动资产；B 代表变动负债；S_0 代表基期销售额；S_1 代表预测期销售额；ΔS 为销售变动额；P 为销售净利率；E 为留存收益比率。

【例3-8】 某公司2020年末资产负债表（简化格式）：

表3-1 资产负债表

2020年12月31日
　　　　　　　　　　　　　　　　　　　　　　　　　　　　　　　　单位：万元

资产		负债与所有者权益	
项目	金额	项目	金额
货币资金	200	应付账款	2 200
应收账款	1 800	预收款项	940
存货	3 245	长期负债	420
固定资产净值	4 620	实收资本	2 305
		留存收益	4 000
资产总额	9 865	负债与所有者权益总额	9 865

该公司2020年销售收入为20 000万元，预计2021年销售收入增长10%，并有剩余生产能力。公司2020年销售净利润率为2.5%，股利支付率为80%。经预测，2021年销售净利润率和利润分配政策保持不变。

现就销售百分比法的预测程序说明如下：

1. 预计销售增长率、增长额

该公司已预计出2021年销售收入将增长10%，增长额 ΔS 为：

$$\Delta S = 20\ 000 \times 10\% = 2\ 000 \text{（万元）}$$

2. 确定变动资产和变动负债项目

该公司预计2021年销售收入增长10%后还有剩余生产能力，因此增加销售无须追加固定资产投资。该公司的资产负债表中，资产方除了固定资产外都将随销售收入的增加而增加，并假设它们随销售收入成正比例增长，为变动资产。在负债与所有者权益一方，应付账款和预收款项也会随销售收入的增加而增加，并假设它们随销售收入成正比例增长，为变动负债，而长期负债和实收资本等不会自动增加。留存收益在企业利润不全部分配出去的前提下会有所增加，该项目对外部融资需求预测的影响留待后面步骤考虑。

确定变动资产和变动负债项目后，再进一步计算这些项目的金额占基期销售额的百分比。

表 3 - 2　销售百分比表

资产			负债与所有者权益		
项目	金额（万元）	占销售收入（%）	项目	金额（万元）	占销售收入（%）
货币资金	200	1	应付账款	2 200	11
应收账款	1 800	9	预收款项	940	4.7
存货	3 200	16	长期负债	420	—
固定资产净值	4 665	—	实收资本	2 305	—
			留存收益	4 000	—
资产总额	9 865	26	负债与所有者权益总额	9 865	15.7

3. 确定总的融资需要量

从表 3 - 2 可以看出，销售收入每增加 100 元，必须增加 26 元的资金占用，但同时增加了 15.7 元的资金来源。增加的资金占用 26 元减去增加的资金来源 15.7 元，差额是 10.3 元，表示每增加 100 元销售收入所需增加的融资需要量为 10.3 元。因此，本例可以按 10.3% 的比例预测 2021 年销售收入增加 2 000 万元情况下的融资需要量：

2021 年融资需要量＝2 000×26%－2 000×15.7%＝206（万元）

或：2021 年融资需要量＝2 000×10.3%＝206（万元）

4. 预计留存收益增加额，并确定外部融资需要量

留存收益提供的资金内部融资的资金，总的融资需要量减去增加的留存收益，其差额为企业的外部融资需要量。

2021 年的销售收入将比 2020 年增长 10%，即达到 22 000 万元。2021 年预测的销售净利润率和股利分配比率与 2020 年相同，分别为 2.5% 和 80%。因此，2021 年的预计留存收益为：

2021 年的预计留存收益＝22 000×2.5%×（1－80%）＝110（万元）

进一步求得 2021 年该公司的外部融资需要量：

2021 年的外部融资需要量＝206－110＝96（万元）

财务预测的销售百分比法是一种简单实用的方法，计算比较简单，便于了解主要变量之间的关系。但这种方法也有一定的局限性，它假设的若干资产、负债项目与销售额成正比例关系，并不完全符合事实。

三、资金习性预测法

在销售百分比法中对若干资产和负债项目与销售额成正比例关系的假设与事实有一定的差距，事实上这些资产和负债项目随着销售额的变化而变化，但并非如假设所说的成正比例变化。我们可以分析资产和负债项目的资金习性，揭示它们与销售额之间的变动关系，以使预测更加准确一些。

资金习性预测法，是指根据资金习性预测未来资金需要量的一种方法。所谓资金习性，是指资金的变动同产销量变动之间的依存关系。按照资金同产销量之间的依存关系，可以把资金区分为不变资金、变动资金和半变动资金。

不变资金是指在一定的产销量范围内，不受产销量变动的影响而保持固定不变的那部分资金。也就是说，产销量在一定范围内变动，这部分资金保持不变。这部分资金包括：为维持营业而占用的最低数额的现金，原材料的保险储备，必要的成品储备，厂房、机器设备等固定资产占用的资金。

变动资金是指随产销量的变动而同比例变动的那部分资金。它一般包括直接构成产品实体的原材料、外购件等占用的资金。另外，在最低储备以外的现金、存货、应收账款等也具有变动资金的性质。

半变动资金是指虽然受产销量变化的影响，但不成同比例变动的资金，如一些辅助材料上占用的资金。半变动资金可采用一定的方法划分为不变资金和变动资金两部分。因此最终所有的资金可以分成不变资金和变动资金，用下面的资金习性方程式表示：

$$y = a + bx$$

式中：y 代表资金；a 代表不变资金；b 代表单位变动资金；x 代表销售额。

只要确定了资金习性方程式中的 a 和 b，我们就能够利用这个方程式预测资金需要量。

（一）高低点法

高低点法是根据资金习性原理，选择历史时期中销售额最高点和最低点的两组数据，求得资金习性方程中的 a 和 b，并利用资金习性方程式预测资金需要量的方法。

【例3-9】某公司历史各年货币资金平均占用与销售额的数据如表3-3所示。

表3-3　货币资金占用与销售额　　　　　　　　　　单位：万元

年度	销售额	货币资金占用
2016	4 000	220
2017	4 800	260
2018	5 200	280
2019	5 600	300
2020	6 000	320

由表3-3的数据，得知销售额最高点和最低点分别是2020年和2016年的销售额，根据这两期的货币资金占用和销售额的数据，按照资金习性方程式列出一个方程组：

$$\begin{cases} 220=a+b\times4\ 000 \\ 320=a+b\times6\ 000 \end{cases}$$

解该方程组，得到：

$$\begin{cases} a=20 \\ b=0.05 \end{cases}$$

所以，该公司的货币资金占用和销售额之间的关系式可以表示为：

$$y=20+0.05x$$

如果该公司 2021 年的预计销售额为 7 000 万元，则其 2021 年度预测货币资金占用为：

2021 年货币资金占用＝20＋0.05×7 000＝370（万元）

存货、应收账款、固定资产、流动负债等项目也可以根据各自的历史数据按同样的方法进行划分，写出各自的资金习性方程式，各项目按资金占用减去资金来源的方式汇总在一起，可以得到公司预测年度总的资金习性方程式，从而预测出公司总的资金需求量。

高低点法简便易行，但只考虑了历史时期中两个时期的数据，所得到的预测方程式可能存在代表性不强的问题，它一般适用于企业各项资金变动趋势比较稳定的情况。

（二）回归分析法

回归分析法和高低点法一样，也是基于按资金习性可以将资金划分为不变资金和变动资金的前提，在用"$y=a+bx$"这个线性方程表示资金与销售额之间关系的前提下，运用最小平方法的原理求得各资产负债表项目和销售额的函数关系，其计算公式为：

$$\begin{cases} a=\dfrac{\sum x^2\sum y-\sum xy\sum}{n\sum x^2(\sum x)^2} \\ b=\dfrac{n\sum xy-\sum x\sum y}{n\sum x^2-(\sum x)^2} \end{cases}$$

也可以按上面 b 的计算式先求出 b，再代入下式求得 a：

$$a=\frac{\sum y-b\sum x}{n}$$

【例 3-10】某公司销售额和存货资金占用变化的情况如表 3-4 所示。预计 2021 年销售额为 200 百万元，试预测 2021 年存货资金占用量。

表 3-4 存货资金占用与销售额

年度	销售额（百万元）	存货资金占用（百万元）
2016	80	10
2017	100	11
2018	120	14
2019	150	18
2020	180	20

（1）根据表 3-4 整理出表 3-5，加工出回归分析法计算 a、b 所需要的数据。

表 3-5　数据加工

年度	销售额 x（百万元）	存货资金占用 y（百万元）	xy	x^2
2016	80	10	800	6 400
2017	100	11	1 100	10 000
2018	120	14	1 680	14 400
2019	150	18	2 700	22 500
2020	180	20	3 600	32 400
合计 $n=6$	$\sum x = 630$	$\sum y = 73$	$\sum xy = 9\,880$	$\sum x^2 = 85\,700$

（2）把表 3-5 加工出来的数据代入公式：

$$b = \frac{n\sum xy - \sum x \sum y}{n\sum x^2 - \left(\sum x\right)^2} = \frac{6 \times 9\,880 - 630 \times 73}{6 \times 85\,700 - 630^2} = 0.11$$

把 b 的计算结果代入 a 的公式：

$$a = \frac{\sum y - b\sum x}{n} = \frac{73 - 0.11 \times 630}{6} = 0.62（百万元）$$

（3）写出存货占用资金与销售额之间的关系式：

$$y = 0.62 + 0.11x$$

将 2021 年预计销售额 200 百万元代入上式，得出 2021 年资金需要量为：

$$y = 0.62 + 0.11x = 0.62 + 0.11 \times 200 = 22.62 （百万元）$$

理论上说，回归分析法是计算结果最精确的方法，但这种方法如果手工计算的话，工作量很大。我们可以采用 Excel 软件，在电子表格中输入各参数，让计算机完成数据加工计算。当历史观测期较多时，使用计算机处理，将使工作量大大简化。

同 步 测 试

一、单项选择题

1. 下列不属于吸收直接投资优点的是（　　）。
   A. 能提高企业的资信和借款能力　　B. 可获取企业急需的先进设备和技术
   C. 与负债筹资相比财务风险小　　D. 资本成本低

2. 某企业按 8% 的年利率向银行借款 100 万元，银行要求保留 20% 作为补偿性余额，那么，该笔借款的实际利率为（　　）。
   A. 8%　　　　　　B. 10%　　　　　　C. 14%　　D. 16%

3. 下列（　　）可以为企业筹集自有资金。
   A. 内部积累　　　　　　　　B. 融资租赁
   C. 发行债券　　　　　　　　D. 向银行借款

4. 按照资金的来源渠道不同可将筹资分为（　　）。

    A. 内源筹资和外源筹资   B. 直接筹资和间接筹资

    C. 权益筹资和负债筹资   D. 表内筹资和表外筹资

5. 下列（　　）可以为企业筹集短期资金。

    A. 融资租赁   B. 商业信用   C. 内部积累   D. 发行股票

6. 我国目前各类企业最为重要的资金来源是（　　）。

    A. 银行信贷资金   B. 国家财政资金

    C. 其他企业资金   D. 企业自留资金

7. 确定股票发行价格的方法中，（　　）在国外常用于房地产公司或资产现值重于商业利益的公司的股票发行，但是在国内一直未采用。

    A. 市盈率定价法   B. 净资产倍率法

    C. 竞价确定法   D. 现金流量折现法

8. 商业信用筹资最大优越性在于（　　）。

    A. 不负担成本   B. 期限较短

    C. 容易取得   D. 是一种短期筹资形式

9. 某企业与银行商定的周转信贷额为 800 万元，年利率 2%，承诺费率为 0.5%，年度内企业使用了 500 万元，平均使用 10 个月，则企业本年度应向银行支付的承诺费为（　　）万元。

    A. 6.83   B. 0.42   C. 1.92   D. 1.5

10. 普通股和优先股筹资方式共有的缺点包括（　　）。

    A. 财务风险大   B. 筹资成本高

    C. 容易分散控制权   D. 筹资限制多

二、多项选择题

1. 筹资的动机有（　　）。

    A. 设立性动机   B. 扩张性动机

    C. 调整性动机   D. 混合性动机

2. 下列（　　）属于企业自留资金。

    A. 法定公积金   B. 任意公积金

    C. 资本公积金   D. 未分配利润

3. 企业进行筹资需要遵循的基本原则包括（　　）。

    A. 规模适当原则   B. 筹措及时原则

    C. 来源合理原则   D. 方式经济原则

4. 采用销售额比率法预测对外筹资需要量时，对外筹资需要量受到（　　）因素的影响。

    A. 销售增长率   B. 资产利用率

    C. 股利支付率   D. 销售净利率

5. 股票的特征包括（　　）。

    A. 法定性   B. 收益性   C. 价格波动性   D. 参与性

6. 普通股股东的权利包括（　　）。

　　A. 投票权　　　　　　　　　　　　B. 查账权

　　C. 出让股份权　　　　　　　　　　D. 优先分配剩余财产权

7. 股票上市的好处包括（　　）。

　　A. 利用股票收购其他公司　　　　　B. 利用股票可激励职员

　　C. 提高公司知名度　　　　　　　　D. 增强经理人员操作的自由度

8. 企业发行优先股的动机包括（　　）。

　　A. 防止股权分散化　　　　　　　　B. 调剂现金余缺

　　C. 改善公司的资金结构　　　　　　D. 维持举债能力

9. 银行借款按照是否需要担保分为（　　）。

　　A. 信用借款　　　　　　　　　　　B. 直接借款

　　C. 担保借款　　　　　　　　　　　D. 票据贴现

10. 债券与股票的区别在于（　　）。

　　A. 债券是债务凭证，股票是所有权凭证

　　B. 债券的投资风险大，股票的投资风险小

　　C. 债券的收入一般是固定的，股票的收入一般是不固定的

　　D. 股票在公司剩余财产分配中优先于债券

三、判断题

1. 与直接筹资相比间接筹资具有灵活便利、规模经济、提高资金使用效益的优点。

（　　）

2. 按照资金与产销量之间的依存关系，可以把资金区分为不变资金、变动资金和半变动资金，其中原材料的保险储备属于不变资金。（　　）

3. 股票面值的主要功能是表明在有限公司中股东对每股股票所负有限责任的最高限额。

（　　）

4. 清算价值，又称净值，是指股份有限公司进行清算时，股票每股所代表的实际价值。

（　　）

5. 股票价格有广义和狭义之分，广义的股票价格包括股票发行价格和股票交易价格，狭义的股票价格仅是指股票发行价格，股票发行价格具有事先的不确定性和市场性。

（　　）

6. 优先认股权是优先股股东的优先权。（　　）

7. 信贷额度是银行从法律上承诺向企业提供不超过某一最高限额的贷款协定。

（　　）

8. 抵押借款由于有抵押品担保，所以其资金成本往往较非抵押借款低。（　　）

9. 债券面值的基本内容即票面金额。（　　）

10. 杠杆租赁中出租人也是借款人，他既收取租金又偿付债务，从这个角度看，杠杆租赁与直接租赁是不同的。（　　）

四、计算题

1. B公司2016～2020年资金占用与销售收入之间关系如下：

年度	销售收入（元）	资金占用（元）
2016	160 000	120 000
2017	210 000	130 000
2018	200 000	125 000
2019	260 000	150 000
2020	220 000	160 000

要求：

根据以上资料运用高低点法预测2021年的资金占用量（假设2021年的销售收入为305 000元）。

2. 某公司拟发行8年期债券进行筹资，债券票面金额为1 200元，票面利率为10%，当时市场利率为10%，计算以下两种情况下该公司债券发行价格应为多少才是合适的。

（1）单利计息，到期一次还本付息。

（2）每年付息一次，到期一次还本。

3. 某企业采用融资租赁的方式于202×年1月1日融资租入一台设备，设备价款为60 000元，租期为10年，到期后设备归企业所有，租赁双方商定采用的折现率为20%。

计算并回答下列问题：

（1）租赁双方商定采用的折现率为20%，计算每年年末等额支付的租金额。

（2）租赁双方商定采用的折现率为18%，计算每年年初等额支付的租金额。

（3）如果企业的资金成本为16%，说明哪一种支付方式对企业有利。

资金成本与资本结构

职业能力目标

专业能力：

- 会计算各种资本成本，并能进行筹资结构决策分析
- 能运用杠杆原理进行财务风险分析

社会能力：

- 具备一定的沟通协调能力，能够与企业内外相关部门沟通筹资决策方面的信息
- 能比较敏锐地判断经济环境、金融环境、法律环境对筹资活动产生的影响

方法能力：

- 能系统清晰又重点突出地撰写筹资决策分析报告

任务一　资金成本的计算及应用

任务引例

2020年，龙韵公司市场份额不断扩大，销量明显上升，公司的抗风险能力日渐增强。公司为了满足扩大经营规模的需要，希望实现500万元的长期资本融资。有两种方案可供选择：一是通过年利率为10％的长期债券融资；二是全部依靠发行普通股股票筹资，按照目前的股价，需增发50万新股。公司预期息税前利润210万元，企业所得税税率为25％。

你能够分析一下，采用哪一种筹资方式对公司更有利吗？

知识解析

天下没有免费的午餐，资金的筹集和使用是需要花费成本的。资本成本是企业筹资决策的主要依据，而资本结构是到目前为止财务界尚未解开的一个谜，本章将详细阐述资本成本的概念、作用和计算，杠杆原理，资本结构理论和资本结构决策理论。通过单元学习，领会资本成本原理、杠杆原理和资本结构原理，掌握资本成本的计算、财务风险和经营风险的度量以及最优资本结构的确定。

一、资本成本的概念与作用

（一）资本成本的概念

资本成本，又称资金成本，是指企业为筹集和使用资金时所付出的代价。资本成本包括筹资费用和用资费用两部分。筹资费用是指企业在筹集资本活动中为获得资本而付出的费用，如发行债券、股票支付的费用以及借款的手续费等。用资费用是指企业因使用资本而承付的费用，主要指利息、股利等。从投资者的角度看，资本成本是投资者进行投资所要求的必要报酬或最低报酬。企业资本成本的高低主要取决于总体经济环境、证券市场条件、企业内部的经营和筹资状况、项目筹资规模等因素。

资本成本作为企业的一种成本，具有一般商品成本的基本属性，又有不同于一般商品成本的某些特性。二者的主要区别在于产品成本是企业生产经营中的资金耗费且带有垫支的性质，故直接从销售收入中补偿；而资本成本不属于生产经营中的资金耗费且不具垫支性质，不构成产品成本，其本质属于利润分配的范畴。

资本成本与资金时间价值有联系，但二者是有区别的。资金时间价值是资本成本的基础，而资本成本既包括资金时间价值，还包括投资的风险价值和通货膨胀率等，资本成本与资金时间价值在数量上是不等的。

（二）资本成本的构成

企业筹集和使用任何资金，不论是短期的还是长期的，都要付出代价。对于仅仅用于满足企业经营周期性或季节性变化而筹措的短期负债来说，由于这些短期负债不稳定，故其资本成本一般忽略不计（短期负债成本通常与营运资本的管理相联系）。因此，资本成本通常是指筹集和使用长期资金的成本，与资本成本密切相关的资本构成要素包括：长期借款、债券、优先股、普通股和留存收益等。

资本成本有三种：

（1）个别资本成本，是指企业各种长期资本的成本，例如，股权资本成本、债券资本成本、长期借款资本成本。企业在比较各种筹资方式时，需要运用个别资本成本。

（2）加权平均资本成本，是指企业全部长期资本的成本，企业在进行与其他企业的资本成本进行比较或进行长期资本结构决策时，可以采用加权平均资本成本。

（3）边际资本成本，是指企业追加长期资本的成本，企业在追加筹资方案的选择中，需要运用边际资本成本。

（三）成本的作用

1. 资本成本是拟定筹资方案的依据

企业资金可通过种种渠道，采用不同的筹资方式取得。各种筹资方式因其资金提供者面临的风险不同而有不同的资本成本，最佳筹资方案是实现使综合资本成本最低的各种筹资方式的最优组合。

2. 资本成本是评价投资方案的经济标准

国际上通常将资本成本视为一个投资项目必须赚得的最低报酬率，视为是否采纳一个投资项目的取舍率，作为比较选择投资方案的一个经济标准。在企业投资评价分析中，可以将资本成本作为折现率，用于测算各个投资方案的净现值和现值指数，以比较选择投资方案，进行投资决策。

3. 资本成本在是企业评价效绩的依据

企业的整个经营效绩可以用企业全部投资的利润率来衡量，并可与企业全部资本的成本相比较，如果利润率高于成本，可以认为企业经营有利；反之，如果利润率低于成本，则可认为企业经营不利，业绩不佳，需要改善经营管理，提高企业全部资本的利润率和降低成本。

二、个别资本成本

个别资金成本是指各种筹资方式所筹资金的成本。其具体包括借款成本、债券成本、普通股成本、优先股成本和留存收益成本。前两种为债务资金成本，后三种为权益资金成本。

1. 银行借款筹资成本的计算

银行借款筹资成本是指借款利息和筹资费用。由于借款利息计入税前成本费用，可以起到抵税的作用，因此，其资本成本计算公式为：

$$银行借款筹资成本 = \frac{年利息 \times （1-所得税税率）}{银行借款总额 \times （1-筹资费用率）} \times 100\%$$

【例 4-1】 某企业取得长期借款 1 000 万元，年利率为 5%，期限 5 年，每年付息一次，到期一次还本。该借款的筹资费用率为 0.1％，企业所得税税率为 33％，计算其长期借款筹资成本。

$$银行借款筹资成本=\frac{1\,000\times5\%\times(1-33\%)}{1\,000\times(1-0.1\%)}\times100\%=3.35\%$$

由于银行借款的手续费很低，上式中的筹资费用率常常可以忽略不计，则上式可以简化为：

银行借款筹资成本＝借款利率×（1－所得税税率）

银行借款的筹资成本＝5％×（1－33％）＝3.35％

2. 债券筹资成本的计算

债券筹资成本是指债券利息和筹资费用。债券利息与借款利息一样，也可以在税前支付，具有减税作用。债券的筹资费用一般较高，主要包括手续费、注册费、印刷费、上市费以及推销费等，所以一般不能忽略。企业实际负担的筹资费用使得企业筹措资金的实有金额少于发行债券的筹资额。债券筹资成本的计算公式为：

$$债券筹资成本=\frac{债券面值总额\times票面利率\times(1-所得税税率)}{债券筹资总额\times(1-筹资费用率)}\times100\%$$

【例 4-2】某公司发行面额为 800 万元的债券 1 000 张，以 800 万元的价格发行，票面利率为 12％，发行费用占发行价格的 5％，公司所得税税率为 33％，则该债券筹资成本为多少？

$$债券筹资成本=\frac{800\times12\%\times(1-33\%)}{800\times(1-5\%)}\times100\%=8.46\%$$

【例 4-3】若其他条件都不变，只是以 1 000 万元的价格发行，票面利率为 12％，发行费用占发行价格的 5％，公司所得税税率为 33％，则该债券筹资成本为多少？

$$债券筹资成本=\frac{800\times12\%\times(1-33\%)}{1000\times(1-5\%)}\times100\%=6.67\%$$

3. 普通股筹资成本的计算

普通股筹资的成本就是普通股投资的必要收益率。这里的普通股是指企业新发行的普通股。其计算的方法一般有三种：股利折现模型、资本资产定价模型和无风险利率加风险溢价法。

（1）股利折现模型。

股利折现模型的基本形式是：

$$P_0=\sum_{t=1}^{n}\frac{D_t}{(1+K_c)^t}$$

式中：P_0 为普通股筹资净额，即发行价格扣除发行费用；D_t 为普通股第 t 年的股利；K_c 为普通股投资必要收益率，即普通股资金成本。

运用股利折现模型计算普通股筹资成本，因企业选择的股利政策而有所不同。

①企业采用固定股利政策，即企业每年分派的现金股利是一个固定的数额。在企业采用固定股利政策的情况下普通股的筹资成本可以简化为下式：

$$普通股筹资成本=\frac{每年固定股利}{普通股筹资金额\times(1-普通股筹资费率)}\times100\%$$

【例 4-4】某企业拟发行一批普通股，发行价格 10 元，筹资费率 20%，预定每年分派每股 0.8 元的现金股利，则该普通股筹资成本为多少？

$$普通股筹资成本 = \frac{0.8}{10 \times (1-20\%)} \times 100\% = 10\%$$

②企业采用固定股利增长率政策，即股利每年以一个固定的比率增长。在此情况下，则普通股筹资成本计算公式为：

$$普通股筹资成本 = \frac{第一年预期股利}{普通股筹资金额 \times (1-普通股筹资费率)} \times 100\% + 股利固定增长率$$

【例 4-5】某公司发行普通股筹集资金，每股发行价格为 20 元，筹资费用率为 4%，预计第一年分派现金股利为每股 1.2 元，以后每年股利增长 3%，则普通股筹资成本为：

$$普通股筹资成本 = \frac{1.2}{20 \times (1-4\%)} \times 100\% + 3\% = 9.25\%$$

（2）资本资产定价模型。

普通股筹资成本可以用投资者对发行企业的风险程度与股票投资承担的平均风险水平来评价。用资本资产定价模型可以简单地描述为：普通股投资的必要报酬率等于无风险报酬率加上风险报酬率。用公式表示为：

$$Kc = Rf + \beta \times (Rm - Rf)$$

上列公式中：Kc 为普通股成本；Rm 为市场投资组合的期望收益率；Rf 为无风险利率；β 为某公司股票收益率相对于市场投资组合期望收益率的变动幅度。

【例 4-6】某企业普通股股票的 β 值为 1.1，无风险利率为 5%，市场投资组合的期望收益率为 12%，则普通股筹资成本为：

$$普通股筹资成本 = 5\% + 1.1 \times (12\% - 5\%) = 12.7\%$$

（3）无风险利率加风险溢价法。

无风险利率加风险溢价法认为，当企业资产不足抵债时，普通股票持有者的求偿权不仅次于债券持有者，而且还次于优先股股票持有者，其投资风险最大，普通股股票持有者就必然要求获得一定的风险补偿。因而会在债券投资者要求的收益率上再要求一定的风险溢价。其计算公式为：

$$Kc = Kb + RPc$$

式中：Kb 为债务筹资成本；RPc 为股东比债权人承担更大风险所要求的风险溢价。

风险溢价是凭借经验估计的。一般情况下，某企业普通股风险溢价对于自己所发行的债券而言，大约在 3%～5% 之间。

【例 4-7】某企业债券成本为 7%，其普通股的风险溢价为 4%，则普通股资本成本为：

$$普通股筹资成本 = 7\% + 4\% = 11\%$$

与其他投资者相比，普通股持有者的求偿权位于最后，风险最高，根据"风险越大，要求的报酬率越高"的原理，普通股的资本成本最高。

4. 优先股筹资成本的计算

优先股筹资成本属于权益成本。优先股筹资成本主要是发行优先股支付的优先股股利和发行费用。优先股筹资成本的计算与借款、债券不同的是优先股股利是在税后支付的，不能抵减所得税，且没有固定的到期日。企业发行优先股，既要支付筹资费用，又要定期支付股利。优先股筹资成本的计算公式为：

$$优先股筹资成本 = \frac{优先股每年的股利额}{优先股总额 \times (1-筹资费用率)} \times 100\%$$

【例4-8】某公司发行优先股，面值总额为1 000万元，发行总价为1 250万元，筹资费用率为6%，每年支付10%的股利，公司所得税税率为33%，该企业的优先股资本成本为多少？

$$优先股筹资成本 = \frac{1\,000 \times 10\%}{1\,250 \times (1-6\%)} \times 100\% = 8.51\%$$

当企业资产不足抵债时，优先股股票持有者的索赔权次于债券持有者，而优先于普通股票的持有者。所以，优先股股票持有者的投资风险比债券持有者要大，就使得优先股股利高于债券利率，而且支付优先股股利不会减少企业应缴纳的所得税，所以优先股成本明显会高于债券成本。但是，优先股股票筹集的资金属于企业自有资金，可以长期占用，一般情况下不能退股，因此在一定条件下，企业乐于采用这种能增加企业产权的筹资方式。

5. 留存收益筹资成本的计算

留存收益是企业的税后留利，其所有权属于股东。其实质是股东对企业的追加投资，是企业内部形成的资金来源。从表面上看，公司使用留存收益似乎不用花费成本，但实际上，股东将收益留存于企业，是想从中获取投资报酬的。股东对这一部分追加的投资也要求给以相同比率的报酬。所以企业对这项资金并非是无偿使用，也要计算其筹资成本。

留存收益的筹资成本计算与普通股基本相同，但不用考虑筹资费用。

（1）企业采用固定股利政策，留存收益筹资成本的计算公式为：

$$留存收益筹资成本 = \frac{每年固定股利}{留存收益金额} \times 100\%$$

（2）企业采用固定股利增长率政策，留存收益筹资成本的计算公式为：

$$留存收益筹资成本 = \frac{第一期预期股利}{留存收益金额} \times 100\% + 股利年增长率$$

【例4-9】某公司的留存收益为5 000万元，预计第一年的普通股股利率为10%，以后每年增长8%，则留存收益筹资成本为：

$$留存收益筹资成本 = \frac{5\,000 \times 10\%}{5\,000} + 8\% = 18\%$$

三、加权平均资金成本

由于受到多种因素的制约，企业不可能只使用某一种方式筹集资金，但各种方式筹集资金的资金成本是不同的。为了进行正确的筹资和投资决策，就要计算企业全部资金的总成本，即加权平均资金成本。加权平均资金成本是以各种资金占全部资金的比重为权数，对个别资本成本进行加权平均计算出来的综合成本。其计算公式为：

加权平均资金成本＝∑(某种资金占总资本的比重×该种资金的成本)

【例 4－10】 某企业共有资金 1 000 万元，其中借款 100 万元，债券 200 万元，普通股 400 万元，优先股 200 万元，留存受益 100 万元，各种资金的资本成本分别为 5％、10％、15％、11％、14％，计算该企业的加权平均资金成本。

1. 各种资金所占的比重

借款占资金总额的比重＝$\frac{100}{1\,000}×100\%＝10\%$

债券占资金总额的比重＝$\frac{200}{1\,000}×100\%＝20\%$

普通股占资金总额的比重＝$\frac{400}{1\,000}×100\%＝40\%$

优先股占资金总额的比重＝$\frac{200}{1\,000}×100\%＝20\%$

留存收益占资金总额的比重＝$\frac{100}{1\,000}×100\%＝10\%$

2. 计算加权平均资本成本

加权平均资本成本＝10％×5％＋20％×10％＋40％×15％＋20％×11％＋10％×14％
　　　　　　　　＝12.1％

在计算企业的加权平均资金成本时，企业的资本结构或各种资金占总资金的比重取决于各种资金价值的确定。资金价值的确定基础主要有三种：账面价值、市场价值和目标价值。个别资金占全部资金的比重按账面价值、市场价值和目标价值确定，分别称为账面价值权数、市场价值权数、目标价值权数。

账面价值权数是指股票、债券以账面价值确定权数，从而计算加权平均资本成本。这样计算资金比重能够反映过去，易于从资产负债表中获取资料。

市场价值权数是指股票、债券以市场价格确定权数，从而计算加权平均资本成本。这样计算的综合资本成本能反映企业目前的实际情况。同时，为弥补证券市场价格变动频繁的不便，也可选用平均价格。

目标价值权数是指股票、债券以未来预计的目标市场价格确定权数，从而计算的加权平均资本成本。这种权数能体现期望的资本结构，而不是像账面价值权数和市场权数那样只反映过去和现在的资本结构。所以按目标价值权数计算的综合资本成本更适合于企业筹措新资金。然而，企业很难客观合理地确定证券的目标价值，其在使用上具有局限性。

根据以上分析，在个别资本成本一定的情况下，公司的加权资本成本的高低是由资本结构所决定的。

四、边际资本成本

随着企业规模的扩大，企业需要追加筹资，然而企业按照原来的整体平均资金成本或者接近它的资本成本是不可能无限度获得资金的。当其筹集的资金超过一定限度时，原来的资本成本就会增加。边际资本成本（marginal cost of capital，MCC）就是指资金每增加一个单位而增加的成本，是追加筹资时所使用的加权平均资本成本。

【例4-9】某公司目前的资本结构较为理想，拥有长期资金400万元，其中长期借款60万元，资本成本3%；长期债券100万元，资本成本10%；普通股240万元，资本成本13%。加权平均资本成本为10.75%。公司根据经营需要，计划追加筹资，并以原来的资本结构为目标资本结构。根据对金融市场的分析，得出不同筹资额的有关数据见表4-1。

表4-1 筹资规模与资本成本预测表

资本种类	目标资本结构（%）	新筹资额（元）	个别资本成本（%）
长期借款	15	45 000 以内	3
		45 000～90 000	5
		90 000 以上	7
长期债券	25	200 000 以内	10
		200 000～400 000	11
		400 000 以上	12
普通股	60	300 000 以内	13
		300 000～600 000	14
		600 000 以上	15

1. 计算筹资总额分界点

因为一定的资本成本只能筹集到一定限度的资金，超过这一限度多筹集资金就要花费更高的成本，引起原有资本成本的变化，于是就把在保持某一资本成本的条件下可以筹集到的资金总限额称为现有资本结构下的筹资总额分界点。在筹资总额分界点范围内筹资，原来的资本成本不会改变；一旦筹资额超过筹资总额分界点，即使维持现有的资本结构，其资本成本也会增加。筹资总额分界点的计算公式为：

$$筹资总额分界点 = \frac{可用某特定成本筹集到的某种资金额}{该种资金在资本结构中所占比重}$$

在花费3%的资本成本时，取得的长期借款筹资限额为45 000元（此限额又可称为个别资本新筹资额临界点），由于长期借款占全部资本的15%，所以其筹资总额分界点便为：45 000/15%=300 000元，反过来说，只要筹资总额不超过300 000元，长期借款新筹资额不会超过45 000元，则其资本成本就能保持在3%的水平上。而在花费5%的资本成本时，取得的长期借款筹资限额为90 000元，其筹资总额分界点则为：90 000/15%=600 000元。同理，一个临界点即可计算获得一个筹资总额分界点，各种情况下的筹资总额分界点的计算结果如表4-2。

表4-2 筹资总额分界点计算表

资本种类	资本结构（%）	新筹资额（元）	筹资总额分界点（元）	个别资本成本（%）
长期借款	15	45 000 以内 45 000～90 000 90 000 以上	300 000 600 000	3 5 7
长期债券	25	200 000 以内 200 000～400 000 400 000 以上	800 000 1 600 000	10 11 12
普通股	60	300 000 以内 300 000～600 000 600 000 以上	500 000 1 000 000	13 14 15

表4-2显示了特定种类资本成本变动的分界点。例如，长期借款在45 000元以内时，其资本成本为3%，而在该企业的资本结构中，长期借款的比例为15%。这表明当长期借款资本成本由3%上升到为5%之前，企业可总共筹资300 000元；当筹资总额多于300 000元时，长期借款资本成本就要上升到5%。

2. 计算边际资本成本

根据上面计算得出的筹资总额分界点，可以得到七组筹资总额范围：30万元以内；30万元～50万元；50万元～60万元；60万元～80万元；80万元～100万元；100万元～160万元；160万元以上。对以上7组筹资总额范围分别计算加权平均资本成本，即可得到各种筹资总额范围的边际资本成本，计算结果见表4-3。

表4-3 边际资本成本计算表

筹资范围（元）	筹资方式	个别资本成本 K_j（%）	资本结构 W_j（%）	边际资本成本 $\Sigma K_j W_j$（%）
300 000 以内	长期借款 长期债券 普通股	3 10 13	15 25 60	10.75
300 000～500 000	长期借款 长期债券 普通股	5 10 13	15 25 60	11.05
500 000～600 000	长期借款 长期债券 普通股	5 10 14	15 25 60	11.65
600 000～800 000	长期借款 长期债券 普通股	7 10 14	15 25 60	11.95
800 000～1 000 000	长期借款 长期债券 普通股	7 11 14	15 25 60	12.2

续表

筹资范围（元）	筹资方式	个别资本成本 K_j（%）	资本结构 W_j（%）	边际资本成本 $\Sigma K_j W_j$（%）
1 000 000～1 600 000	长期借款	7	15	12.8
	长期债券	11	25	
	普通股	15	60	
1 600 000 以上	长期借款	7	15	13.05
	长期债券	12	25	
	普通股	15	60	

可见，边际资本成本随着筹资总额增加而增加。用图形表达，可以更形象地看出边际资本成本的变化（见图 4-1），企业可依此作为追加筹资的规划。

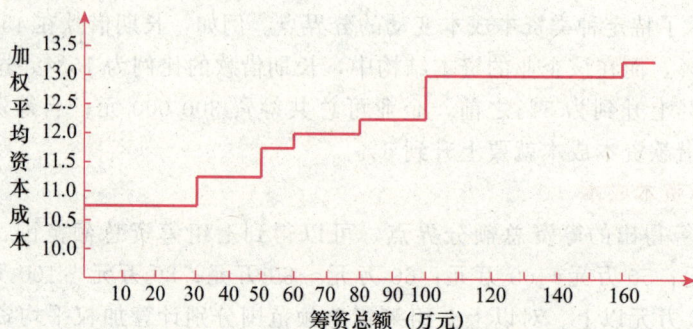

图 4-1 边际资本成本与筹资总额

任务二 财务杠杆的计算及应用

财务管理中的杠杆效应，是指由于特定费用（如固定成本或固定财务费用）的存在而导致的，当某一财务变量以较小幅度变动时，另一相关财务变量会以较大幅度变动的现象。它包括经营杠杆、财务杠杆和复合杠杆三种形式。

一、成本习性、边际利润与息税前利润

（一）成本习性及分类

成本习性，是指成本总额与业务量之间在数量上的依存关系。成本按习性可划分为固定成本、变动成本和混合成本三类。

1. 固定成本

固定成本是指其总额在一定时期和一定业务量范围内不随业务量发生任何变动的那部分成本。包括直线折旧法计提的折旧费、保险费、广告费、培训费、办公费等，这些费用每年支出水平基本相同，即使在产销业务量在一定范围内变动，它们也保持固定不变。但由于其成本固定不变，在产销量的变动下，分摊到每个产品中的成本却在变化，产量越

大，每个产品承担的固定成本就越少，即单位固定成本随产量的增加而逐渐降低。

固定成本还可进一步区分为约束性固定成本和酌量性固定成本两类。约束性固定成本属于企业"经营能力"成本，是企业维持一定业务量所必须负担的最低成本，如厂房、设备的折旧费、管理人员工资等。这部分成本管理者的决策行动都不能改变其数额，否则，就会影响企业的经营活动。酌量性固定成本属于企业"经营方针"成本，管理者根据经营方针的需要通过决策可以改变其数额的大小，如广告费、新产品研究开发费、职工培训费等。因此，要降低酌量性固定成本，必须在预算时精打细算，合理确定其开支数额。

2. 变动成本

变动成本是指其总额随着业务量成正比例变动的那部分成本，如直接材料、直接人工等都属于变动成本，但从产品单位成本来看，则恰好相反，产品单位成本中的直接材料、直接人工将保持不变。即单位成本是不变的。

与固定成本相同，变动成本也存在相关范围，即只有在一定范围之内，产量和成本才能完全成同比例变化，超过了一定的范围，这种关系就不存在。

3. 混合成本

在实际工作中，往往有一些成本虽然也随业务量的变动而变动，但又不成同比例变动，同时还有些固定不变的，兼有变动和固定两种不同性质的成本，这类成本称为混合成本。在实际运用时，需要对混合成本进行分解，即通过一定的方法，把混合成本分解为变动成本和固定成本。

4. 总成本习性模型

成本按习性可分为变动成本、固定成本和混合成本三类，但混合成本又可以按一定方法分解成变动部分和固定部分，那么，总成本习性模型可以表示为：

$$y=a+bx$$

式中，y 代表总成本；a 代表固定成本；b 代表单位变动成本；x 代表业务量（如产销量，这里假定产量与销量相等，下同）。

当公式 4-16 中的 a 和 b 确定后，就可以利用这个公式进行成本预测了。

（二）边际利润及其计算

边际利润，是指销售收入减去变动成本以后的差额。其计算公式为：

$$边际利润=销售收入-变动成本$$
$$=（销售单价-单位变动成本）×产销量$$
$$=单位边际利润×产销量$$

若以 M 代表边际利润总额，r 代表销售单价，b 代表单位变动成本，x 代表产销量，m 代表单位边际利润，则上式可表示为：

$$M=rx-bx=（r-b）x=mx$$

（三）息税前利润及其计算

息税前利润，是指企业支付利息和交纳所得税前的利润。其计算公式为：

$$息税前利润=销售收入总额-变动成本总额-固定成本$$

$$= （销售单价－单位变动成本）×产销量－固定成本$$
$$=边际利润总额－固定成本$$

若以 EBIT 表示息税前利润，a 代表固定成本，则上式可表示为：

$$EBIT = rx － bx － a$$
$$= （r－b）x － a$$
$$= M － a$$

上式的固定成本和变动成本中不应包括利息费用因素。

二、经营风险和经营杠杆

1. 经营风险

经营风险亦称为营业风险，是指由于企业进行生产经营而导致利润变动的风险。影响企业经营风险的因素很多，主要有以下几种。

（1）产品需求。市场对企业产品的需求越稳定，经营风险就越小；反之，经营风险就越大。

（2）产品成本。产品成本是收入的抵减，成本不稳定，会导致利润不稳定。因此，产品成本变动大的企业，经营风险就大；反之，经营风险就小。

（3）产品售价。产品售价变动不大，经营风险就小；反之，经营风险就大。

（4）调整价格的能力。当产品成本变动时，若企业具有较强的调整价格的能力，经营风险就小；反之，经营风险就大。

（5）固定成本的比重。在企业全部成本中，固定成本所占比重较大时，单位产品分摊的固定成本额就较多，若产品产量发生变动，单位产品分摊的固定成本会随之变动，最后导致利润更大幅度地变动，经营风险就大；反之，经营风险就小。

例如，息税前利润随着销售额变化而呈现同方向更快的变化，从而产生经营风险。经营风险分析见表 4-4。

表 4-4　经营风险分析表

销售		变动成本（万元）	固定成本（万元）	息税前利润	
金额（万元）	降低率（%）			金额（万元）	降低率（%）
500		350	80	70	
400	20	280	80	40	42.9
300	40	210	80	10	85.7

2. 经营杠杆

在上述影响企业经营风险的诸因素中，固定成本比重的影响很重要。在其他条件不变的情况下，产销量的增加虽然不会改变固定成本总额，但会降低单位固定成本，从而提高单位利润，使息税前利润的增长率大于产销量的增长率。反之，息税前利润的下降率也大于产销量下降率。在某一固定成本比重的作用下，销售量变动对利润产生的作用，被称为经营杠杆。由于经营杠杆对经营风险的影响最为综合，因此常常被用来衡量经营风险的大小。

（1）经营杠杆利益。

经营杠杆利益是指公司在一定的固定成本下，销售额越高，公司的盈利越大；反之，销售额越低，盈利越少。现以表4-5进行分析说明。

表4-5　经营杠杆利益分析表

销售		变动成本（万元）	固定成本（万元）	息税前利润	
金额（万元）	增长率（%）			金额（万元）	增长率（%）
600		420	160	20	
800	33.33	560	160	80	300
1 000	66.67	700	160	140	600

由表4-5可以看出，在一定销售规模下，固定资产不变的条件下，随着销售的增长，息税前利润以更快的速度增长，从而获得经营杠杆利益。

（2）经营杠杆系数。

经营杠杆的大小通常用经营杠杆系数表示，它是企业计算利息和所得税之前的利润（简称息税前利润）变动率与销售量变动率之间的比率。其计算公式为：

$$DOL = \frac{\dfrac{\Delta EBIT}{EBIT}}{\dfrac{\Delta Q}{Q}} = \frac{\dfrac{\Delta EBIT}{EBIT}}{\dfrac{\Delta PQ}{PQ}}$$

式中：DOL 为经营杠杆系数；$\Delta EBIT$ 为息税前利润变动额；$EBIT$ 为变动前息税前利润；ΔQ 为销售量变动额；Q 为变动前销售量；ΔPQ 为销售额变动额；PQ 为变动前销售额。

【例4-10】经营杠杆系数的计算

某公司有关资料如表4-6所示，试计算该企业2021年的经营杠杆系数。

表4-6　息税前利润计算表

项目	2020年（万元）	2021年（万元）	变动额（万元）	变动率（%）
销售额	200	220	20	10
变动成本	120	132	12	10
边际贡献	80	88	8	10
固定成本	40	40	0	—
息税前利润	40	48	8	20

根据上述公式得：

$$经营杠杆系数（DOL）= \frac{80/400}{200/2\,000} = \frac{20\%}{10\%} = 2$$

假定企业的成本—销量—利润保持线性关系，可变成本在销售收入中所占的比例不变，固定成本也保持稳定，经营杠杆系数就可以通过销售额和成本来表示。

公式1：

$$DOL_Q = \frac{Q(P-V)}{Q(P-V)-F}$$

式中：DOL_Q 为销售量为 Q 时的经营杠杆系数；P 为产品单位销售价格；V 为产品单位变动成本；F 为总固定成本。

公式2：

$$DOL_S = \frac{S-VC}{S-VC-F}$$

式中：DOL_S 为销售额为 S 时的经营杠杆系数；S 为销售额；VC 为变动成本总额。

在实际工作中，公式1可用于计算单一产品的经营杠杆系数；公式2除了用于单一产品外，还可以用于计算多种产品的经营杠杆系数。

【例4-11】某企业生产甲产品，固定成本为600万元，变动成本率为40%，当企业的销售额分别为4 000万元、2 000万元、1 000万元时，经营杠杆系数分别为：

$$DOL_{(1)} = \frac{4\,000 - 4\,000 \times 40\%}{4\,000 - 4\,000 \times 40\% - 600} = 1.33$$

$$DOL_{(2)} = \frac{2\,000 - 2\,000 \times 40\%}{2\,000 - 2\,000 \times 40\% - 600} = 2$$

$$DOL_{(3)} = \frac{1\,000 - 1\,000 \times 40\%}{1\,000 - 1\,000 \times 40\% - 600} = \infty$$

以上这些计算结果说明：

（1）在固定成本不变的情况下，经营杠杆系数说明销售额增长（减少）所引起利润增长（减少）的幅度。当产销业务量增加时，息税前利润将以 DOL 倍数的幅度增加（减少）。比如 DOL（1）说明在销售额4 000万元时，销售额的增长（减少）会引起利润1.33倍的增长（减少）。

（2）在固定成本不变的情况下，销售额越小，经营杠杆系数越大，经营风险也就越大；反之，销售额越大，经营杠杆系数越小，经营风险也就越小。比如，当销售额为2 000万元时，DOL（2）=2；当销售额为4 000万元时，DOL（1）=1.33。显然后者的利润稳定性大于前者，故而经营风险小于前者。

（3）在固定成本不变的情况下，销售额处于盈亏临界点前时，经营杠杆系数随着销售额的增加而递增；在销售额处于盈亏临界点后时，经营杠杆系数随着销售额的增加而递减；当销售额处于盈亏临界点时，经营杠杆系数趋近于无穷大。比如 DOL（3）的情况，此时企业经营只能保本，若销售额稍有增加就会盈利，若销售额稍有减少就会亏损。

企业一般可以通过增加销售额、降低产品单位变动成本、降低固定成本比重等措施使经营杠杆系数下降，降低经营风险，但这要受到条件的限制。引起企业经营风险的主要原因，是市场需求和成本等因素的不确定性，经营杠杆本身并不是利润不稳定的根源。

二、财务风险和财务杠杆

(一) 财务风险

财务风险主要是由于企业筹集资金而形成的风险。企业如果由于资金不足或其他原因而借入资金时，由于借入资金到期无论企业是盈利还是亏损都要都要归还，这样就产生了财务风险。财务风险就是指财务杠杆导致企业所有者收益变动的风险，甚至是导致企业破产的风险。

财务风险是指全部资本中债务资本比率的变化带来的风险。当债务资本比率较高时，投资者将负担较多的债务成本，并经受较多的负债作用所引起的收益变动的冲击，从而加大财务风险；反之，当债务资本比率较低时，财务风险就小。

影响财务风险的主要因素有：

(1) 资本供求的变化。

(2) 利率水平的变化。

(3) 获利能力的变化。

(4) 资本结构的变化，即财务杠杆的利用程度。

其中，财务杠杆对财务风险的影响最为总和。企业所有者欲获得财务杠杆利益，需要承担由此引起的财务风险，因此，必须在财务杠杆利益与财务风险之间做出合理的权衡。

【例 4-12】有甲、乙、丙三家工厂，各厂的生产经营业务相同，资本总额相等，均为 500 万元。但是，三家工厂的资本结构不同，负债资本在企业全部资本中的比重为：甲厂 20%，乙厂 40%，丙厂 60%。假定三家工厂 202×年产销量相同，则甲、乙、丙三家工厂的息税前利润均为 100 万元和 20 万元时的计算资料见表 4-7、表 4-8 所示。

表 4-7 利润计算

项目	甲	乙	丙
息税前利润（万元）	100.00	100.00	100.00
利息（10%）（万元）	10	20	30
税前利润（万元）	90.00	80.00	70.00
所得税	29.70	26.40	23.10
税后利润（万元）	60.30	53.60	46.90
权益资本收益率（%）	15.08	17.87	23.45

表 4-8 利润计算

项目	甲	乙	丙
息税前利润（万元）	20.00	20.00	20.00
利息（10%）（万元）	10	20	30
税前利润（万元）	10.00	0	-10.00
所得税（万元）	3.30	0	0
税后利润（万元）	6.7	0	-10.00
权益资本收益率（%）	1.68	0	-5

由上表可以看出，当甲、乙、丙厂的资本总额不变且息税前利润均为100万元时，由于丙厂的负债比重最高，但其所有者的收益最高；当甲、乙、丙厂的资本总额不变，但息税前利润由100万元降到20万元时，由于丙厂的负债比重高，导致其所有者收益最低。

由此也可以得出结论：在企业资本总额一定的前提下，负债比重的高低，导致所有者收益的变动，即财务杠杆作用给企业带来风险。

（二）财务杠杆

不论企业营业利润多少，债务的利息和优先股的股利通常都是固定不变的。当息税前利润增加时，每1元盈余所负担的固定财务费用（如利息、优先股股利、融资租赁租金等）就会相对减少，这能给普通股股东带来更多的盈余；反之，当息税前利润减少时，每1元盈余所负担的固定财务费用就会相对增加，这就会大幅度减少普通股的盈余。这种由于固定财务费用的存在而导致每股利润变动率大于息税前利润变动率的杠杆效应，称作财务杠杆。

1. 财务杠杆利益

企业利用债务筹资这个杠杆而给企业投资者带来的额外收益就是财务杠杆利益。

【例4-13】财务杠杆利益见表4-9所示。

表4-9　财务杠杆利益分析表

息税前利润	息税前利润增长（％）	债务利息（元）	所得税（33％）（元）	税后利润（元）	税后利润增长（％）
3 000		2 000	330	670	
4 000	33	2 000	660	1 340	100
5 000	67	2 000	990	2 010	200

由表4-9可以看出，在资本结构一定，债务利息和所得税税率保持不变时，若息税前利润增加，则可分配给投资者的收益（税后利润）会以更快的速度增加。

由于财务杠杆的作用，当息税前利润下降时，税后利润下降得更快，从而给企业带来财务风险。财务风险与时间有密切的关系，风险随着时间增长。如在同等利率下，未来收益的风险就大于近期收益的风险性。

2. 财务杠杆系数

只要在企业的筹资方式中有固定的财务费用支出的债务和优先股，就会存在财务杠杆效应。但不同企业财务杠杆的作用是不同的，为此，需要对财务杠杆进行计量。财务杠杆的作用大小通常用财务杠杆系数表示。

财务杠杆系数是普通股每股收益（每股税后利润）变动率与息税前利润变动率的比值。财务杠杆系数越大，表明财务杠杆作用越大，财务风险也就越大；财务杠杆系数越小，财务风险也就越小。财务杠杆系数的计算计算公式为：

$$DFL = \frac{\Delta EPS/EPS}{\Delta EBIT/EBIT}$$

式中：DFL 为财务杠杆系数；ΔEPS 为普通股每股收益变动额；EPS 为普通股每股收

益；$\Delta EBIT$ 为息税前利润变动额；$EBIT$ 为变动前的息税前利润。

因为

$$EPS = \frac{(EBIT - I)(1 - T)}{N}$$

$$\Delta EPS = \frac{\Delta EBIT(1 - T)}{N}$$

上述公式还可以推导为：

$$DFL = \frac{EBIT}{EBIT - I}$$

式中：I 为债务利息；T 为所得税税率；N 为发行在外普通股股数。

【例 4-14】根据例 4-12 的资料，计算息税前利润为 100 万元时的甲、乙、丙三家工厂的财务杠杆系数如下：

$$DFL（甲）= \frac{100}{100 - 10} = 1.11$$

$$DFL（乙）= \frac{100}{100 - 20} = 1.25$$

$$DFL（丙）= \frac{100}{100 - 30} = 1.43$$

此计算结果表明：当企业的其他条件不变，只是负债比重不同时，负债越多（如丙厂），财务杠杆系数越大，财务风险越大，所有者收益也越高。以丙厂为例，财务杠杆系数为 1.43 表明息税前利润每增长 1 倍，则普通股每股收益将增长 1.43 倍。

财务杠杆系数得取值范围为【1，∞】。

财务管理人员可通过合理安排资本结构，来控制财务风险。

三、复合杠杆

营业杠杆是通过扩大销售影响息税前利润；而财务杠杆则是通过扩大息税前利润影响每股利润。两者最终都影响到普通股的收益。如果企业同时利用营业杠杆和财务杠杆，这种影响就会更大，同时总的风险也更高。如果两种杠杆共同起作用，则销售额稍有变动就会使每股收益产生更大的变动。

对于营业杠杆和财务杠杆的综合程度，可以用复合杠杆系数来表示。它是营业杠杆系数与财务杠杆系数的乘积。用公式表示为：

$$DTL = \frac{\Delta EPS/EPS}{\Delta Q/Q} = \frac{\Delta EPS/EPS}{\Delta PQ/PQ}$$

$$DTL = DOL \cdot DFL$$

$$= \frac{Q(P - V)}{Q(P - V) - F - I}$$

$$= \frac{S - VC}{S - VC - F - I}$$

【例 4-15】甲公司的经营杠杆系数为 2，财务杠杆系数为 3，复合杠杆系数为：

$$DTL = 2 \times 3 = 6$$

一般而言，公司的总杠杆系数越大，每股收益随着销售量增长而扩张的能力就越强，但风险也随之加大。公司的风险越大，投资者要求的投资率就越高。过多使用总杠杆的公司将不得不为此付出较高的固定成本，而固定成本反过来又在一定程度上抵消了普通股股东因公司杠杆作用而获得的收益。

公司对财务风险的控制一般易于对经营风险的控制。公司可以通过财务政策的选择，在合理的范围内控制其财务风险。但企业所采用的经营杠杆水平有时候是由企业经营的物质需要确定的。比如，一家钢厂由于大量投资于厂房和设备，因而其拥有很大的包含折旧的固定营业成本，从而使其经营风险水平很高。

在实际工作中，经营杠杆和财务杠杆可以按多种方式联合以得到一个理想的总杠杆系数和企业总风险水平。合适的企业总风险水平需要在企业总风险和期望报酬率之间进行权衡，这一权衡过程必须与企业价值最大化的财务管理目标相一致。

任务三　资本结构优化

一、资本结构概述

(一) 资本结构概述

资本结构是指企业各种资本的构成及其比例关系。企业应综合考虑有关影响因素，运用适当的方法确定最佳资本结构，并在以后追加筹资中继续保持。

在实务中，资本结构有广义和狭义之分。狭义的资本结构是指长期资本结构，广义的资本结构是指全部资本（包括长期资本和短期资本）的结构。

在通常情况下，企业的资本结构指的就是长期资本结构，即长期债务资本和权益资本各占多大比例。短期债务资本列入营运资金来管理。

企业的资本结构是由企业采用各种筹资而形成的。各种筹资方式不同的组合类型决定着企业资本结构及其变化。通常情况下，企业都采用债务筹资和权益投资的组合，由此形成的资本结构又称"搭配资本结构"或"杠杆资本结构"，其搭配比率或杠杆比率（即债务资金比率）表示资本结构中债务资本和权益资本的比例关系。因此，资本结构问题总的说来就是债务资本的比率问题，即负债在企业资本结构中安排的比重。

(二) 资本结构中债务资本的作用

在资本结构决策中，合理地利用债务筹资、安排债务资本比率，对企业具有重要的影响。

(1) 利用债务筹资可以获取财务杠杆利益。由于债务利息通常都是固定不变的，当息税前利润增大时，每一元利润所负担的固定利息就会相应减少，从而可分配给企业所有者的税后利润也会相应增加。因此，利用债务筹资可以发挥财务杠杆的作用，给企业所有者带来财务杠杆利益。

(2) 利息在税前支付，企业可减少交纳所得税，从而债务资本的成本明显低于权益资本的成本。因此，在一定程度内合理提高债务资本的比率，就可以降低企业的综合资本成本；反之，若降低债务资本的比率，综合资本成本就会上升。

运用债务筹资，虽然可以发挥财务杠杆的作用，但同时也给企业带来一定的财务风险，包括定期付息还本的风险和可能导致所有者收益下降的风险。

二、资金结构的影响因素

企业在进行资本结构决策时，除了考虑资本成本和财务风险之外，还要考虑下列各项因素的影响。

（一）企业的成长速度与销售稳定性

企业的融资能力与其成长速度、销售稳定性有密切关系。通常情况下，成长快、市场销售看好的企业，可以使用较高的财务杠杆系数来确定资本结构。

如果企业的销售比较稳定，其获利能力也相对稳定，则企业负担固定财务费用的能力相对较强；如果销售具有较强的周期性，则企业负担固定财务费用将冒较大的财务风险。另外，企业销售的增长速度，也决定了财务杠杆能在多大程度上扩大每股利润。如果销售增长较快，使用具有固定财务费用的债务筹资，就会扩大普通股的每股利润。

（二）企业财务状况

企业获利能力越强、财务状况越好、变现能力越强，就越有能力负担财务上的风险。因而，随着企业变现能力、财务状况和盈利能力的增进，举债筹资就越有吸引力。当然，有些企业因为财务状况不好，无法顺利发行股票，只好以高利率发行债券来筹集资金。衡量企业财务状况的指标主要有流动比率、已获利息倍数、投资收益率等。

（三）企业所有者和管理人员的态度

如果企业的所有者和管理人员不愿使企业的控制权旁落他人，则可能尽量采用债务筹资方式来增加资本，而不发行新股增加资本。与此相反，如果企业不愿意承担财务风险，就可能较少利用财务杠杆，尽量降低债务资本的比重。

（四）贷款银行和信用评估机构的态度

虽然企业对如何使当地运用财务杠杆进行资金决策，有自己的分析和判断，但是在涉及较大规模的债务筹资时，贷款银行和信用评估机构的态度实际上往往成为决定企业成本结构的关键因素。

通常情况下，企业在决定资本结构并付诸实施前，都要向贷款银行和信用评估机构进行咨询，并对他们提出的意见予以充分的重视。如果企业过高地安排债务筹资，贷款银行未必会接受大额贷款的要求，或者只有在抵押担保或相当高的利率条件下才同意增加贷款。此外，企业在增发新股调整资本结构时，还有必要与证券分析人员和潜在的投资者进行商讨。

（五）企业资产结构

企业资产结构会以多种方式影响企业的资本结构。

（1）拥有大量固定资产的企业主要通过长期负债和发行股票筹集资金。

（2）拥有较多流动资产的企业，更多依赖流动负债来筹集资金。

（3）资产用于抵押贷款的公司举债额较多，如房地产公司的抵押贷款就相当多。

（4）以技术研究开发为主的公司负债较少。

（六）抵税因素

由于债务资本与所有者权益资本的来源不同，因此，只要财务能力和风险承受能力允许，企业应尽可能多地利用债务资本，以获取债务利息的抵税受益。而股票股利不能抵税，对企业而言，所得税税率越高，借入资本的抵税额就越大，留给股东的收益也越多。由此可见，所得税税率的变动，将对企业的负债经营产生一定的刺激作用。

（七）市场利率

市场利率的高低，直接影响着企业的筹资成本。当市场利率较高或有下降趋势时，应尽可能少使用固定利率计息的债务；相反，则可以多使用以固定利率计息的债务。

（八）行业差别

实际工作中，不同行业以及同一行业的不同企业，在运用债务筹资的策略和方法上大不相同，从而也会使资本结构产生差别。在资本结构决策中，应掌握本企业所处行业资本结构的一般水平，作为确定本企业资本结构的参照，分析本企业与同行业其他企业的差别，以便决定企业的资本结构。

企业还必须认识到，资本结构不会停留在一个固定的水平上，随着时间的推移和情况的发展变化，资本结构也会发生一定的变动，这就需要根据具体情况进行合理调整。

三、资金结构优化

（一）资金结构理论

在资金结构优化这一问题上，存在着若干种不同的认识，主要有以下几种。

1. 净收益理论

净收益理论认为，负债可以降低企业的资金成本，负债程度越高，企业的价值越大。这是因为债务利息和权益资本成本均不受财务杠杆的影响，无论负债成本多高，企业的债务资本成本和权益资本成本都不会变化。负债程度越高，综合资本成本越低，企业的价值越大。当负债比率达到100%时，企业价值将达到最大。

2. 营业收益理论

营业收益理论认为，资本结构与企业价值无关，决定企业价值高低的关键要素是企业的营业收益，不存在最佳资本结构，筹资决策是无关紧要的。因为企业利用财务杠杆增加债务资本时，即使债务成本本身不变，但由于加大了企业风险，也会使权益资本成本上升。一升一降，相互抵消，于是加权平均资本成本不会因为负债比率的提高而降低，而是保持不变的。企业整体的资本成本不变，企业的价值也就不受资本结构的影响，也就固定不变了，因而也就不存在一个最佳资本机构了。企业价值应与企业的营业收益相关。

3. 传统理论

这是一个折中的理论。该理论介于净收益理论和营业收益理论之间。它认为企业利用财务杠杆可能会使权益成本上升，但是在一定程度内却不会完全低效利用成本较低的债务筹资所带来的好处，因此会使加权平均成本下降，企业总价值上升。但是如果超过一定程度地利用财务杠杆，过度增加债务资本，权益成本的上升就不能为债务的低成本所抵消，加权平均成本会上升；而且债务成本也会上升，它和权益成本的上升共同作用，使加权平均资本成本更快的上升。加权平均资本成本由下降转为上升的转折点，就是加权平均资本成本的最低点，此时的债务比率就应该是企业的最佳资本结构。

4. 权衡理论

权衡理论是在早期的 MM 理论的基础上不断放宽假设，几经发展得出的税负利益—破产成本的权衡理论。所谓 MM 理论是指两位美国学者莫迪格利尼和米勒提出的学说。MM 理论认为，在某些严格的假设条件下，资本结构与企业价值无关。但是在实际情况下，有的假设条件是不能成立的，它推导出的结论并不完全符合现实生活，只能作为资本结构研究的起点。

权衡理论可以说是对 MM 理论的修正。在考虑所得税的情况下，由于存在税额庇护利益，企业价值会随着负债程度的提高而增加，股东也可以得到好处，于是负债越多，企业价值也会越大。但是，企业债务的增加会使企业陷入财务危机甚至破产的可能性也增加。大而制约企业无限追求免税优惠或负债最大的关键因素在于债务上升而形成的企业风险和费用。该理论认为当债务筹资程度较低时，企业价值因税额庇护利益的存在会随着负债水平的上升而增加；当负债达到一定水平时，负债税额庇护利益开始为破产成本所抵消。当边际负债税额庇护利益等于边际破产成本时，企业价值最大，资本结构最优。若企业继续追加负债，企业价值会因破产成本大于负债税额庇护利益而下降，负债越多，企业价值下降越快。

除了以上理论外，还有很多的资本结构理论，如代理理论、信号传递理论等。资本结构理论为企业融资决策提供了参考，可以指导企业的决策行为。但是由于企业筹集资本活动的复杂性，难以准确地找到存在于财务杠杆、资本成本及企业价值之间的关系，在一定程度上，企业的筹资决策要依靠有关人员的经验进行判断。

（二）最佳资本结构的确定

所谓最佳资本结构，是指企业在一定时期内的一定条件下，加权平均资本成本最低，并且其企业价值最大的资本结构，它是企业的目标资本结构。

在资本结构决策中，确定最佳资本结构，可以运用比较资本成本法和每股收益分析法。

1. 比较资本成本法

比较资本成本法是指通过计算不同筹资方案的加权平均资本成本，以此为标准，相互比较，进行决策的方法。企业的资本结构决策可分为以下两种。

一是初始资本结构决策。对于拟定的筹资总额，企业通过多种筹资方式来筹集，每种筹资方式又可以筹集不同数额的资金，形成多个资本结构或筹资方案，对这些方案再进行选择。

二是追加资本结构决策。是由于企业经营状况的变化需要追加筹资，从而改变企业原有的资本结构，企业为保持最佳资本结构而对追加的资本筹资方案进行的选择。一般用两种方法：

（1）直接计算出个追加筹资方案的边际资本成本，从中选择最优的筹资方案。

（2）计算比较追加筹资后的企业资本结构的综合成本，选择最优的追加筹资方案。

【例 4－16】比较资本成本法决策

某企业拟筹资建设一个生产车间，投资总额为 500 万元，有以下三个方案可供选择。

甲方案：长期借款 100 万元、发行债券 50 万元，发行普通股 350 万元；

乙方案：长期借款 50 万元、发行债券 150 万元，发行普通股 300 万元；

丙方案：长期借款 100 万元，发行债券 200 万元，发行普通股 200 万元。

三种筹资方案所对应的资本成本分别为：长期借款为 6％，债券为 10％，普通股为 15％，试分析选择最佳资本结构的方案。

各方案的加权平均资本成本计算如下：

甲方案的加权平均资本成本＝100/500×6％＋50/500×10％＋350/500×15％
　　　　　　　　　　　　＝12.7％

乙方案的加权平均资本成本＝50/500×6％＋150/500×10％＋300/500×15％
　　　　　　　　　　　　＝12.6％

丙方案的加权平均资本成本＝100/500×6％＋200/500×10％＋200/500×15％
　　　　　　　　　　　　＝11.2％

根据计算结果，丙方案的综合资本成本最低，所以应选择丙方案为最佳筹资方案。

2. 每股收益分析法

每股收益分析法是指将息税前利润和每股收益这两大要素结合起来，分析资本结构与每股利润之间的关系，进而确定最佳资本结构的方法。这种方法需要确定每股收益无差别点，因而又称每股收益无差别点法。

所谓每股收益无差别点，是指每股收益不受融资方式影响的息税前利润水平。根据每股收益无差别点，可以分析判断在什么样的息税前利润水平下使用何种资本结构。这种方法确定的最佳资本结构是使每股利润最大的资本结构。

每股收益的计算公式为：

$$每股收益（EPS）＝\frac{(EBIT-I)(1-T)-D}{N}$$

每股收益无差别点计算公式为：

$$\frac{(EBIT-I_1)(1-T)-D_1}{N_1}＝\frac{(EBIT-I_2)(1-T)-D_2}{N_2}$$

式中：$EBIT$ 为每股收益无差别点处的息税前利润；I_1、I_2 为两种筹资方式下的年利息；D_1、D_2 为两种筹资方式下的优先股股利；N_1、N_2 为两种筹资方式下的流通在外的普通股股数。

【例 4 - 17】每股收益分析法

某公司准备筹集资金 400 万元，筹集资金的方式可以使用增发普通股或发行债券方式。若增发新股，则计划以每股 10 元的价格增发 40 万股；若发行债券，则以 10% 的年利率发行债券 400 万元。已知该公司现有资产总额为 2 000 万元，负债比率为 40%，年利率 8%，普通股 100 万股。假定增加资金后预期息税前利润为 500 万元，所得税率为 30%，采用每股收益分析法计算选择筹资方式。

（1）计算每股收益无差别点

$$\frac{(EBIT-64)\times(1-30\%)}{100+40}=\frac{(EBIT-64-40)\times(1-30\%)}{100}$$

$$EBIT=204$$

将该结果代入上式，可得无差别点的每股收益（EPS）为 0.7 元，即：

$$EPS1=EPS2=0.7（元）$$

（2）计算预计增资后的每股利润。见表 4 - 10 所示。

表 4 - 10　预计增资后的每股利润

项目	增发新股	增发债券
预计息税前利润（EBIT）（万元）	500	500
减：利息（万元）	64	104
税前利润（万元）	436	396
减：所得税（万元）	130.8	118.8
税后利润（万元）	305.2	277.2
普通股股数（万股）	140	100
每股利润（EPS）（元）	2.18	2.77

由以上计算可知，因预期息税前利润为 500 万元时，增发新股的每股利润为 2.18 元，而发行债券的每股利润为 2.77 元，故应选择负债方式筹集新资金。

（3）绘制 EBIT－EPS 分析图，见图 4 - 2 所示。

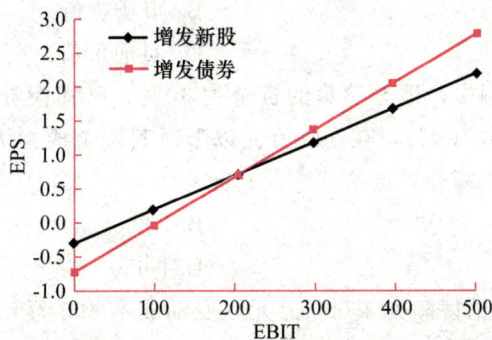

图 4 - 2　EBIT－EPS 分析图

由此得出结论：当息税前利润等于 204 万元时，采用负债筹资和股票筹资均可，因其每股收益无差别，都为 0.7 元。当息税前利润小于 204 万元时，应采用股票筹资，当息税前利润大于 204 万元时，应采用负债筹资。

应当指出，资本结构决策是企业财务决策中的比较复杂的工作。在资本结构决策的具体实务中，还应当考虑财务风险等因素，并结合实际工作经验，认真测算，综合权衡判断，才能做出正确的决策。

同 步 测 试

一、单项选择题

1. 资金成本在企业筹资决策中的作用不包括（　　　）。
   A. 是企业选择资金来源的基本依据　　　B. 是企业选择筹资方式的参考标准
   C. 作为计算净现值指标的折现率使用　　　D. 是确定最优资金结构的主要参数

2. 某企业发行 5 年期债券，债券面值为 1 000 元，票面利率 10％，每年付息一次，发行价为 1 100 元，筹资费率 3％，所得税税率为 30％，则该债券的资金成本是（　　　）。
   A. 9.37％　　　　B. 6.56％　　　　C. 7.36％　　　　D. 6.66％

3. 企业向银行取得借款 100 万元，年利率 5％，期限 3 年。每年付息一次，到期还本，所得税税率 30％，手续费忽略不计，则该项借款的资金成本为（　　　）。
   A. 3.5％　　　　B. 5％　　　　C. 4.5％　　　　D. 3％

4. 某公司普通股目前的股价为 10 元/股，筹资费率为 8％，刚刚支付的每股股利为 2 元，股利固定增长率 3％，则该股票的资金成本为（　　　）。
   A. 22.39％　　　　B. 21.74％　　　　C. 24.74％　　　　D. 25.39％

5. 某公司普通股目前的股价为 10 元/股，筹资费率为 8％，刚刚支付的每股股利为 2 元，股利固定增长率 3％，则该企业利用留存收益的资金成本为（　　　）。
   A. 22.39％　　　　B. 25.39％　　　　C. 20.6％　　　　D. 23.6％

6. 按照（　　　）权数计算的加权平均资金成本更适用于企业筹措新资金。
   A. 账面价值　　　　　　　　　　B. 市场价值
   C. 目标价值　　　　　　　　　　D. 目前价值

7. 某企业的资金总额中，债券筹集的资金占 40％，已知债券筹集的资金在 500 万元以下时其资金成本为 4％，在 500 万元以上时其资金成本为 6％，则在债券筹资方式下企业的筹资总额分界点是（　　　）元。
   A. 1 000　　　　　　　　　　　B. 1 250
   C. 1 500　　　　　　　　　　　D. 1 650

8. 某企业 2020 年的销售额为 1 000 万元，变动成本 600 万元，固定经营成本 200 万元，预计 2021 年固定成本不变，则 2021 年的经营杠杆系数为（　　　）。
   A. 2　　　　　　B. 3　　　　　　C. 4　　　　　　D. 无法计算

9. 某企业 2020 年的销售额为 1 000 万元，变动成本 600 万元，固定经营成本 200 万元，利息费用 10 万元，没有融资租赁和优先股，预计 2021 年息税前利润增长率为 10%，则 2021 年的每股利润增长率为（　　　）。

   A. 10%　　　　　　B. 10.5%　　　　　　C. 15%　　　　　　D. 12%

10. 某企业销售收入 800 万元，变动成本率为 40%，经营杠杆系数为 2，总杠杆系数为 3。假设固定成本增加 80 万元，其他条件不变，企业没有融资租赁和优先股，则总杠杆系数变为（　　　）。

    A. 3　　　　　　　B. 4　　　　　　　　C. 5　　　　　　　　D. 6

11. 下列说法错误的是（　　　）。

    A. 拥有大量固定资产的企业主要通过长期负债和发行股票筹集资金

    B. 资产适用于抵押贷款的公司举债额较多

    C. 信用评级机构降低企业的信用等级会提高企业的资金成本

    D. 以技术研究开发为主的公司负债往往很多

12. 关于经营杠杆系数，下列说法正确的是（　　　）。

    A. 在其他因素一定时，产销量越小，经营杠杆系数也越小

    B. 在其他因素一定时，固定成本越大，经营杠杆系数越小

    C. 当固定成本趋近于 0 时，经营杠杆系数趋近于 1

    D. 经营杠杆系数越大，反映企业的风险越大

13. 只要企业存在固定成本，那么经营杠杆系数必（　　　）。

    A. 大于 1　　　　　　　　　　　　　B. 与销售量成反比

    C. 与固定成本成反比　　　　　　　　D. 与风险成反比

14. 下列关于经营杠杆系数的说法，正确的是（　　　）。

    A. 在产销量相关范围内，提高固定成本总额，能够降低企业经营风险

    B. 在相关范围内，产销量上升，经营风险加大

    C. 在相关范围内，经营杠杆系数与产销量呈反方向变动

    D. 对于某一特定企业而言，经营杠杆系数是固定不变的

15. 如果企业的资金来源全部为自有资金，且没有优先股存在，则企业财务杠杆系数（　　　）。

    A. 等于 0　　　　　　　　　　　　　B. 等于 1

    C. 大于 1　　　　　　　　　　　　　D. 小于 1

二、多项选择题

1. 资金成本包括用资费用和筹资费用两部分，其中属于用资费用的是（　　　）。

   A. 向股东支付的股利　　　　　　　　B. 向债权人支付的利息

   C. 借款手续费　　　　　　　　　　　D. 债券发行费

2. 资金成本并不是企业筹资决策中所要考虑的唯一因素，企业筹资还需要考虑（　　　）。

   A. 财务风险　　　　　　　　　　　　B. 资金期限

   C. 偿还方式　　　　　　　　　　　　D. 限制条件

3. 权益资金成本包括（　　　）。

A. 债券成本　　　　　　　　　　B. 优先股成本

C. 普通股成本　　　　　　　　　D. 留存收益成本

4. 酌量性固定成本属于企业的"经营方针"成本，下列各项中属于酌量性固定成本的是（　　　）。

A. 长期租赁费　　　　　　　　　B. 广告费

C. 研究开发费　　　　　　　　　D. 职工培训费

5. 下列各项中属于半变动成本的是（　　　）。

A. 水电费　　　　　　　　　　　B. 电话费

C. 化验员工资　　　　　　　　　D. 质检员工资

6. 在边际贡献大于固定成本的情况下，下列措施中有利于降低企业复合风险的有（　　　）。

A. 提高产量　　　　　　　　　　B. 提高产品单价

C. 提高资产负债率　　　　　　　D. 降低单位变动成本

7. 影响资金结构的因素包括（　　　）。

A. 企业财务状况　　　　　　　　B. 企业资产结构

C. 投资者和管理人员的态度　　　D. 贷款人和信用评级机构的影响

8. 下列关于资金结构理论的说法正确的是（　　　）。

A. 传统折中理论认为企业的综合资金成本由下降变为上升的转折点，资金结构最优

B. 平衡理论认为最优资金结构是由股权代理成本和债权代理成本之间的平衡关系决定的

C. 代理理论认为当边际税额庇护利益等于边际财务危机成本时，资金结构最优

D. 等级筹资理论认为，如果企业需要外部筹资，则偏好债务筹资

9. 企业最佳资金结构的确定方法包括（　　　）。

A. 因素分析法　　　　　　　　　B. 每股利润无差别点法

C. 比较资金成本法　　　　　　　D. 公司价值分析法

10. 最佳资金结构是指（　　　）的资金结构。

A. 企业价值最大　　　　　　　　B. 加权平均资金成本最低

C. 每股收益最大　　　　　　　　D. 净资产值最大

三、判断题

1. 资金成本包括用资费用和筹资费用两部分，一般使用相对数表示，即表示为筹资费用和用资费用之和与筹资额的比率。（　　　）

2. 在所有资金来源中，一般来说，普通股的资金成本最高。（　　　）

3. 某企业发行股利固定增长的普通股，市价为 10 元/股，预计第一年的股利为 2 元，筹资费率 4%。已知该股票资金成本为 23.83%，则股利的年增长率为 2.5%。（　　　）

4. 资金的边际成本需要采用加权平均法计算，其权数应为账面价值权数，不应使用

市场价值权数。　　　　　　　　　　　　　　　　　　　　　　　　　（　　）

5. 如果企业的财务管理人员认为目前的利率较低，未来有可能上升，便会大量发行短期债券。　　　　　　　　　　　　　　　　　　　　　　　　　　　（　　）

6. 净收益理论认为资金结构不影响企业价值，企业不存在最佳资金结构。　（　　）

7. MM 理论认为企业价值不受有无负债以及负债程度的影响。　　　　　（　　）

8. 从成熟的证券市场来看，企业的筹资优序模式首先是内部筹资，其次是借款、发行债券、可转换债券，最后是发行新股筹资。　　　　　　　　　　　　　　（　　）

9. 使用每股利润无差别点法进行最佳资金结构的判断时考虑了风险的因素。（　　）

10. 财务杠杆系数是每股利润的变动率，相当于息税前利润率变动率的倍数。它是用来衡量财务风险大小的重要指标。　　　　　　　　　　　　　　　　　　（　　）

四、实务计算题

1. 某企业发行普通股 800 万元，发行价为 8 元/股，筹资费率为 6%，第一年预期股利为 0.8 元/股，以后各年增长 2%；该公司股票的 β 系数等于 1.2，无风险利率为 8%，市场上所有股票的平均收益率为 12%，风险溢价为 4%。

要求：根据上述资料使用股利折现模型、资本资产定价模型以及无风险利率加风险溢价法分别计算普通股的资金成本。

2. 某企业只生产和销售甲产品，其总成本习性模型为 $y=15\,000+4x$。假定该企业 2020 年度该产品销售量为 10 000 件，每件售价为 8 元，按市场预测 2021 年 A 产品的销售数量将增长 15%。

要求：

(1) 计算 2021 年该企业的边际贡献总额。

(2) 计算 2021 年该企业的息税前利润。

(3) 计算 2021 年的经营杠杆系数。

(4) 计算 2021 年的息税前利润增长率。

(5) 假定企业 2020 年发生负债利息及融资租赁租金共计 5 000 元，优先股股息 300 元，企业所得税税率 40%，计算 2021 年的复合杠杆系数。

3. 某公司原有资本 1 000 万元，其中债务资本 400 万元（每年负担利息 30 万元），普通股资本 600 万元（发行普通股 12 万股，每股面值 50 元），企业所得税税率为 30%。由于扩大业务，需追加筹资 300 万元，其筹资方式有三个：

一是全部发行普通股，增发 6 万股，每股面值 50 元；

二是全部按面值发行债券，债券利率为 10%；

三是发行优先股 300 万元，股息率为 12%。

要求：

(1) 分别计算普通股筹资与债券筹资以及普通股筹资与优先股筹资每股利润无差别点的息税前利润。

(2) 假设扩大业务后的息税前利润为 300 万元，确定公司应当采用哪种筹资方式（不考虑风险）。

五、案例阅读

青岛啤酒筹资策略对资本结构的影响

目前中国上市公司仍将配股作为主要的融资手段，进而又将增发新股作为筹资的重要手段，与发达国家"内源融资优先，债务融资次之，股权融资最后"的融资顺序大相径庭。其原因主要有：

（1）中国上市公司股利发放率低，股票发行成本低廉，与境外市场高昂的发行成本相比，在与市盈率相适应的条件下，境外市场的筹资成本大概是A股市场的5~6倍，A股市场融资效率较高。与此同时，对上市公司经营者没有形成有效的激励和约束机制，上市公司成了大股东"圈钱"的"提款机"。

（2）金融监管力度的日趋加强和银行信贷终身负责制度的实施，使得银行极为惜贷，从而使得企业获取长期贷款比较困难，并且贷款利率相对较高。

（3）经营者对负债融资到期还本付息这种硬性约束感到有极大的压力，因而不愿意冒险进行负债融资，致使上市公司争相增发新股，成为除配股之外的又一主要的筹资渠道。

1. 捆绑式筹资策略

2001年2月5日至20日，青岛啤酒公司上网定价增发社会公众公司普通A股1亿股，每股7.87股，筹集资金净额为7.59元。筹额效率较高，其筹资主要投向收购部分异地中外合资啤酒生产企业的外方投资权，以及对公司全资厂和控股子公司实施技术改造等，由此可以大大提高公司的盈利能力。2001年6月，青岛啤酒股份公司召开股东大会，做出了关于授权公司董事会于公司下次年会前最多可购回公司发行在外的境外上市外资股10%的特别决议。公司董事会计划回购H股股份的10%，即3 468.5万股，虽然这样做将会导致公司注册资本的减少，但是当时H股股价接近于每股净资产值，若按每股净资产值2.36元计算，两地市场存在明显套利空间，仅仅花去了8 185.66万元，却可以缩减股本比例3.46%，而且可以在原来预测的基础上增加每股盈利。把这与公司2月5日至20日增发的1亿股A股事件联系起来分析，可见，回购H股和增发A股进行捆绑式操作，是公司的一种筹资策略组合，这样股本扩张的"一增一缩"，使得青岛啤酒股份公司的股本仅扩大约3.43%，但募集资金却增加了将近7亿元，其融资效果十分明显，这种捆绑式筹资策略值得关注。

2. 动因分析

（1）增发新股的动因

①融通资金，持续发展。从资本运作角度出发，上市公司为了今后的可持续性发展，必须寻找并培植新的利润增长点，这就需要大量的资金来保证企业项目的顺利实施。上市公司通过配股筹资面临着困境，其主要原因是拥有绝大多数股份的国有股持在者普遍资金匮乏，无货币资金参与配股，难以满足上市公司（特别是大股东）筹资的要求；再加上国家和法人股不能上市流通，缺乏一个畅通的流通转让渠道，其参与配股的积极性不高，如果放弃配股，又会使国有法人处于不利的投资地位，甚至造成国有资产流失。因此，需增发新股。

②调整股权结构。目前，中国大多数上市公司股权结构不合理，普遍存在国有股比例过大、社会公众股比例偏小的现象。据统计，在2000年上报的沪深两市A股公司中，国有股、国有法人股在总股本的比例超过50%的公司有498家，占全部1040家公司的47.88%，超过75%的公司有406家，占上市公司总数的39.04%，有的甚至达到93%以上，形成事实上的"一股独大"。增发新股由于全部为社会公众股，相对提高了社会公众股的比重，有利于发挥社会股东的监督和决策作用，有利于建立健全完善的公司治理结构。

（2）股份回购的动因作用

①实现经营目标。企业的经营目标是实现企业价值最大化。对于资金大量闲置，一时又没有投资项目投入的公司来说，与其闲置资金不用从而增加企业资产增值压力，还不如将资金用来回购部分股票，以减轻公司未来的分红压力，同时提升股票内在品质，为股价上涨创造空间。股票回购不仅在选择分配过剩资金的方式上提供了灵活性，而且在何时分配资金方面也提供了弹性，这一点对公司非常有利，因为可以在股票价值被低估进行回购。因为内部管理者与股东之间的信息不对称可能导致股票定价错位；如果管理者认为股票的价值已被低估，那么公司回购股票就意味着对市场传递出它要回购定价错位股票的信息暗示，积极的反应应该是纠正定价错位，从而推动股票价格上涨。特别是股票在不同的、被分割的交易所进行交易时，如果存在较大的价差，公司进行股份回购还可以实现在不同市场间的套利，进而实现公司不同股票价格的平稳和上扬，从而又提高了公司市场价值。

②改善股权结构，使公司符合绝对控制企业（股权比例底线为30%）的规范。通过回购并注销国有股，能迅速有效地降低国有法人股的比重，改善股本结构。

③优化资本结构，增强盈利能力。通过股份回购可以适当提高资产负债率，更充分地发挥财务杠杆的作用，增强公司的未来盈利能力，从而提升公司股价，使股东财富最大化，给公司股东更高的回报，同时增大其他公司对本公司收购的难度。

④增强上市公司的持续筹资能力。从资本运营的角度出发，上市公司为了今后的可持续发展，必须培育并不断加强公司持续的筹资能力，重视证券市场的再筹资能力。

（3）捆绑式筹资策略的财务效果

上述筹资策略将给上市公司带来显著的财务效果，主要表现在以下几个方面：

①取得了生产经营及扩张规模所必需的资金。上市公司股权融资具有筹资最大、财务风险小、筹集资金质量高等优点，通过上述筹资组合策略，在市盈率较高的资本市场上发行股票，公司既可以筹集大量资金，又没有增加公司的分红压力，可以说是一半两得。

②调整了公司的股权结构。中国上市公司股权结构设计极不合理，非流通股份占绝对控制地位，通过增发社会公众股和回购非流通股，可以大大降低国有股东的持股比例，同时以满足国家对绝对控制和相对控制企业的目的，有利于建立健全完善的公司治理结构。

③提高了公司的融资效率。上市公司增发新股大多采用上网定价发行方式，该方式发行费用高，融资速度快，并且在中国发行失败的可能性极小，通过股份回购可优化公司的资本结构，可使公司的筹资成本最小化，两方面都对公司提高融资效率起到了积极作用。

④提高了公司每股的收益并提升了公司的市场价值，有利于实现企业价值最大化。股份公司的每股盈余是衡量公司管理当局经营业绩的重要标准。通过筹资组合扩大了企业经营规模，培育了公司新的利润增长点，提高了企业的盈利能力。通过股份回购缩减了公司股本总额，两方面都对增加每股盈余起到了积极的促进作用，其结果大大增加了每股收益，吸引市场投资者做出积极的反映，推动股价的大幅上扬，在投资者中树立了良好的市场形象，公司的发展前景也可被投资者所认同。

⑤优化了财务杠杆，提高了企业竞争能力，增大了其他公司收购的成本，进而有效防止被其他公司恶意兼并或收购。

⑥股利应征收20％的个人所得税，而资本所得税的税率远低于股利所得税率，将股份回购看作是一种替代现金股利的股利分配形式，无疑会受到投资者的青睐。

3. 点评

资本运作的时代中，企业的筹资必要而且重要，市场经济条件下，瞬息万变的市场要求企业不断地对自己的筹资策略进行创新，并要合理解决筹资与效率效果的问题。在中国由于现阶段金融市场存在的一些特殊性，上市公司均以配股作为主要的融资手段，但处于此大环境下的青岛啤酒股份有限公司却大但探索，勇于创新，通过对市场及公司自身情况的详细分析，做出了回购H股和增发A股捆绑式融资决策。其增发新股突破了配股单一模式，完善了公司的股权结构，增强了公司的盈利能力和筹资能力；股份回购实现了公司股票价格的平稳和上扬，优化了公司的股本结构。二者的捆绑操作达到了优势互补的效果，并给上市公司带来了显著的财务效果，值得我们加以深思。

项目投资管理

职业能力目标

专业能力：

- 会计算项目投资评价折现指标与非折现指标
- 能对固定资产新建项目进行决策分析
- 能运用相关财务指标进行项目投资决策分析

社会能力：

- 会与企业内外相关部门沟通投资决策信息
- 能比较敏锐地判断社会经济环境、政策法规变化对投资活动产生的影响

方法能力：

- 会通过现代媒体等手段收集企业投资决策所需资料
- 会运用数理统计等方法加工整理选取资料
- 能系统清晰有重点突出的撰写投资决策分析报告

任务引例

龙韵公司准备购入一项设备以扩充公司的生产能力。现有甲、乙两个方案可供选择，甲方案需投资 10000 元，使用寿命为 5 年，采用直线法计提折旧，5 年后设备无残值；5 年内每年销售收入为 6000 元，每年的付现成本为 2000 元。乙方案需投资 12000 元，采用直线法计提折旧，使用寿命也为 5 年，5 年后有残值收入 2000 元；5 年中每年的销售收入为 7500 元，付现成本第一年为 3000 元，以后随着设备陈旧，逐年增加修理费 300 元，另需垫支营运资金 3000 元，该公司所得税税率为 25%，资金成本率为 10%。

你认为作为财务总监，应选择哪个方案投资？

任何公司都拥有大量的潜在的投资项目，每项潜在的项目都是公司的一个可能选择。有些选择是有价值的而有些则不是。当然，成功财务管理的精髓是学会寻找价值所在。本单元介绍判断投资项目可行与否的方法，要求了解项目投资的概念、特点与分类，掌握项目现金流量的预测估算方法，以及净现值、内部收益率、获利指数、投资回收期的计算和评价方法。

任务一　项目投资决策概述

一、项目投资的概念

投资是指特定的经济主体为了在未来可预见的时期内获得收益，在一定时期向特定的标的物投放一定数额的资金或实物等非货币性资产的经济行为。从特定企业角度看，投资是企业为获取收益而向特定对象投放资金的经济行为；从现金流量看，投资是为了将来更多现金流入而现在付出现金的经济行为。根据投资对象的不同，投资可分为金融投资和实物投资。例如，金融投资为购买国库券、公司债券、公司股票等金融资产；实物投资则为购置生产设备、新建工厂等。本章的项目投资即属于实物投资。

项目投资是资金以形成投资项目的初始投资，又要有相当数量的营运资本来保证项目运营过程中对流动资金的需要；回收时间长，投资决策要考虑的因素多而且是一种以特定项目为对象，直接与新建项目或更新改造项目有关的长期投资行为，也称为资本投资。在企业的全部投资中，项目投资是最主要的投资活动，它决定着企业的稳定与发展，对企业未来的盈利能力及长期偿债能力有着重要影响。其主要特点是：投资金额大，需要一次性投入大笔资金；风险大，投资项目一经建成，想改变是相当困难的。

新建项目投资还可进一步分为单纯固定资产投资和完整工业项目投资两类。单纯固定资产投资简称固定资产投资，通常只包括为构建固定资产而发生的资金投入，一般不涉及周转性流动资产的再投入；完整工业项目投资则不仅包括固定资产投资，而且还涉及周转性流动资产的投入，甚至还需增加如无形资产、长期待摊费用等其他长期资产项目的投资。因此，不能将项目投资简单地等同于固定资产投资。

二、项目投资决策的程序

在进行项目投资时，企业应对投资机会进行评价与把握，具体包括以下步骤：

（1）确定可用投资资金。决策第一步就是弄清某一期间内有多少可供投资的资金。

（2）提出各种投资项目。投资项目由企业的各部门提出，比如，新产品方案通常来自营销部门，而设备更新的建议通常来自生产部门等。

（3）估计项目的现金流量。包括现金流入、现金流出和净现金流量。

（4）计算投资项目的投资决策指标。主要包括净现值、内含报酬率、回收期和会计收益率等指标。

（5）将项目的投资决策指标与可接受的标准进行比较，决定是否进行投资。

（6）对已接受的项目进行再评估。对已经投资的项目还要定期进行事后评价，有效的事后评价可以告诉我们预测的偏差，帮助改善企业的财务控制，有助于指导未来的决策。

三、项目投资的分类

1. 按投资目的分为增加收入的投资决策和降低成本的投资决策

（1）增加收入的投资决策，是指为了扩大企业的生产经营规模、增加企业的收入和利润而做出的投资决策。

（2）降低成本的投资决策。是指企业在其发展过程中，为了有效地降低成本、提高生产经营的效率而做出的投资决策。比如，购买节能高效的新设备，进行对新工艺、新材料的研究开发，都属于降低成本的投资。

2. 按投资方案之间的关系分为独立方案、互斥方案和互补投资决策

（1）独立方案的投资决策。独立方案是指某一投资项目只有一种方案可以选择，没有可以与其竞争的方案。此时，只需要对独立方案的可行性进行分析，只要独立方案本身可行，即可以进行投资。如对公司新建工厂的投资决策就是一个独立方案的投资决策。

（2）互斥方案的投资决策。当某一投资项目有两种或两种以上的方案可供选择，且只有一个方案可被选中，则各方案之间是一种竞争的互相排斥的关系，那么这几个方案就被称为互斥方案。此时，需要在几个互斥的方案中选出唯一的一个最优方案。如公司在对某固定资产进行更新时，可以选择进口设备也可选国产设备，这就是互斥方案的投资决策。

（3）互补投资决策。互补投资是指需要同时进行、互相配套的各项投资，这些投资项目需要同时进行才能正常运转，如油田和输油管道、港口和码头等都属于互补投资。在进行互补投资决策时，企业应对这些互补项目结合在一起进行可行性研究，然后再做出投资决策。

四、项目计算期的构成

投资项目从投资建设开始到最终清理出售整个过程的全部时间，称之为项目计算期（记作 n）。其中从投资建设开始到完工投产时间为建设期（记作 s），从完工投产至项目终结点的时间为生产经营期（记作 p）。

生产经营期包括试产期和达产期两个阶段。试产期是指项目投入生产，但生产能力尚未完全达到设计能力时的过渡阶段。达产期是指生产经营达到设计生产能力水平后的时间。生产经营期一般应根据投资项目主要资产的经济使用寿命确定。项目计算期、建设期和生产经营期存在以下关系：

$$项目计算期（n）＝建设期（s）＋生产经营期（p）$$

【例 5-1】K公司拟新建一条生产线，预计主要设备的使用寿命为5年。

要求：就以下不相关情况，分别确定该项目的计算期。

(1) 在建设起点投资并投产。

(2) 建设期为1年。

解答：

项目计算期＝0＋5＝5（年）

项目计算期＝1＋5＝6（年）

五、资金投入

资金投入问题主要包括资金投入方式、原始投资额和投资总额三个问题。

资金投入方式是指投资主体将原始总投资注入具体项目计算期的形式，包括一次投入和分次投入两种形式。一次投入方式是指投资行为集中一次发生在项目计算期第一年度的年初或年末。分次投入方式是指投资行为涉及两个或两个以上年度，或虽然只涉及一个年度但同时在该年的年初和年末发生。

原始投资额是反映投资项目所需现实资金的价值指标，包括企业为使项目完全达到设计生产能力、开展正常经营而投入的全部现实资金。原始投资额主要由投资前费用、设备购置费用、设备安装费用、建筑工程费用、营运资金垫支和不可预见费用等组成。

投资总额是反映投资总体规模的价值指标，它等于原始投资与建设期资本化利息之和。建设期资本化利息是指在建设期发生的与购建项目所需的固定资产、无形资产等长期资产有关的借款利息。

任务二　现金流量的估算

通常情况下，纳入财务管理讨论范畴的投资项目，已经具备国民经济可行性和技术可行性。财务管理的主要任务是从企业投资者立场出发，评价投资项目的财务可行性。投资项目财务可行性评价需要现金流量和贴现率两个相关参数。因此，测算投资项目现金流量和确定适当的折现率成为财务管理中项目投资决策的基础工作。

许多初学财务管理的人，最先看到的困难是如何计算指标，尤其是计算净现值和内含报酬率很烦琐。其实，真正的困难在于确定现金流量和贴现率，以及计算结果的使用。

一、现金流量的概念

现金流量，简称为现金流，是投资项目在整个寿命期内各项现金流入量与现金流出量的统称。这里的"现金"是广义的概念，它不仅包括各种货币资金，而且还包括项目需要投入的企业拥有的非货币资源的变现价值。例如，一个项目需要使用原有的厂房、设备和材料等，则相关的现金流量是指它们的变现价值，而不是其账面价值。

一项投资的现金流量通常包括现金流出量、现金流入量和现金净流量三个具体概念。

（一）现金流出量

一个投资项目的现金流出量，是指投资项目实施所引起的整个寿命期内所发生的现金支出增加量。通常包括以下内容：

①建设投资。指建设期内的固定资产、无形资产和开办费等投资的总和，包括土地购买或租赁的费用、建筑工程费用、设备购置支出、安装工程支出、人员培训费用等。但建设投资不一定等于固定资产的价值，有些投资支出，如开办费，就不会增加固定资产的价值。此外，在固定资产方面的投资与形成的固定资产价值也可能不一样，因为固定资产价值中可能包括建设期内资本化的利息。

②垫支营运资金投资。指当投资项目形成了生产能力而需要在流动资产上追加的投资。由于扩大了企业生产能力，存货和应收账款等流动资产规模也会随之扩大，需要追加投入日常营运资金。同时，企业营业规模扩大后，应付账款等结算性流动负债也将随之增加，自动补充了一部分日常营运资金。因此，为该投资项目垫支的营运资金是追加的流动资产扩大量与结算性流动负债扩大量的净差额，在整个投资期限内围绕企业的生产经营活动进行周而复始的循环周转。

③相关的经营支出，又称付现的营运成本。投资项目建成后投产运营，为满足正常生产经营而动用货币资金支付的成本费用，如原材料、燃料及动力费、工资及福利费、管理费、生产设备的日常维护和经营性管理费用等。经营支出是总成本费用中不包含折旧、摊销以及利息的那部分成本。

④各项税费。项目所涉及的税费有营业税金及附加和所得税，营业税金及附加主要包括营业税、关税、消费税、资源税、土地增值税、城市维护建设税和教育费附加。

（二）现金流入量

一个投资项目的现金流入量，是指投资项目实施所引起的整个寿命期内所发生的现金流入增加量。通常包括以下内容：

①营业现金收入。指项目投产后，在其寿命期内由于销售产品或提供服务所取得的收入，如销售收入、其他营业收入等。一般是由产品或服务的价格和数量两个因素确定，在项目运营期内，营业现金流入可能是变化的。

②固定资产清理时的差值收入。投资项目终结时，固定资产出售或报废时残值变价收入扣除清理费用后的变价净收入也应该作为现金流入量的一部分。

③垫支营运资金的收回。投资项目终结时，与该项目相关的产品存货出售，应收账款变现，应付账款也随之偿付，营运资金又恢复到原有水平，项目初始垫支的营运资金在项目结束时得到收回。

（三）现金净流量

现金净流量（记作 NCF），又称净现金流量，是指在项目计算期由每年现金流入量与同年现金流出量之间的差额所形成的序列指标。无论是在经营期内，还是在建设期内都存在净现金流量。

当现金流入量大于流出量，净现金流量为正值；反之，净现金流量为负值。

由于项目计算期不同阶段上现金流入与现金流出发生的可能性不同，使各阶段上的净现金流量在数值上表现出不同的特点。一般来说，建设期内的净现金流量的数值为负值或等于零；经营期内的净现金流量则多为正值。

二、现金流量估计的原则

（一）使用实际现金流量而不是会计利润

项目评估过程中使用现金流量而不是会计利润，主要是出于以下考虑：

首先，两者确认或计量的原则不同。会计利润是按照会计的权责发生制原则计算的，受会计方法选择等人为因素影响，不同的投资项目可以采取不同的固定资产折旧方法、存货估价方法或费用摊销方法，从而导致不同项目的利润额缺乏可比性，其利润信息的相关性差。而现金流量指标是在收付实现制的基础上对实际现金流入与现金流出的估计，不同的固定资产折旧方法、存货估价方法以及费用摊销方法并不会影响项目的现金流量，从而提高了项目信息的透明度与可比性。

其次，现金流量信息所揭示的是未来期间货币资金的收支运动，可以动态地反映投资项目的现金流出与现金流入之间的投入产出关系，有利于考虑资金的时间价值因素，便于决策者更完整、准确、全面地评价投资项目的经济效益。

（二）增量现金流量才是相关现金流量

在确定投资项目相关的现金流量时，应遵循的最基本的原则是：只有增量现金流量才是与项目相关的现金流量。所谓增量现金流量，是指接受或拒绝某个投资项目时，企业总现金流量因此发生的变动。只有那些由于采纳某个项目引起的现金支出增加额，才是该项目的现金流出；只有那些由于采纳某个项目引起的现金流入增加额，才是该项目的现金流入。也就是说，如果有一项现金流量的发生与是否进行该项目的投资无关，那么，该现金流量就不是增量现金流量，在计算该项目的现金流量时，就不应该包括在内。

为了正确计算投资项目的增量现金流量，需要正确判断哪些现金流会引起企业总现金流量的变动，哪些支出不会引起企业总的现金流量的变动，哪些现金流量是只有当新项目进行时才会发生的，哪些是不管是否进行新项目都必须发生的。应注意以下问题：

1. 不能忽视机会成本

在投资方案的选择中，如果选择了一个方案，则必须放弃其他投资机会，而其他投资机会可能取得的收益是投资该方案的一种代价，被称为该方案的机会成本。

例如，某投资项目需要使用公司所有的一块土地准备新建一个厂房，但是如果该企业不利用这块土地来建厂房，它可将这块土地移作他用，或出售，或出租，并可取得售房收入和租金等收入。只是由于要新建厂房才放弃了这笔收入，所以这笔收入就是新建厂房的机会成本。假如这块土地的市场价值为 30 万元，那么就应把这 30 万元视为新建车间的一项投资支出，即如果建车间将发生 30 万元的现金流出。

2. 不考虑沉没成本

所谓沉没成本，是指已经承诺或已经发生的现金支出，这一现金支出不会因目前接受或拒绝某个投资项目的决策而得到恢复。换而言之，沉没成本已经成为过去，是不可逆转的现金支出。根据相关现金流量的定义，这一成本显然与将要做出的决策不相关，理应不予考虑。典型的沉没成本是与研究开发以及投资决策前进行市场调查有关的成本。

3. 要考虑项目的附加效应

在估计现金流量时，要以投资对公司所有经营活动产生的整体效果为基础，而不是孤立地考察一项投资。采纳一个新的项目后，该项目可能对企业的其他部门造成有利或不利的影响。比如，新产品上市会对原有其他产品的产生影响，若是竞争型的产品，就会使原有产品的销售收入下降；若是互补的产品，就会使销售收入上升。因此，企业在进行投资分析时，不应只关注新产品带来的现金流量，还应考虑其他可能增加或减少的现金流量。当然，诸如此类的交互影响，事实上很难准确计量，但企业在进行投资分析时，仍要将其考虑在内。

三、项目投资净现金流量的简化计算方法

为了简化净现金流量的计算，可以根据项目计算期不同阶段的现金流入量和现金流出量的具体内容，直接计算项目投资各阶段净现金流量。

(一) 单纯固定资产投资项目

单纯固定资产投资项目的固定资产投资若均在建设期投入，则建设期净现金流量可按以下简化公式计算：

建设期某年的净现金流量＝－该年发生的固定资产投资

运营期净现金流量的简化公式为：

运营期某年所得税前现金净流量＝该年因使用该固定资产新增加的净利润＋该年因使用该固定资产新增加的折旧＋该年回收的固定资产净残值

运营期某年所得税后现金净流量＝运营期某年所得税前现金净流量－该年因使用固定资产新增的所得税

【例 5－2】已知企业拟购建一项固定资产，需在建设起点一次投入全部资金 100 万元，按直线法折旧，使用寿命 10 年，期末有 10 万元净残值。建设期为一年，发生建设期资本化利息 10 万元。预计投产后每年可获息税前利润 10 万元。

要求：用简化方法计算该项目的所得税前净现金流量。

解答：依题意计算有关指标：

固定资产原值＝固定资产投资＋建设期资本化利息＝100＋10＝110（万元）

年折＝固定资产原值－净残值/固定资产使用年限＝110－10/10＝10（万元）

项目计算期＝建设期＋运营期＝1＋10＝11（年）

建设期某年净现金流量＝－该年发生的固定资产投资

$NCF_0＝－100$ 万元

$NCF_1＝0$ 万元

运营期某年所得税前净现金流量＝该年因使用该固定资产新增的息税前利润＋该年因使用该固定资产新增的折旧＋该年回收的固定资产净残值

$NCF_{2\sim10}＝10＋10＝20$（万元）

$NCF_{11}＝10＋10＋10＝30$（万元）

（二）完整工业投资项目

若完整工业投资项目的全部原始投资均在建设期投入，则建设期净现金流量可按以下简化公式计算：

$$建设期某年的净现金流量＝－该年发生的原始投资$$

如果项目在运营期内不追加流动资金投资，则完整工业投资项目的运营期所得税前净现金流量可以按以下简化公式计算：

运营期某年现所得税前金净流量＝该年息税前利润＋该年折旧＋该年摊销额＋该年回收额－该年维持运营投资

运营期某年现所得税金后净流量＝该年息税前利润×（1－所得税税率）＋该年折旧＋该年摊销额＋该年回收额－该年维持运营投资

【例5-3】海晏公司工业项目需要原始投资1 250万元，其中固定资产投资1 000万元，开办费投资50万元，流动资金投资200万元。建设期为1年，建设期发生与购建固定资产有关的资本化利息100万元。固定资产投资和开办费投资于建设起点投入，流动资金于完工时，即第1年末入。该项目寿命期10年，固定资产按直线法折旧，期满有100万元净残值；开办费于投产当年一次摊销完毕；流动资金于终结点一次回收。投产后每年获息税前利润分别为120万元、220万元、270万元、320万元、260万元、300万元、350万元、400万元、450万元和500万元。

要求：按简化方法计算项目各年所得税前净现金流量和所得税后净现金流量。

解答：计算如下：

（1）项目计算期 $n＝1＋10＝11$（年）

（2）固定资产原值＝1 000＋100＝1 100（万元）

（3）固定资产年折旧＝1 100－100/10＝100（万元）（共10年）

（4）建设期净现金流量：

$NCF_0＝－（1 000＋50）＝－1 050$（万元）

$NCF_1＝－200$（万元）

（5）运营期所得税前净现金流量：

$NCF_2＝120＋100＋50＋0＝270$（万元）

$NCF_3＝220＋100＋0＋0＝320$（万元）

$NCF_4＝270＋100＋0＋0＝370$（万元）

$NCF_5 = 320 + 100 + 0 + 0 = 420$（万元）

$NCF_6 = 260 + 100 + 0 + 0 = 360$（万元）

$NCF_7 = 300 + 100 + 0 + 0 = 400$（万元）

$NCF_8 = 350 + 100 + 0 + 0 = 450$（万元）

$NCF_9 = 400 + 100 + 0 + 0 = 500$（万元）

$NCF_{10} = 450 + 100 + 0 + 0 = 550$（万元）

$NCF_{11} = 500 + 100 + 0 + (100 + 200) = 900$（万元）

【例 5－4】例 5－3 的计算结果，适用的企业所得税税率为 25％。

要求：计算项目各年所得税后净现金流量。

解答：计算如下：

（1）建设期净现金流量同例 5－3（略）；

（2）运营期所得税后净现金流量：

$NCF_2 = 120 \times (1 - 25\%) + 100 + 50 + 0 = 240$（万元）

$NCF_3 = 220 \times (1 - 25\%) + 100 + 0 + 0 = 265$（万元）

$NCF_4 = 270 \times (1 - 25\%) + 100 + 0 + 0 = 302.5$（万元）

$NCF_5 = 320 \times (1 - 25\%) + 100 + 0 + 0 = 340$（万元）

$NCF_6 = 260 \times (1 - 25\%) + 100 + 0 + 0 = 295$（万元）

$NCF_7 = 300 \times (1 - 25\%) + 100 + 0 + 0 = 325$（万元）

$NCF_8 = 350 \times (1 - 25\%) + 100 + 0 + 0 = 362.5$（万元）

$NCF_9 = 400 \times (1 - 25\%) + 100 + 0 + 0 = 400$（万元）

$NCF_{10} = 450 \times (1 - 25\%) + 100 + 0 + 0 = 437.5$（万元）

$NCF_{11} = 500 \times (1 - 25\%) + 100 + 0 + (100 + 200) = 775$（万元）

任务三　项目投资决策评价指标计算与分析

一、投资决策评价指标及其类型

投资决策评价指标，是指用于衡量和比较投资项目可行性，以便据以进行方案决策的定量化标准与尺度。从财务评价的角度，投资决策评价指标主要包括：

（1）静态投资回收期。

（2）投资利润率。

（3）净现值。

（4）净现值率。

（5）获利指数。

（6）内部收益率。

评价指标可以按以下标准进行分类。

（1）按是否考虑资金的时间价值分类有：静态指标（上述 1～2 项）；动态指标（3～4

项）。

（2）按指标性质不同分类：正指标（第2～6项）；反指标（第1项）。

（3）按指标数量特征分类：绝对量（第1、3项）；相对量（第2、4、6项）；第5项是以指数形式表现。

（4）按指标重要性分类：主要指标（第3～6项）；次要指标（第1项）；辅助指标（第2项）。

二、静态评价指标的含义、计算方法及特点

（一）静态投资回收期

静态投资回收期（简称回收期），是指以投资项目经营净现金流量抵偿原始总投资所需要的全部时间，它有"包括建设期的投资回收期（记作 PP）"和"不包括建设期的投资回收期（记作 PP'）"两种形式。投资者可根据回收初始投资额所需时间的长短来判定投资方案是否可行，投资者总是希望尽快收回投资，回收期越短，对投资者越有利。企业进行投资评价时，首先要将投资方案的回收期同期望回收期相比较，如果投资方案回收期小于或等于期望回收期，此方案可以采纳；否则不可采纳。如果同时有几个投资方案可供选择，应该比较各个投资方案的回收期，先取短者。静态投资回收期的计算，因每年的营业现金净流量不同而有所不同。

如果项目投产后每年的现金净流量相等，则使用以下公式计算：

不包括建设期的回收期（PP'）＝原始投资合计/投产后前若干年每年相等的净现金流量

包括建设期的回收期（PP）＝不包括建设期的回收期＋建设期

如果项目投产后每年的现金净流量不相等，计算投资回收期要根据每年年末尚未回收的投资额加以确定。

【例5-5】某企业现有三个投资机会，已知有关数据如表5-1所示。求个方案的投资回收期并进行评价。

表5-1　某企业投资方案有关数据　　　　　　　　　　　单位：万元

时间/年		0	1	2	3	4
方案A	现金净流量	−10 000	5 500	5 500		
方案B	现金净流量	−10 000	3 500	3 500	3 500	3500
方案C	现金净流量	−20 000	7 000	7 000	6 500	6 500

解答：方案A投资回收期＝10 000/5 500＝1.82（年）

方案B投资回收期＝10 000/3 500＝2.86（年）

方案C投资回收期＝2＋（20 000−7 000−7 000）/6 500＝2.92（年）

可见，方案A的投资回收期最短，能最快收回投资，所以是最优方案。

静态投资回收期的优点是能够直观地反映原始总投资的返本期限，便于理解，计算也比较简单，可以直接利用回收期之前的净现金流量信息。其缺点是没有考虑资金时间价值

因素和回收期满后继续发生的现金流量，不能正确反映投资方式不同对项目的影响。

（二）投资收益率

投资收益率，又称投资报酬率（记作 ROI），是指达产期正常年份的年息税前利润或运营期年均息税前利润占项目总投资的百分比。

投资收益率的计算公式为：

投资收益率（ROI）＝年息税前利润或年均税前利润/项目总投资×100％

【例 5-6】某项目预计投产后每年可获利润 200 万元，建设期 2 年，固定资产投资 1 000 万元，每年借款利息 120 万元，则其投资利润率计算如下：

$$投资利润率＝200/(1\ 000＋120×2)×100％＝16.13％$$

投资收益率的优点是计算公式简单；缺点是没有考虑资金时间价值因素，不能正确反映建设期长短及投资方式不同和回收额的有无对项目的影响，分子、分母计算口径的可比性较差，无法直接利用净现金流量信息。

只有投资收益率指标大于或等于无风险投资收益率的投资项目才具有财务可行性。

三、动态评价指标

（一）净现值

净现值（记作 NPV），是指在项目计算期内，按设定折现率或基准收益率计算的各年净现金流量现值的代数和。其理论计算公式为：

$$NPV = \sum NCF_t \cdot (P/F, i_c, t)$$

计算净现值指标可以通过一般方法、特殊方法来完成。

1. 净现值指标计算的一般方法

本法是指根据净现值的定义，直接利用理论计算公式来完成该指标计算的方法。

【例 5-7】某企业进行一项固定资产投资，假设资金分两次投入，贴现率为 10％，建设期为 2 年，生产经营期为 5 年，各年现金净流量见表 5-2。要求采用净现值评价方案的可行性。

表 5-2　投资方案现金净流量　　　　　　　　　　　　单位：万元

时间/年	0	1	2	3	4	5	6	7
现金净流量	-200	-200	0	150	150	150	150	160

解答：$NPV = -200 - 200×(P/F, 10％, 1) + 150×(P/F, 10％, 3) + 150×(P/F, 10％, 4) + 150×(P/F, 10％, 5) + 150×(P/F, 10％, 6) + 160×(P/F, 10％, 7)$

$= -200 - 200×0.909\ 1 + 150×0.751\ 3 + 150×0.683\ 0 + 150×0.620\ 9 + 150×0.564\ 5 + 160×0.513\ 2$

$= 93.22（万元）$

因为净现值大于零，所以该方案可行。

2. 净现值指标计算的特殊方法

本法是指在特殊条件下，当项目投产后净现金流量表现为普通年金或递延年金时，可以利用计算年金现值或递延年金现值的技巧直接计算出项目净现值的方法，又称简化方法。

由于项目各年的净现金流量 $NCFt$（$t=0，1，\cdots，n$）属于系列款项，所以当项目的全部投资均于建设期投入，运营期不再追加投资，投产后的经营净现金流量表现为普通年金或递延年金的形式时，就可视情况不同分别按不同的简化公式计算持现值指标。

特殊方法一：当建设期为零，投产后的净现金流量表现为普通年金形式时，公式为：

$$NPV = NCF_0 + NCF_{l\sim n} \cdot (P/A，ic，n)$$

【例5-8】某企业拟建一项固定资产，需投资100万元，按直线法计提折旧，使用寿命10年，期末无残值。该项工程于当年投产，预计投产后每年可获息税前利润10万元。假定该项目的行业基准折现率为10%。

要求：计算该项目的净现值（所得税前）。

解答：依题意，$NCF_0 = -100$ 万元，$NCF_{1\sim 10} = 10 + 100 \div 10 = 20$（万元）

$NPV = -100 + 20 \times (P/A，10\%，10) = 22.891\ 4$（万元）

特殊方法二：当建设期为零，投产后每年经营净现金流量（不含回收额）相等，但终结点第 n 年有回收额 Rn（如残值）时，可按两种方法求净现值。

（1）将 $1\sim(n-1)$ 年每年相等的经营净现金流量视为普通年金，第 n 年净现金流量视为第 n 年终值。公式如下：

$$NPV = NCF_0 + NCF_{1\sim n-1} \cdot (P/A，ic，n-1) + NCFn \cdot (P/F，ic，n)$$

（2）将 $1\sim n$ 年每年相等的经营净现金流量按普通年金处理，第 n 年发生的回收额单独作为该年终值。公式如下：

$$NPV = NCF_0 + NCF_{1\sim(n-1)} \cdot (P/A，ic，n) + Rn \cdot (P/F，ic，n)$$

【例5-9】某企业拟建一项固定资产，需投资100万元，按直线法计提折旧，使用寿命10年，假定固定资产报废时有10万元残值。该项工程于当年投产，预计投产后每年可获息税前利润10万元。假定该项目的行业基准折现率为10%。

要求：计算该项目的净现值（所得税前）。

解答：依题意，$NCF_0 = -100$ 万元

$NCF_{1\sim 9} = 10 + (100 - 10) \div 10 = 19$（万元）

$NCF_{10} = 19 + 10 = 29$（万元）

$NPV = 100 + 19 \times (P/A，10\%，9) + 29 \times (P/F，10\%，10)$

或 $= -100 + 19 \times (P/A，10\%，10) + +10 \times (P/F，10\%，10) = 20.602\ 0$（万元）

特殊方法三：当建设期不为零，全部投资在建设起点一次投入，投产后每年净现金流量为递延年金形式时，公式为：

$$NPV = NCF_0 + NCF_{(s+1)\sim n} \cdot [(P/A，ic，n) - (P/A，ic，s)]$$

或 $= NCF_0 + NCF_{(s+1)\sim n} \cdot (P/A，ic，n-s) \cdot (P/F，ic，s)$

【例5-10】某企业拟建一项固定资产，需投资100万元，按直线法计提折旧，使用寿

命 10 年，假定固定资产报废时有 10 万元残值。该项工程建设期为一年，预计投产后每年可获息税前利润 10 万元。假定该项目的行业基准折现率为 10%。

要求：计算该项目的净现值（所得税前）。

解答：依题意，$NCF_0 = 100$ 万元，$NCF_1 = 0$，$NCF_{2\sim11} = 20$ 万元

$NPV = -100 + 20 \times [(P/A, 10\%, 11) - (P/A, 10\%, 1)]$

或 $= -100 + 20 \times (P/A, 10\%, 10) \times (P/F, 10\%, 1) = 11.719\ 4$（万元）

特殊方法四：当建设期不为零，全部投资在建设起点分次投入，投产后每年净现金流量为递延年金形式时，公式为：

$NPV = NCF_0 + NCF_1 \cdot (P/F, ic, 1) + \cdots + NCF_s \cdot (P/F, ic, s) + NCF_{(s+1)\sim n} \cdot [(P/A, ic, n) - (P/A, ic, s)]$

【例 5-11】某企业拟建一项固定资产，需投资 100 万元，按直线法计提折旧，使用寿命 10 年，假定固定资产报废时有 10 万元残值。该项工程建设期为一年，建设资金分别于年初、年末各投入 50 万元，预计投产后每年可获息税前利润 10 万元。假定该项目的行业基准折现率为 10%。

要求：计算该项目的净现值。

解答：依题意，$NCF_{0\sim1} = -50$ 万元，$NCF_{2\sim11} = 20$ 万元

$NPV = -50 - 50 \times (P/F, 10\%, 1) + 20 \times [(P/A, 10\%, 11) - (P/A, 10\%, 1)] = 16.264\ 8$（万元）

净现值指标的优点是综合考虑了资金时间价值、项目计算期内的全部净现金流量和投资风险；缺点是无法从动态的角度直接反映投资项目的实际收益率水平，而且计算比较烦琐。

只有净现值指标大于或等于零的投资项目才具有财务可行性。

（二）净现值率

净现值率（记作 $NPVR$），是指投资项目的净现值占原始投资现值总和的比率，亦可将其理解为单位原始投资的现值所创造的净现值。

净现值率的计算公式为：

净现值率（$NVPR$）＝项目的净现值/原始投资的现值合计

净现值率指标的优点是可以从动态的角度反映项目投资的资金投入与净产出之间的关系，计算过程比较简单；缺点是无法直接反映投资项目的实际收益率。

只有净现值率指标大于或等于零的投资项目才具有财务可行性。

（三）获利指数

获利指数（记作 PI），是指投产后按基准收益率或设定折现率折算的各年净现金流量的现值合计与原始投资的现值合计之比。

获利指数指标的计算公式为：

获利指数（PI）＝投产后各年净现金流量的现值合计/原始投资的现值合计

或＝1＋净现值率

【例 5 - 12】仍按表 5-1 的资料，该项目的行业基准折现率为 10%，求三个方案的现值指数并进行评价。

解答：

$PI_A = 5\ 500 \times (P/A，10\%，2)/10\ 000 = 5\ 500 \times 1.753\ 3/10\ 000 = 0.95$

$PI_B = 3\ 500 \times (P/A，10\%，4)/10\ 000 = 3\ 500 \times 3.169\ 9/10\ 000 = 1.11$

$PI_C = 7\ 000 \times (P/A，10\%，2) + 6\ 500 \times (P/A，10\%，2) \times (P/F，10\%，2)/10\ 000$

$= 7\ 000 \times 1.735\ 5 + 6\ 500 \times 1.735\ 5 \times 0.826\ 4/10\ 000 = 1.07$

三个方案中，方案 A 的现值指数小于 1，表明其投资报酬率没有达到预定的贴现率；方案 B 和 C 的现值指数均大于 1，说明它们的投资报酬率均已超过预定的贴现率，两个方案都可以接受。另外，方案 B 的现值指数大于方案 C，则表明方案 B 的投资报酬率高于方案 C。

获利指数指标的优点是可以从动态的角度反映项目投资的资金投入与总产出之间的关系；缺点是除了无法直接反映投资项目的实际收益率外，计算也相对复杂。

只有获利指数指标大于或等于 1 的投资项目才具有财务可行性。

(四) 内部收益率

内部收益率（记作 IRR），是指项目投资实际可望达到的收益率。实质上，它是能使项目的净现值等于零时的折现率。IRR 满足下列等式：

$$\sum [NCFt \cdot (P/F，IRR，t)] = 0$$

净现值法和获利指数法虽然考虑了货币的时间价值，可以说明投资方案高于或低于某一特定的投资报酬率，但没有揭示方案本身可以达到的具体的报酬率是多少。内部报酬率是根据方案的现金流量计算的，是方案本身的投资报酬率。当内部报酬率大于资金成本时，方案可取；反之，则方案不可取。如果有两个或两个以上方案的内部收益率均大于资金成本时，应选取内部报酬率最高的方案。内部报酬率的计算按年现金净流入量是否相等有两种方法。

1. 年现金净流入量相等

在年现金净流入量相等的情况下，可先求出使得净现值为零的年金现值系数，在确定了年金现值系数与 n 后，通过查年金现值系数表确定内部收益率的范围，用插值法求内部收益率。

【例 5 - 13】根据表 5-1B 方案的资料，求 B 方案的内部收益率，假设该项目的行业基准折现率为 10%。

解答：B 方案各期现金净流入量相等，符合年金形式，内部收益率可直接利用现值系数表来确定。

使得净现金流量为零的年金现值系数为：

$$(P/A，IRR，4) = 10\ 000/3\ 500$$

$$(P/A，IRR，4) = 2.857\ 1$$

查阅"年金现值系数表"，寻找 $n = 4$ 时系数 2.857 1 所指的利率。查表结果，与

2.857 1接近的现值系数2.917 3和2.855 0分别指向14％和15％。用内插法确定方案的内部收益率为：

$$
\left.\begin{array}{c}14\% \\ IRR \\ 15\%\end{array}\right\} \quad \left.\begin{array}{c}2.917\ 3 \\ 2.857\ 1 \\ 2.855\ 0\end{array}\right\}
$$

$$(14\%-IRR)/(14\%-15\%)=(2.9173-2.8571)/(2.917\ 3-2.855\ 0)$$

$$IRR=14\%+(2.917\ 3-2.857\ 1)/(2.917\ 3-2.855\ 0)\times 1\%$$

$$=14\%+0.096\%$$

$$=14.096\%$$

$IRR>$行业基准折现率10％，所以B方案可以接受。

2. 年现金流入量不相等

在年现金流入量不相等的情况下，通过计算项目不同设定折现率的净现值，然后根据内部收益率的定义所揭示的净现值与设定折现率的关系，采用一定技巧，最终设法找到能使净现值等于零的折现率——内部收益率 IRR 的方法，又称为逐次测试逼近法（简称逐次测试法）。若项目不符合直接应用简便算法的条件，必须按此法计算内部收益率。

一般方法的具体应用步骤如下：

（1）先自行设定一个折现率 R_1，代入计算净现值的公式，求出按 R_1 为折现率的净现值 NPV_1，并进行下面的判断。

（2）若净现值 $NPV_1=0$，则内部收益率 $IRR=R_1$，计算结束；若净现值 $NPV_1>0$，则内部收益率 $IRR>R_1$，应重新设定 $R_2>R_1$，再将 R_2 代入有关计算净现值的公式，求出净现值 NPV_2，继续进行下一轮的判断；若净现值 $NPV_1<0$，则内部收益率 $IRR<R_1$，应重新设定 $R_2<R_1$，再将 R_2 代入有关计算净现值的公式，求出 R_2 为折现率的净现值 NPV_2，继续进行下一轮的判断。

（3）经过逐次测试判断，有可能找到内部收益 IRR。每一轮判断的原则相同。若设 R_j 为第 j 次测试的折现率，NPV_j 为按 R_j 计算的净现值，则有：

当 $NPV_j>0$ 时，$IRR>R_j$，继续测试；

当 $NPV_j<0$ 时，$IRR<R_j$，继续测试；

当 $NPV_j=0$ 时，$IRR=R_j$，测试完成。

（4）若经过有限次测试，已无法继续利用有关货币时间价值系数表，仍未求得内部收益率 IRR，则可利用最为接近零的两个净现值正负临界值 NPV_m 和 NPV_{m+1} 及相应的折现率 R_m 和 R_{m+1}，应用内插法计算近似的内部收益率。即，如果以下关系成立：

$$NPV_m>0$$

$$NPV_{m+1}<0$$

$$R_m<R_{m+1}$$

$$R_{m+1}-R_m\leqslant d\ （2\%\leqslant d<5\%）$$

就可按下列具体公式计算内部收益率 IRR：

$$IRR=R_m+NPV_m-0/NPV_m-NPV_{m+1}\cdot(R_{m+1}-R_m)$$

【例5-14】根据表5-1C方案的资料，求C方案的内部收益率，假设该项目的行业基准折现率为10%。

解答：按照逐次测试逼近法的要求，自行设定折现率并计算净现值，据此判断调整折现率。经过3次测试，得到以下数据（计算过程略）：

测试次数 j	设定折现率 R_j	净现值 NPV_j（按 R_j 计算）
1	10%	+1 772.4
2	14%	-236.95
3	12%	+588.15

解答：$\because NPV_m = +588.15 > NPV_{m+1} = -236.95$

$R_m = 12\% < R_{m+1} = 14\%$

$14\% - 12\% = 2\% < 5\%$

$\therefore 12\% < IRR < 14\%$

用内插法确定方案的内部收益率为：

$$\left.\begin{array}{l} 12\% \\ IRR \\ 14\% \end{array}\right\} \left.\begin{array}{l} 588.15 \\ 0 \\ -236.95 \end{array}\right\}$$

$(12\% - IRR)/(12\% - 14\%) = (588.15 - 0)/(588.15 + 236.95)$

$IRR = 12\% + (588.15 - 0)/(588.15 + 236.95) \times 2\%$

$\quad\quad = 12\% + 1.426\%$

$\quad\quad = 13.426\%$

$IRR >$ 行业基准折现率10%，所以C方案可以接受。

上面介绍的两种情况中，都涉及内插法的应用技巧，尽管具体应用条件不同，公式也存在差别，但该法的基本原理是一致的，即假定自变量在较小变动区间内，它与因变量之间的关系可以用线性模型来表示，因而可以采取近似计算的方法进行处理。

（五）动态指标之间的关系

净现值 NPV、净现值率 $NPVR$、获利指数 PI 和内部收益率 IRR 指标之间存在以下数量关系，即：

当 $NPV > 0$ 时，$NPVR > 0$，$PI > 1$，$IRR > ic$；

当 $NPV = 0$ 时，$NPVR = 0$，$PI = 1$，$IRR = ic$；

当 $NPV < 0$ 时，$NPVR < 0$，$PI < 1$，$IRR < ic$。

此外，净现值率 $NPVR$ 的计算需要在已知净现值 NPV 的基础上进行，内部收益率 IRR 的计算也需要利用净现值 NPV。这些指标都会受到建设期的长短、投资方式，以及各年净现金流量的数量特征的影响。所不同的是 NPV 为绝对量指标，其余为相对数指标，计算净现值 NPV、净现值率 $NPVR$ 和获利指数 PI 所依据的折现率都是事先已知的 ic，而内部收益率 IRR 的计算本身与 ic 的高低无关。

任务四　互斥项目的投资决策方法

互斥项目，是指接受一个项目就必须放弃另外一些项目的情况。通常，它们是为解决一个问题设计的多个备选方案。例如，为了生产一个新产品，可以选择进口设备，也可以选择国产设备，它们的使用寿命、购置价格和生产能力均不同，企业只需购买其中之一就可解决目前的问题，而不会同时购置。

面对互斥项目，仅仅评估哪一个项目方案可以接受是不够的，它们都有正的净现值。现在需要知道哪一个更好些。如果一个项目方案的所有评估指标都比另外项目方案好一些，在选择时不会有什么困扰。问题是这些评估指标出现矛盾时，如何选择？

评估指标出现矛盾的原因有三种：一是初始投资额不同，二是现金流时间分布不同，三是项目寿命期不同。

一、初始投资额不同的互斥方案

在比较多个相互排斥的项目时，常常会遇到初始投资额不等的投资决策问题，因此企业面临这样的问题：如果一个方案的投资额大于另一个方案的投资额时，利用净现值法和内含报酬率法进行决策可能得出不同的结论，是不是内含报酬率越大的项目越好呢？根据什么来判断企业应当多花一些资金来采用初始投资额多的项目呢？

其答案是，对于多个内含报酬率都超过资本成本的相互排斥项目，不能认为内含收益率越大越好，这时需要采用差额投资净现值法来进行决策。

【例 5 - 15】某电影制片厂拟投资拍摄一部电影，现有两种不同的意见，一种意见是大制作，需投资 500 万元，一年后产生现金流量 625 万元；另一种意见是小制作，需投资 100 万元，一年后产生现金流量 150 万元。该厂的资本成本为 10%，请计算两种方案的净现值和内含报酬率，并做出投资决策。

经计算，得到小制作方案的净现值为 36.36 万元，内含报酬率为 50%，大制作方案的净现值为 68.18 万元，内含报酬率为 25%。

对于小制作方案来说，内含报酬率较高，但净现值较低，而大制作方案的内含报酬率较低，净现值却较高，在这种情况下，很难说哪个方案更优。出现这种情况的原因是用内含报酬率法计算出来的内含报酬率是一个百分比，忽略了项目的原始投资额，如果不考虑项目的投资额，一个内含报酬率为 50% 的项目当然要优于内含报酬率为 25% 的项目。但是，净现值法计算出来的是投资报酬的绝对值，投资项目的净现值反映了该项目能够为企业增加的价值。这时，可采用差额投资净现值法来进行决策。

所谓差额投资净现值法，是指对两个原始投资额不同的方案，计算其差额净现金量，在此基础上计算其净现值。对于以上两个方案，可以把大制作方案看成两个方案之和：第一个方案是小制作方案，第二个是宣传推广方案，如邀请知名演员加入，加大宣传推广力度等，用于宣传推广方案的投资额为大制作方案和小制作方案之差，即 400 万元，其现金流量也为两个方案之差，即一年后产生 475 万元的现金流量，现在只需计算宣传推广方案的净现值。如果该方案的净现值大于 0，那么可以投资该方案，即应进行大制作方案；如果宣传推广方案的净现值小于 0，那么不能投资该方案，企业应进行小制作方案。

宣传推广方案的净现值为：

$$NPV = -400 + \frac{475}{1+10\%} = 31.82（元）$$

宣传推广方案的净现值大于 0，说明可以进行投资，因此该企业应投资大制作方案。这个结论和净现值法的决策结论是一致的。

因此，当两个互斥方案的原始投资额不同时，企业应直接采用净现值法进行决策，选择净现值较大的方案，从而达到增加企业价值的目的。

二、现金流时间分布不同的互斥方案

在两个互斥方案中，如果一个方案在前期现金流入较多，另一个方案在后期现金流入较多时，用净现值法和内含报酬率法进行决策也可能出现矛盾。

【例 5 - 16】假设某企业要在以下两个投资项目中选出一个进行投资，该企业的资本成本为 10%，两项目的预计现金流量如下表所示，请计算这两个项目的净现值、内含报酬率和回收期，并做出投资决策。

表 5 - 3　两项目的现金流量　　　　　　　　　单位：元

时间	0	1	2	3	4	5	6
A	−250	100	100	75	75	50	25
B	−250	50	50	75	100	100	125

由计算可知，A 项目的内含报酬率为 22.08%，净现值为 76.29 元，回收期为 2.67 年，B 项目的内含报酬率为 20.01%，净现值为 94.08 元，回收期为 3.75 年。从内含报酬率来看，A 优于 B，从净现值来看，B 优于 A，从回收期来看，A 优于 B。这主要是因为 A 项目在前期的现金流入较多，而 B 项目在后期的现金流入较多。此时无法判断那个项目更优。

可以通过图 5 - 1 的 NPV 线来比较这两个项目的内含报酬率和净现值。

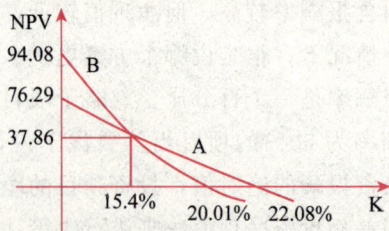

图 5 - 1　不同项目的净现值和内含报酬率

由上图可见，两项目的 NPV 线在 $k = 15.4\%$ 处相交，这说明，当该资本成本为 15.4% 时，两项目的净现值相等，均为 37.86 元，当该企业的资本成本小于 15.4% 时，B 项目的净现值大于 A 项目的净现值，但当该企业的资本成本大于 15.4% 时，A 项目的净现值大于 B 项目的净现值。

产生这种差异的原因是，净现值法是假定项目投资过程中产生的净现金流量进行再投资时，会产生与该项目的资本成本相同的报酬率；而内含报酬率法是假定项目投资过程中所产生的净现金流量进行再投资时，会产生与该项目的内含报酬率相同的收益率。

这时，仍可以采用差额投资净现值法进行决策。

表 5 - 4　两项目的差额现金流量　　　　　　　　　　　　　　单位：元

时间	0	1	2	3	4	5	6
A	−250	100	100	75	75	50	25
B	−250	50	50	75	100	100	125
A−B	0	50	50	0	−25	−50	−100

经计算，差额现金流量的净现值为−17.79 元，不应投资，即该企业不应投资 A 项目，而应投资 B 项目。这与净现值法的决策结论是一致的。

总结一下，当互斥方案的现金流量模式不同时，企业可以直接采用净现值法进行决策，虽然用净现值法决策和其他方法决策，可能得出不同的结论，但本着增加企业价值的目的，应选择净现值最大的项目。

三、项目寿命不同的互斥方案

项目寿命不同时，不能对它们的净现值、内含报酬率及获利指数进行直接比较。为了使投资项目的各项指标具有可比性，要设法使其在相同的寿命期内进行比较，可采用的方法有共同年限法和年均净现值法。

（一）共同年限法

如果两个互斥项目不仅投资额不同，而且项目期限不同，则其净现值没有可比性。例如，一个项目投资 3 年创造了较少的净现值，另一个项目投资 6 年创造了较多的净现值，后者的盈利性不一定比前者好。

共同年限法的原理：假设投资项目可以在终止时进行重置，通过重置使两个项目达到相同的年限，然后比较其净现值。该方法也称为最小公倍寿命法。

【例 5 - 17】设有相互排斥的投资项目 A 和 B，项目 A 的寿命期为 6 年，项目 B 的寿命期为 3 年，资本成本均为 10%。其现金流量、净现值和内含报酬率如下表。

表 5 - 13　两项目的现金流量

时间	0（万元）	1（万元）	2（万元）	3（万元）	4（万元）	5（万元）	6（万元）	NPV（万元）	IRR（%）
项目 A	−4 000	1 300	800	1 400	1 200	1 100	1 500	1 244.1	19.73
项目 B	−1 780	700	1 300	1 200				832.3	32.67

从净现值和内含报酬率的评价结论有矛盾。A 项目的净现值大，B 项目的内含报酬率高。此时，如果认为净现值法更可靠，A 项目一定比 B 项目好，其实是不对的，因为 A 项目和 B 项目的寿命期不同。

A 项目和 B 项目的最小公倍数是 6 年，在这个共同期间内，A 项目可以投资 1 次，B 项目投资 2 次。因此，B 项目相当于 3 年后重新再投资一次，获得与现在投资同样的净现值。在 6 年的共同期限下，B 项目净现值为：

$$NPV = 832.3 + \frac{832.3}{1.10^3} = 1\ 457.8$$

通过比较可知，B 项目优于 A 项目。

共同年限法的优点是易于理解，缺点是有时共同比较期的计算可能很长。例如一个项目的寿命是 9 年，另一个项目是 11 年，那么共同期限为 99 年，计算会非常复杂，但真正的恐怖来自预计 99 年后的现金流量。相信没有能力和信心可以预计如此遥远的数据，尤其是重新投资的原始数据，因技术进步和通货膨胀几乎总会发生变化时，更加难以预测。此时，可以使用年均净现值法。

（二）年均净现值法

年均净现值法是把投资项目在寿命期内中的净现值转化为每年的平均净现值，并进行比较分析的方法。

在例 6-11 中，A 项目的净现值为 1 244.1 万元。

A 项目的年均净现值 = 1244.1/（P/A，10%，6）= 285.7

B 项目的净现值为 832.3 万元

B 项目的年均净现值 = 832.3/（P/A，10%，3）= 334.7

比较年均净现值，B 项目优于 A 项目，结论与共同年限法一致。

共同年限法与年均净现值法也有区别的。共同年限法比较直观，易于理解，但预计现金流的工作比较困难。年均净现值法应用简单，但不便于理解。

同 步 测 试

一、单项选择题

1. 项目投资决策中，完整的项目计算期是指（　　）。

    A. 建设期　　　　　　　　　　　　B. 生产经营期

    C. 建设期＋达产期　　　　　　　　D. 建设期＋运营期

2. 甲企业拟建的生产线项目，预计投产第一年初的流动资产需用额为 50 万元，流动负债需用额为 25 万元，预计投产第二年初流动资产需用额为 65 万元，流动负债需用额为 30 万元，则投产第二年新增的流动资金投资额应为（　　）万元。

    A. 25　　　　　　　B. 35　　　　　　　C. 10　　　　　　　D. 15

3. 某投资方案，当贴现率为 16% 时，其净现值为 338 元，当贴现率为 18% 时，其净现值为 -22 元。该方案的内部收益率为（　　）。

    A. 15.88%　　　　　B. 16.12%　　　　　C. 17.88%　　　　　D. 18.14%

4. 下列投资项目评价指标中，不受建设期长短、投资回收时间先后及现金流量大小影响的评价指标是（　　）。

  A. 静态投资回收期   B. 总投资收益率

  C. 净现值率   D. 内部收益率

5. 某投资项目原始投资为 12 000 元，当年完工投产，有效期 3 年，每年可获得现金净流量 4 600 元，则该项目内部收益率为（　　）。

  A. 7.33%   B. 7.68%   C. 8.32%   D. 6.68%

6. 某项目投资需要的固定资产投资额为 100 万元，无形资产投资 10 万元，流动资金投资 5 万元，建设期资本化利息 2 万元，则该项目的原始总投资为（　　）万元。

  A. 117   B. 115   C. 110   D. 100

7. 在考虑所得税的情况下，计算项目的现金流量时，不需要考虑（　　）的影响。

  A. 更新改造项目中旧设备的变现收入

  B. 因项目的投产引起的企业其他产品销售收入的减少

  C. 固定资产的折旧额

  D. 以前年度支付的研究开发费

8. 某企业投资方案 A 的年销售收入为 200 万元，年总成本为 100 万元，年折旧为 10 万元，无形资产年摊销额为 10 万元，所得税率为 40%，则该项目经营现金净流量为（　　）。

  A. 80 万元   B. 92 万元   C. 60 万元   D. 50 万元

9. 某企业打算变卖一套尚可使用 6 年的旧设备，并购置一台新设备替换它，旧设备的账面价值为 510 万元，变价净收入为 610 万元，新设备的投资额为 915 万元，到第 6 年末新设备的预计净残值为 15 万元，旧设备的预计净残值为 10 万元，则更新设备每年增加折旧额为（　　）万元。

  A. 66.67   B. 50   C. 48.33   D. 49.17

10.（　　）属于项目评价中的辅助指标。

  A. 静态投资回收期   B. 投资利润率

  C. 内部收益率   D. 获利指数

二、多项选择题

1. 项目投资与其他形式的投资相比，具有以下特点（　　）。

  A. 投资金额大   B. 影响时间长

  C. 变现能力差   D. 投资风险小

2. 原始总投资包括（　　）。

  A. 固定资产投资   B. 开办费投资

  C. 资本化利息   D. 流动资金投资

3. 单纯固定资产投资项目的现金流出量包括（　　）。

  A. 固定资产投资   B. 流动资金投资

  C. 新增经营成本   D. 增加的各项税款

4. 与项目相关的经营成本等于总成本扣除（　　）后的差额。

A. 折旧　　　　　　　　　　　　B. 无形资产摊销

C. 开办费摊销　　　　　　　　　D. 计入财务费用的利息

5. 关于项目投资决策中的现金流量表与财务会计的现金流量表说法正确的是（　　）。

A. 项目投资决策中的现金流量表反映的是项目生产经营期的现金流量

B. 财务会计中的现金流量表反映的是一个会计年度的现金流量

C. 二者的钩稽关系不同

D. 二者的信息属性相同

6. 项目投资的评价指标中按照指标的性质可以分为（　　）。

A. 正指标　　　　　　　　　　　B. 反指标

C. 绝对量指标　　　　　　　　　D. 相对量指标

7. 静态投资回收期和投资利润率指标共同的缺点包括（　　）。

A. 没有考虑资金的时间价值

B. 不能正确反映投资方式的不同对项目的影响

C. 不能直接利用净现金流量信息

D. 不能反映原始投资的返本期限

8. 计算净现值时的折现率可以是（　　）。

A. 投资项目的资金成本　　　　　B. 投资的机会成本

C. 社会平均资金收益率　　　　　D. 银行存款利率

9. 净现值计算的一般方法包括（　　）。

A. 公式法　　　　　　　　　　　B. 列表法

C. 逐步测试法　　　　　　　　　D. 插入函数法

10. 下列说法正确的是（　　）。

A. 在其他条件不变的情况下提高折现率会使得净现值变小

B. 在利用动态指标对同一个投资项目进行评价和决策时，会得出完全相同的结论

C. 在多个方案的组合排队决策中，如果资金总量受限，则应首先按照净现值的大小进行排队，然后选择使得净现值之和最大的组合

D. 两个互斥方案的差额内部收益率大于基准收益率，则原始投资额大的方案为较优方案

三、判断题

1. 完整的项目计算期包括试产期和达产期。（　　）

2. 投资总额就是初始投资，是指企业为使项目完全达到设计的生产能力、开展正常经营而投入的全部现实资金。（　　）

3. 对于单纯固定资产投资项目来说，如果项目的建设期为 0，则说明固定资产投资的投资方式是一次投入。（　　）

4. 项目投资决策中所使用的现金仅是指各种货币资金。（　　）

5. 基于全投资假设，项目投资中企业归还借款本金不作为现金流出处理，但是企业

支付利息需要作为现金流出处理。　　　　　　　　　　　　　　　　　　（　　　）

6. 在计算项目的现金流入量时，以营业收入替代经营现金流入是由于假定年度内没有发生赊销。　　　　　　　　　　　　　　　　　　　　　　　　　　　　　　（　　　）

7. 经营成本的节约相当于本期现金流入的增加，所以在实务中将节约的经营成本列入现金流入量中。　　　　　　　　　　　　　　　　　　　　　　　　　　　　（　　　）

8. 经营期某年的净现金流量＝该年的经营净现金流量＋该年回收额。　　　（　　　）

9. 已知项目的获利指数为 1.2，则可以知道项目的净现值率为 2.2。　　　（　　　）

10. 内含报酬率是使项目的获利指数等于 1 的折现率。　　　　　　　　　（　　　）

四、计算分析题

1. 某工业项目需要原始投资 130 万元，其中固定资产投资 100 万元（全部为贷款，年利率 10%，贷款期限为 6 年），开办费投资 10 万元，流动资金投资 20 万元。建设期为 2 年，建设期资本化利息 20 万元。固定资产投资和开办费投资在建设期内均匀投入，流动资金于第 2 年年末投入。该项目寿命期 10 年，固定资产按直线法计提折旧，期满有 10 万元净残值；开办费自投产年份起分 5 年摊销完毕。预计投产后第一年获 10 万元利润，以后每年递增 5 万元；流动资金于终结点一次收回。

要求：

（1）计算项目的投资总额。

（2）计算项目计算期各年的净现金流量。

（3）计算项目的包括建设期的静态投资回收期。

2. 甲企业拟建造一项生产设备，预计建设期为 1 年，所需原始投资 100 万元于建设起点一次投入。该设备预计使用寿命为 4 年，使用期满报废清理时残值 5 万元。该设备折旧方法采用双倍余额递减法。该设备投产后每年增加净利润 30 万元。假定适用的行业基准折现率为 10%。

要求：

（1）计算项目计算期内各年的净现金流量。

（2）计算该项目的净现值、净现值率、获利指数。

（3）利用净现值指标评价该投资项目的财务可行性。

3. 某公司原有设备一台，账面折余价值为 11.561 万元，目前出售可获得收入 7.5 万元，预计可使用 10 年，已使用 5 年，预计净残值为 0.75 万元。现在该公司拟购买新设备替换原设备，建设期为零，新设备购置成本为 40 万元，使用年限为 5 年，预计净残值与使用旧设备的净残值一致，新、旧设备均采用直线法提折旧。该公司第 1 年销售额从 150 万元上升到 160 万元，经营成本从 110 万元上升到 112 万元；第 2 年起至第 5 年，销售额从 150 万元上升到 165 万元，经营成本从 110 万元上升到 115 万元。该企业的所得税率为 25%，资金成本为 10%。已知（P/A，11%，5）＝3.696，（P/A，12%，5）＝3.605

要求计算：

（1）更新改造增加的年折旧。

（2）更新改造增加的各年净利润（保留小数点后 3 位）。

（3）旧设备变价净损失的抵税金额。

（4）更新改造增加的各年净现金流量。

（5）利用内插法计算更新改造方案的差额内部收益率，并做出是否进行更新改造的决策（保留小数点后 3 位）。

五、案例分析

东大公司于 202×年 1 月 1 日购入设备一台，设备价款 1 500 万元，预计期末无残值，采用直线法按 3 年计提折旧（均符合税法规定）。该设备于购入当日投入使用。预计能使公司未来三年的销售收入分别增长 1 200 万元、2 000 万元和 1 500 万元，经营成本分别增加 400 万元、1 000 万元和 600 万元。购置设备所需资金通过发行债券方式予以筹措，债券面值总额为 1 400 万元，期限 3 年，票面年利率为 8％，每年年末付息，债券发行价格为 1 500 万元。该公司适用的所得税税率为 25％，要求的投资收益率为 10％。

要求：

（1）计算债券资金成本率。

（2）计算设备每年折旧额。

（3）预测公司未来三年增加的净利润。

（4）预测该公司项目各年经营净现金流量。

（5）计算该项目的净现值。

营运资金管理

职业能力目标

专业能力：

- 能计算企业最佳现金持有量
- 会设计制定企业内部现金管理制度
- 能计算信用标准和信用条件，并会选择和决策
- 会制定应收账款政策
- 能计算存货经济采购批量并在做种条件下应用
- 会控制存货储存期
- 会运用存货 ABC 方法

社会能力：

- 能与企业内部相关部门沟通营运资金管理的制度、原则和方法
- 会与政府部门沟通了解政策法规，具备政策法规的解读能力
- 能比较敏锐地判断经济社会环境和政策法规变化对营运资金管理的影响

方法能力：

- 会运用数理统计等方法加工整理选取资料
- 能系统清晰又重点突出地撰写营运资金管理分析报告

新世纪电脑公司是 2012 年成立的，由起初的十几万资金发展到 2020 年初拥有上 2 亿元资产的公司。但该公司过去为了扩大销售，占领市场，一直采用比较宽松的信用政策，客户拖欠的款项数额越来越大，时间越来越长，严重影响了资金的周转循环，公司不得不依靠追加负债筹集资金。最近，主要贷款人开始不同意进一步扩大债务，所以公司经理非常忧虑。从这里我们可以看出新世纪电脑公司在哪一块的管理上出现了问题？如果你是公司的财务经理该怎么办？

营运资金管理是企业财务管理的重要组成部分。本单元主要介绍营运资金管理的概念、现金管理、应收账款管理和存货管理，要求理解营运资产的概念、特点和管理要求，熟悉现金、应收账款和存货的日常管理，掌握最佳现金持有量计算、信用政策决策和存货批量控制。

任务一　营运资金认知

一、营运资金的含义

营运资金，是指一个企业维持日常经营所需要的资金，通常指流动资产减去流动负债后的差额。使用这一概念，是因为在企业的流动资产中，来源于流动负债的部分由于面临偿债的问题，无法供企业在较长期限内自由运用。只有扣除短期负债后的剩余流动资产，即营运资金，才能供企业自由使用。

营运资金是流动资产的一个有机组成部分，因其具有较强的流动性而成为企业日常生产经营活动的润滑剂和衡量企业短期偿债能力的重要指标。在企业现金流入量与流出量不同步的现实情况下，企业持有一定数量的营运资金十分重要。

二、营运资金的特点

营运资金的特点体现在流动资产和流动负债的特点上。

（一）流动资产的特点

流动资产投资，又称经营性投资，与固定资产投资相比，有如下特点：

（1）投资回收期短。投资于流动资产的资金一般在一年或一个营业周期内收回，对企业影响的时间比较短。

（2）流动性强。流动资产相对固定资产等长期资产来说比较容易变现，这对于财务上满足临时性资金需求具有重要意义。

（3）具有并存性。流动资产在循环周转过程中，各种不同形态的流动资产在空间上同时并存，在时间上依次继起。因此，合理地配置流动资产各项目的比例，是保证流动资产得以顺利周转的必要条件。

（4）具有波动性。流动资产易受到企业内外环境的影响，其资金占用量的波动往往很大，财务人员应有效地预测和控制这种波动，以防止其影响企业正常的生产经营活动。

（二）流动负债的特点

与长期负载筹资相比，流动负债筹资具有如下特点：

（1）速度快。申请短期借款往往比申请长期借款更容易、更便捷，通常在较短时间内便可获得。

（2）弹性大。与长期债务相比，短期贷款给债务人更大的灵活性。

（3）成本低。在正常情况下，短期负债筹资所发生的利息指出低于长期负债筹资的利息支出。

（3）风险大。尽管短期债务的成本低于长期债务，但其风险却高于长期债务。

（三）流动资产管理的要求

流动资产减去流动负债就是企业的营运资本（净营运资本、营运资金或循环资本）。营运资本持有量的高低，影响着企业的收益和风险。因此，科学地安排流动资金投资，加强流动资产的管理，可以使企业合理地使用资金，降低企业的财务风险，增加企业收益。其管理要求如下：

（1）保证生产经营需要和合理节约使用资金相结合。

（2）资金管理和资产管理相结合。

（3）资金使用和物资运动相结合。

任务二　现金管理

现金是指在生产过程中暂停留在货币形态的资金，包括库存现金、银行存款、银行本票和银行汇票等。现金的首要特点是普遍的可接受性，即可以有效地立即用来购买商品、货物、劳务或偿还债务。因此，现金是企业中流动性最强的资产。

有价证券是企业现金的一种转换形式。有价证券变现能力强，可以随时兑换成现金。企业有多余现金时，常将现金兑换成有价证券；现金流出量大于流入量，需要补充现金时，再出让有价证券换回现金。在这种情况下，有价证券就成了现金的替代品，获取收益是持有有价证券的原因。这里讨论有价证券是将其视为现金的替代品，是"现金"的一部分。

一、现金的持有动机和管理目标

企业持有一定数量的现金主要是基于以下三个方面的动机。

（一）交易动机

交易动机是指企业在日常生产经营活动中，为了满足经常性支付需要而持有现金的动机，如用于购买固定资产和原材料、支付工资、交纳税款等。企业每天的现金收入和现金支出很少同步发生，保留一定的现金余额可使企业在现金支出大于现金收入时，不致中断生产经营活动。一般来说，企业为满足交易动机所持有的现金余额主要取决于企业的销售水平。企业销售扩大，销售额增加，所需现金余额也随之增加。

（二）预防动机

预防动机是指为了应付意外需求而持有一定数量现金的动机。由于市场瞬息万变，企业通常难以对未来现金流入量和流出量做出准确的估计和预期。因此，在正常业务活动现金需要量的基础上，企业有必要追加一定数量的现金余额以应付未来的意外需求。一般来说，自然灾害、生产事故、主要顾客未能及时付款等，都会打破企业的现金收支计划，使现金收支失衡，持有较多的现金，便可以更好地应付这些意外事件对现金的需要。企业未来现金流量的不确定性越大，预防性现金的数额也就应越大；反之，企业现金流量的可预测性强，预防性现金数额则可小些。此外，预防性现金数额还与企业的借款能力有关，如果企业能够很容易地随时借到短期资金，也可以减少预防性现金的数额；若非如此，则应扩大预防性现金额。

（三）投机动机

投机动机，即企业为了抓住各种瞬息即逝的市场机会，获取较大的利益而准备的现金余额。比如遇有廉价原材料或其他资产供应的机会，便可用手头现金大量购入；再比如在适当时机购入价格有利的股票和其他有价证券，等等。当然，除了金融和投资公司外，一般地讲，其他企业专为投机需要而特殊置存现金的不多，遇到不寻常的购买机会，也常设法筹集资金。出于投机动机而持有现金余额的多少往往与企业在金融市场的投资机会及企业对待风险的态度有关。

现金是流动性最强的流动资产，而盈利能力则较差。现金管理的目标就是在现金的流动性和收益性之间进行权衡选择的过程，即在保证企业生产经营所需现金的情况下，尽量降低现金的持有成本。

二、现金的成本

企业持有现金的成本通常包括以下三部分。

（一）持有成本

现金的持有成本是指企业因持有现金而放弃的再投资收益和相应增加的管理费用。持有现金的管理费用是指企业为了对所持有的现金进行管理而发生的费用，主要包括管理人员的工资及必要的安全设施费用等。这部分费用具有固定成本的性质，在一定范围内，它与现金持有量的多少没有密切关系，属于决策的无关成本。

现金的再投资收益一般是指将现金投资于有价证券所能获得的收益，是持有现金的机会成本。例如，某企业持有现金100万元，若投资于证券，可以获得10％的收益率，即现金的再投资收益为10万元。值得注意的是，放弃的再投资收益即机会成本属于变动成本，它与现金的持有量存在正比例关系，即现金持有量越大，机会成本就越高，反之则越小。

（二）转换成本

转换成本是指企业用现金购入有价证券以及转让有价证券换取现金时所付出的交易费用，即现金同有价证券之间相互转换的成本，主要包括委托买卖佣金、印花税、委托手续费、证券过户费等。严格地讲，转换成本并不都是固定费用，有的具有变动成本的性质，如委托买卖佣金和印花税。这些费用通常是按照委托成交金额计算的。因此，在证券总额既定的条件下，无论变动次数是多少，所需支付的委托成交费用是相同的。因此，那些依据委托成交金额计算的转换成本与证券转换次数关系不大，属于决策的无关成本。这样，与证券变动次数密切相关的转换成本便只包括其中的固定性交易费用，如委托手续费。在现金需要量既定的前提下，每次现金持有量即有价证券变现额的多少，必然会对有价证券的变现次数产生影响，即现金持有量越少，进行证券变现的次数就越多，相应的转换成本就越大；反之，现金持有量越多，证券变现的次数就越少，需要的转换成本就越小。

（三）短缺成本

现金的短缺成本是指在现金持有量不足而又无法及时通过有价证券变现加以补充而给企业造成的各种损失，包括直接损失和间接损失。直接损失是由于现金的短缺而企业的生产经营与投资受到影响而造成的损失，例如，由于现金短缺而无法购进急需的原材料，使得企业的生产经营中断而给企业造成的损失。间接损失是指由于现金的短缺而给企业带来的无形损失，例如，由于现金短缺而不能按期支付货款或不能按期归还贷款，从而给企业的信用和形象造成的损害。现金的短缺成本随现金持有量的增加而下降，随着现金持有量的减少而上升，即与现金持有量呈反方向变动关系。

三、最佳现金持有量的确定

现金是企业日常经营主要的支付手段，又是一种非盈利性的资产。现金持有不足，可能会影响企业正常的生产经营活动；现金持有过多，则会降低企业的盈利水平。因此，企业确定最佳现金持有量具有重要的意义。确定最佳现金持有量的方法主要有成本分析模式、现金周转模式和存货模式。

（一）成本分析模式

成本分析模式是根据现金有关成本，分析预测其总成本最低时现金持有量的一种方法。运用成本分析模式确定现金最佳持有量，只考虑因持有一定数量的现金而产生的机会成本和短缺成本，而不考虑管理成本和转换成本。机会成本与现金持有量成正比例变动关系，短缺成本与现金持有量呈反向变动关系。所以，成本分析模式是通过找到机会成本和短缺成本所构成的总成本曲线中最低的点所对应的现金持有量，作为最佳现金持有量。以上关系可用图 6-1 表示如下：

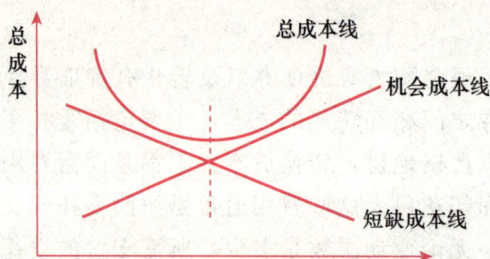

图 6-1 成本分析模式图

从图 6-1 中可以看出，总成本线呈抛物线型，抛物线的最低点即为总成本的最低点，其所对应的现金持有量便是最佳现金持有量。

【例 6-1】某企业有四种现金持有方案，其相应的成本资料如表 6-1 所示：

表 6-1 现金持有量及相关成本表

项目	A	B	C	D
现金持有量（元）	10 000	20 000	30 000	40 000
机会成本率（%）	10	10	10	10
短缺成本（元）	6 000	4 000	2 000	1 200

根据表 6-1，可编制最佳现金持有量测算表，如表 6-2。

表 6-2 最佳现金持有量测算表　　　　　　　　　　　　单位：元

方案	机会成本	短缺成本	总成本
A（10 000）	1 000	6 000	9 000
B（20 000）	2 000	4 000	6 000
C（30 000）	3 000	2 000	5 000
D（40 000）	4 000	1 200	5 200

比较表 6-2 中各方案的总成本可知，C 方案最佳，即该企业的最佳现金持有量为30 000元。

（二）现金周转模式

现金周转模式是从现金周转的角度出发，根据现金的周转速度来确定最佳现金持有量的一种方法。现金的周转速度一般以现金周转期或现金周转率来衡量。所谓现金周转期是指从用现金购买原材料开始，到销售产品并最终收回现金的整个过程所花费的时间，涉及存货周转期、应收账款周转期和应付账款周转期三个时期。其中：

（1）存货周转期，是指将原材料转化为产成品并出售所需要的时间。

（2）应收账款周转期，是指将应收账款转化为现金所需要的时间。

（3）应付账款周转期，是指从收到尚未付款的原材料到以现金支付货款所需要的时间。

现金周转模式的计算最佳现金持有量的步骤如下：

现金周转期＝存货周转期＋应收账款周转期－应付账款周转期

现金周转率（次数）＝360（天）÷现金周转期

计算最佳现金持有量＝全年现金需要量÷现金周转率

【例 6 - 2】某企业预计全年需用现金 2 400 万元，其预计的存货周转期为 100 天，应收账款周转期为 60 天，应付账款周转期为 70 天，试计算该企业的最佳现金持有量。

解：根据资料：现金周转期＝100＋60－70＝90（天）

现金周转率＝360÷90＝4（次）

最佳现金持有量＝2 400÷4＝600（万元）

现金周转模式简单明了，易于计算。但这种方法假设材料采购与产品销售产生的现金流量在数量上一致，企业的生产经营过程在一年中持续稳定地进行，即现金需要和现金供应不存在不确定因素。如果以上条件不存在，则求得的最佳现金持有量将发生偏差。

（三）存货模式

从上面的分析中我们已经知道，企业平时持有较多的现金；会降低现金的短缺成本，但也会增加现金占用的机会成本；而平时持有较少的现金，则会增加现金的短缺成本，却能减少现金占用的机会成本。如果企业平时只持有较少的现金，在有现金需要时（如手头的现金用尽），通过出售有价证券换回现金（或从银行借入现金），便能既满足现金的需要，避免短缺成本，又能减少机会成本。因此，适当的现金与有价证券之间的转换，是企业提高资金使用效率的有效途径。但是，如果每次任意地进行有价证券与现金的转换，还是会加大企业的成本，因此如何确定有价证券与现金的每次转换量，是一个需要研究的问题。这可以应用现金持有量的存货模式解决。

现金持有量的存货模式又称鲍曼模型，是威廉·鲍曼提出的用以确定目标现金持有量的模型。在利用存货模式确定最佳现金持有量时，对短缺成本不予考虑，只对机会成本和固定性转换成本予以考虑。机会成本和固定性转换成本随着现金持有量的变动呈现出相反的变动趋势，所以能够使现金管理的机会成本和转换成本之和最低的现金持有量，即为最佳现金持有量。

在存货模式中，假设收入是每隔一段时间发生的，而支出是在一定时期内均匀发生的。在此期间，企业可通过销售有价证券获得现金。在图 6 - 2 中，确定公司的现金支出需要在某一时间（如 1 个月）内是稳定的。公司原有 N 元现金，当此笔现金 t_1 时用掉后，出售 N 元有价证券补充现金；随后这笔现金到 t_2 时又用掉后，再出售 N 元有价证券补现金。如此不断重复。

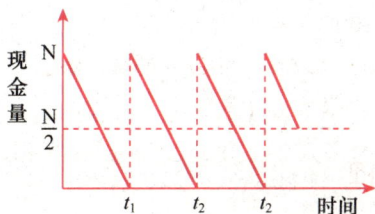

图 6 - 2　一段时间的现金持有情况

该模式的目的是要求出使总成本最小的现金持有量 N。此时，总成本应该包括机会成本、管理成本、短缺成本和交易成本。交易成本是现金与有价证券的转换成本，有经纪人费用、印花税及其他管理成本等。交易成本与交易次数同方向变化，与现金持有量反方向变化，其性质与短缺成本相同。在现金成本构成图上，可以将交易成本与短缺成本合并为同一条曲线，并不再考虑大体固定不变的管理成本。因此，运用存货模式时只考虑机会成本和交易成本。

设 T 为一个周期内现金总需求量，F 为转换成本，Q 为最佳现金持有量，K 为有价证券的利息率（机会成本），TC 为现金管理的相关总成本。则

现金管理相关总成本＝机会成本＋转换成本

即：$TC＝Q/2×K＋T/Q×F$

现金管理相关总成本与机会成本及转换成本的关系可用图6-3表示如下：

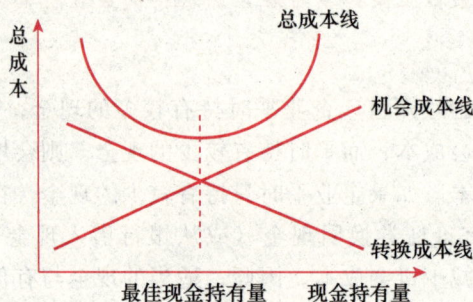

图 6-3　存货模式图

从图6-3中可以看出，现金的机会成本和转换成本是两条随现金持有量呈不同方向发展的曲线，两条曲线交叉点即持有现金的机会成本与证券变现的转换成本相等时，现金的相关总成本最低，此时的现金持有量即为最佳现金持有量。

即　$Q＝\sqrt{2TF/K}$

$TC＝\sqrt{2TFK}$

【例6-3】东方公司现金收支状况比较稳定，预计全年需要现金400万元，现金与有价证券的转换成本为每次400元，有价证券的年利率为8％。则

最佳现金持有量 $Q＝\sqrt{2×4\,000\,000×400÷8\%}$

$＝200\,000$（元）

现金管理相关总成本$＝\sqrt{2×4\,000\,000×400×8\%}$

$＝16\,000$（元）

其中：转换成本$＝4000\,000/20\,000×400＝8000$（元）

机会成本$＝20\,000/2×8\%＝8\,000$（元）

四、现金的日常管理

现金日常管理的目的在于加速现金周转速度，提高现金的使用效率。提高现金的使用

效率主要有两个途径：尽量加速收款；严格控制现金支出，同时要尽量实现流量同步，才能达到这一目的。

（一）加速收款

加速收款主要是尽可能缩短从客户汇款或开出支票到企业收到客户汇款或将支票兑现的过程，常用方法有以下几种：

1. 邮政信箱法

此方法又称为"锁箱法"，指企业可在各主要城市租用专用的邮政信箱，并开立分行存款户，授权当地银行每日开启信箱，在取得客户票据后立即予以结算，并通过电汇再将货款拨给企业所在地银行。该方法缩短了支票邮寄及在企业的停留时间，但成本较高。

2. 银行业务集中法

这是指企业不仅在其总部所在地设立收款中心，同时还根据客户地理位置的分布情况以及收款额大小，设立多个收款中心。企业销售商品时，由各地分设的收款中心开出账单，当地客户收到销售企业的账单后，直接汇款或邮寄支票给当地的收款中心，中心收款后，立即存入当地银行或委托银行办理支票兑现；当地银行在进行票据交换处理后立即转给企业总部所在地银行。这种分方法缩短了账单和支票的往返邮寄和支票兑现所需的时间，但银行要求开设的账户应保持一定的存款余额，企业设立的收款中心越多，这部分"冻结资金"的机会成本越大。

此外，还有电汇、大额款项专人处理、企业内部往来多边结算、集中轧抵、减少不必要的账户等方法。

（二）延期支付

1. 使用现金浮游量

现金浮游量（又称净浮游量，net float）是指企业账户上的现金余额大于银行账户上所显示的现金余额的差额，这主要是因为在途支票未被支取。若能准确估计在途资金，就能减少银行账户的余额，从而进行更有效的投资。

2. 推迟支付应付款

在不影响信誉的情况下，尽可能推迟付款的时间。

3. 采用汇票付款

汇票付款主要指商业承兑汇票，在持票人将其提交给银行后，银行要将汇票送交付款人承兑，并将相当于汇票金额的资金存入银行，银行才会付款给持票人。这样就可以合法地延期付款。

（三）闲置现金的投资

现金管理的目的首先是保证交易及预防性的现金需求，其次才是使其获得最大的收益。这两个目的就要求企业把闲置的现金投入到流动性高、风险低、交易期限短的金融工具上。以美国为例，在货币市场上，主要的金融工具有国库券、商业汇票、银行承兑汇票、可转让大额存单、回购协议、期货期权及其衍生工具等。

（1）国库券。美国国债在货币市场中占据了最大的份额。短期国库券（treasury bills）每周拍卖到期日为 91 或 182 天，每月拍卖到期日为 9 或 12 个月；以贴现形式发行，售价与面值之间的差额为投资者的利息收入；利息收入通常可以免税；国库券流通性好，二级市场上交易成本很低，收益率也是最低。中期国库券（treasury bonds）到期日为 1 年到 10 年；长期国库券（treasury notes）到期日为 10 年以上。中长期国库券是带息票发行，其到期日小于 1 年时，就可以满足短期投资者的需求。

（2）商业票据（commercial paper）。商业票据是信誉较好的金融公司和工业公司发行的短期无担保本票；到期日为 1 个月到 1 年，期限超过 270 天的较少；可以直接出售给投资者也可以售予交易商。大型金融公司通常采取直接出售方式，小型金融公司和工业公司一般采取通过交易商发行。商业票据利率比同期国库券利率要高一些，大约与银行承兑汇票利率相当。直接销售的票据比通过交易商销售的利率低一些。通常票据以折扣形式发行，大多数票据都被持有到期，因为基本不存在二级市场。

（3）银行承兑汇票（bankers acceptances，BAS），是由商业银行承兑的汇票，到期日一般不超过 6 个月。其信用视承兑银行而不是开票人而定。其利率通常比同期国库券利率略高。

（4）可转让大额存单（negotiable certificate of deposit，CDS），始于 1961 年，是由普通的银行存单发展而来的。银行接受客户的定期存款，向客户提供存单为凭证，存单持有人凭以收取利息，并在到期时收回本金。存单在到期日前可以在二级市场转让。由于二级市场不是很发达，其流动性低于国库券；收益与商业汇票和银行承兑汇票相当。存单的违约风险就是银行倒闭的风险。

（5）回购协议（repurchase agreements，RPs. repo），是银行或经纪人向投资者出售某种短期证券时，同意在特定时期内以特定价格购回这种证券。投资人买卖证券的价格差异代表其利息收入。回购协议使投资人在非常短的期限内获得利息，而西方银行对 30 天以内的存款是不付息的。由于有银行重新购买的承诺，且出售价格已经确定，因此这种协议的流动性高、风险小。

任务三　应收账款管理

这里所说的应收账款是指因对外销售产品、材料、供应劳务及其他原因，应向购货单位或接受劳务的单位及其他单位收取的款项，包括应收销售款、其他应收款、应收票据等。应收账款是企业向外提供商业信用的结果，其数额的多少主要受到经济状况、产品市场竞争状况、企业的信用政策和应收账款的日常管理水平等因素的影响。财务部门管理应收账款，主要是通过制定信用政策和加强应收账款的日常管理来实现的。

一、应收账款管理的目标

发生应收账款的原因，主要有以下两种：

第一，商业竞争。这是发生应收账款的主要原因。在社会主义市场经济的条件下，存在着激烈的商业竞争。竞争机制的作用迫使企业以各种手段扩大销售，除了依靠产品质量、价格、售后服务、广告等外，赊销也是扩大销售的手段之一。对于同等的产品价格、类似的质量水平、一样的售后服务，实行赊销的产品或商品的销售额将大于现金销售的产品或商品的销售额。这是因为顾客将从赊销中得到好处。出于扩大销售的竞争需要，企业不得不以赊销或其他优惠方式招揽顾客，于是就产生了应收账款。由竞争引起的应收账款，是一种商业信用。

第二，销售和收款的时间差距。商品成交的时间和收到货款的时间经常不一致，这也导致了应收账款。当然，现实生活中现金销售是很普遍的，特别是零售企业更常见。不过就一般批发和大量生产企业来讲，发货的时间和收到货款的时间往往不同。这是因为货款结算需要时间的缘故。结算手段越是落后，结算所需时间就越长，销售企业只能承认这种现实并承担由此引起的资金垫支。由于销售和收款的时间差而造成的应收账款，不属予商业信用，也不是应收账款的主要内容，不再对它进行深入讨论，而只论述属于商业信用的应收账款的管理。

既然企业发生应收账款的主要原因是扩大销售，增强竞争力，那么其管理的目标就是求得利润。应收账款是企业的一项资金投放，是为了扩大销售和盈利而进行的投资。而投资肯定要发生成本，这就需要在应收账款信用政策所增加的盈利和这种政策的成本之间做出权衡。只有当应收账款所增加的盈利超过所增加的成本时，才应当实施应收账款赊销；如果应收账款赊销有着良好的盈利前景，就应当放宽信用条件增加赊销量。

二、应收账款的功能与成本

（一）应收账款的功能

1. 促进销售

企业销售产品时可以采取两种基本的方式：现销和赊销。显然，现销对本企业有利，赊销对客户有利。在竞争激烈的市场经济条件下，促销已经成为企业的一个重要工作内容。企业促销的手段多种多样，其中赊销的促销作用是十分明显的。特别是在企业销售新产品，开拓新市场时，赊销就更加具有重要的意义。在企业与企业之间进行的销售活动，销售方给购买方提供商业信用已经成为一种惯例。

2. 减少存货

由于赊销具有促销功能，可以加速产品的销售。从而降低了存货中产成品数额。这有利于缩短产成品的库存时间，降低产成品存货的管理费用、仓储费用和保险费用等各方面的支出。因此，无论是季节性企业还是非季节性企业，当产成品较多时，一般应采用较优惠的信用条件进行赊销，减少产成品存货，节约贮存存货的各项支出。

（二）应收账款的成本

企业持有应收账款，也要付出一定的代价，增加相关成本，应收账款的成本有以下几种。

1. 机会成本

应收账款的机会成本是指将资金投资于应收账款而不能进行其他投资所丧失的投资收益。这一成本的大小通常与企业维持赊销业务所需要的资金数量、资金成本率有关。其计算公式为：

$$应收账款的机会成本＝维持赊销业务所需要的资金×资金成本率$$

其中，资金成本率一般可按有价证券收益率计算，维持赊销业务所需用的资金可按下列步骤计算：

（1）计算应收账款周转率：

$$应收账款周转率＝日历天数（360）÷应收账款周转期$$

（2）计算应收账款平均余额：

$$应收账款平均余额＝赊销收入净额÷应收账款周转率$$

（3）计算维持赊销业务所需要的资金。

$$维持赊销所需要资金＝应收账款平均余额×（变动成本÷销售收入）$$
$$＝应收账款平均余额×变动成本率$$

上式假设企业的成本水平保持不变（即单位变动成本不变，固定成本总额不变），因此随着赊销业务的扩大，只有变动成本随之上升，所以应收账款的投资额仅指购销收入总额中的变动成本部分。

【例6－4】假设某企业预测的年度赊销额为 3 000 000 元，应收账款平均收账天数为 60 天，变动成本率为 60％，资金成本率为 10％，则应收账款机会成本可计算如下：

$$应收账款平均余额＝3 000 000÷360×60＝500 000（元）$$
$$维持赊销业务所需要的资金＝500 000×60％＝300 000（元）$$
$$应收账款机会成本＝300 000×10％＝30 000（元）$$

可见，随着赊销业务的扩大，赊销收入增加，维持赊销业务所需的资金就越多，而应收账款的周转率越高，维持赊销业务所需的资金就越小。所以，提高应收账款的周转率是减少应收账款机会成本的有效方法。

2. 管理成本

应收账款的管理成本是指企业对应收账款进行管理而耗费的开支，是应收账款成本的组成部分。其主要包括：对顾客信用情况调查的费用、收集信息的费用、催收账款的费用、账簿的记录费用等。

3. 坏账成本

坏账成本是指由于某种原因导致应收账款不能收回而给企业造成的损失，坏账成本一般与应收账款数量成正比。按照会计制度的规定，企业应该根据应收账款余额的一定比例提取坏账准备。发生坏账对企业是非常不利的，应该尽量防范其发生。

三、信用政策的制定

信用政策又称为应收账款政策，是企业财务政策的重要组成部分。制定合理的信用政策是加强应收账款管理，提高应收账款投资效益的重要前提。信用政策一般由信用标准、信用条件和收账政策这三部分组成。

（一）信用标准

信用标准是企业同意向客户提供商业信用而要求对方必须具备的最低条件，一般以坏账损失率表示。企业信用标准越高，企业的坏账损失就越少，同时，应收账款的机会成本和管理成本也会越少。但是过高的信用标准，不利于企业扩大销售，这样就有可能影响企业产品的市场竞争能力；反之，如果企业的信用标准过低，虽然有利于企业扩大销售，提高产品的市场竞争力和占有率，但会相应增加坏账损失和应收账款的机会成本与管理成本。

企业在制定信用标准时，往往首先评估他赖账的可能性，判断客户的信用状况，并决定是否给该客户提供商业信用。这可以通过"5C"系统来进行。所谓"5C"系统，是评估客户信用品质的五个方面，即品质（Character）、能力（Capacity）、资本（Capital）、抵押（Collateral）、条件（Conditions）。

（1）品质（Character）。品质是指客户的信誉，即履行偿债偿义务的可能性。企业必须设法了解顾客过去的付款记录，看其是否有按期如数付款的一贯做法，及与其他供货企业的关系是否良好。这一点经常被视为评价顾客信用的首要因素。

（2）能力（Capacity）。指客户支付货款的能力。客户支付货款的能力取决于其资产特别是流动资产的数量、质量、流动比率以及现金的持有水平等因素。一般来说，企业的流动资产数量越多，质量越好，流动比率越高，持有现金越多，则其支付应付账款的能力就越强，反之就越弱。

（3）资本（Capital）。资本是指客户的财务实力和财务状况，表明客户可能偿还债务的背景。

（4）抵押（Collateral）。指客户拒付款项或无力支付款项时能被用作抵押的资产。这对于不知底细或信用状况有争议的顾客尤为重要。一旦收不到这些顾客的款项便以抵押品抵补。如果这些顾客提供足够的抵押，就可以考虑向他们提供相应的信用。

（5）条件（Condition）。条件指可能影响顾客付款能力的经济环境。比如，万一出现经济不景气。会对顾客的付款产生什么影响，顾客会如何做，等等。这需要了解顾客在过去困难时期的付款历史。

上述各种信息资料主要通过下列渠道取得：

（1）商业代理机构或资信调查机构所提供的客户信息资料及信用等级标准资料。

（2）委托往来银行信用部门向与客户有关联业务的银行索取信用资料。

（3）与同一客户有信用关系的其他企业相互交换该客户的信用资料。

（4）客户的财务报告资料。

（5）企业自己总结的经验与其他可取得的相关资料等。

（二）信用条件

信用标准是企业评价客户等级，决定给予或拒绝客户信用的依据。一旦企业决定给予客户信用优惠时，就需要考虑具体的信用条件。所谓信用条件是指企业向对方提供商业信用时要求其支付赊销款项的条件，其具体内容由信用期限、折扣期限和现金折扣三部分构成。信用条件的一般形式如"2/10，$n/30$"，表示若客户在 10 天内付款，可以享受 2% 的现金折扣；如果客户不享受现金折扣，则全部款项必须在 30 天内付清。这就是说上述信用条件的信用期限为 30 天，折扣期限为 10 天，现金折扣率为 2%。

1. 信用期限

信用期限是企业允许客户从购货到付清货款的最长时间。一般来说，信用期限越长，对客户的吸引力就会越大，因而可以在一定程度上扩大产品的销售量，增加毛利。但是应该注意到，过长的信用期限会给企业带来不良后果：一是会使应收账款的平均收账期限延长，占用在应收账款上的资金也就会增加，引起应收账款机会成本增加；二是会增加企业的坏账损失和收账费用。因此，企业在信用期限决策时，应该视延长信用期限增加的边际收入是否大于增加的边际成本而定。

【例6-5】 四方预测的202×年度赊销额为2 400万元，其信用条件为：$n/30$，变动成本率为65%，资金成本率为20%。假设企业收账政策不变，固定成本总额不变，该企业提出了三个信用条件的备选方案：A. 维持$n/30$的信用条件；B. 将信用条件放宽到$n/60$；C. 将信用条件放宽到$n/90$。各备选方案估计的赊销水平、坏账损失率和收账费用等有关数据如表6-3：

表6-3　信用条件备选方案表　　　　　单位：万元

项目	A（$n/30$）	B（$n/60$）	C（$n/90$）
年赊销额	2 400	2 640	2 800
应收账款平均收账天数	30	60	90
应收账款平均余额	2 400÷360×30＝200	2 640÷360×60＝440	2 800÷360×90＝700
维持赊销业务所需资金	200×65%＝130	440×65%＝286	700×65%＝455
坏账损失率	2%	3%	5%
坏账损失	2 400×2%＝48	2 640×3%＝79.2	2 800×5%＝140
收账费用	24	40	56

解：根据以上资料，可计算如下指标，见表6-4：

表6-4　　信用条件分析评价表　　　　　单位：万元

项目	A（$n/30$）	B（$n/60$）	C（$n/90$）
年赊销额	2 400	2 640	2 800
变动成本	1 560	1 716	1 820
信用成本前收益	840	924	980
信用成本：			
应收账款机会成本	130×20%＝26	286×20%＝57.2	455×20%＝91
坏账损失	48	79.2	140
收账费用	24	40	56
小计	98	176.4	287
信用成本后收益	742	747.6	693

从表6-4中可知中：三个方案中，B方案最优，信用成本后收益最大。

2. 现金折扣和折扣期限

延长信用期限会增加应收账款战占用的时间和金额。许多企业为了加速资金周转，及时收回货款，减少坏账损失，往往在延长信用期限的同时，采用一定的优惠措施。企业给客户提供一个折扣期限，客户在折扣期限内付款，则企业可以按销售收入的一定比率给予其现金折扣。企业应当核定多长的现金折扣期限，以及给予客户多大程度的现金折扣优惠，必须看提供现金折扣后所得的收益是否大于现金折扣的成本。

【例6-6】 接【例6-5】，如果企业选择了B方案，但为了加速应收账款的回收，决定将信用条件改为：2/10，1/20，n/60（即D方案），估计约有60％的客户（按赊销额计算）会利用2％的折扣，15％的客户将利用1％的折扣。坏账损失率降为2％，收账费用为30万元。评价企业是否应该改变信用条件。

解：应收账款平均收账天数＝60％×10＋15％×20＋（1－60％－15％）×60＝24（天）

应收账款平均余额＝2 640÷360×24＝176（万元）

维持赊销业务所需的资金＝176×65％＝114.4（万元）

应收账款机会成本＝114.4×20％＝22.88（万元）

坏账损失＝2 640×2％＝52.8（万元）

现金折扣＝2 640×（2％×60％＋1％×15％）＝35.64（万元）

表6-5　信用条件分析评价表　　　　　　　　　　单位：万元

项目	B（n/60）	D（2/10，1/20，n/60）
年赊销额	2 640	2 640
减：现金折扣	——	35.64
年赊销净额	2 640	2604.36
变动成本	1 716	1 716
信用成本前收益	924	888.36
减：信用成本：		
应收账款机会成本	286×20％＝57.2	22.88
坏账损失	79.2	52.8
收账费用	40	30
小计	176.4	105.68
信用成本后收益	747.6	782.68

计算结果表明，实行现金折扣以后，企业的收益增加35.08万元（782.68－747.6），因此，企业最终应选择D（2/10，1/20，n/60）方案作为最佳方案。

（三）收账政策

收账政策是指客户超过信用期限而仍未付款时，企业采取的收账策略与措施。企业对各种不同时期的应收账款采取的措施不一样，对过期较短的顾客，不可过多地打扰，以免将来失去这一市场；对过期稍长的顾客，可措辞婉转地写信催款；对过期较长的顾客，频繁的信件催款并电话催询；对过期很长的顾客，可在催款时措辞严厉，必要时提请有关部门仲裁或提起诉讼，等等。企业如果采取积极的收账政策，就会减少应收账款的坏账损失，但会增加收账费用；反之，如果采取消极的收账政策，虽然可以减少收账费用，却会增加坏账损失。因此，制定收账政策，就要在收账费用和所减少坏账损失之间做出权衡。

【例6-7】星海公司不同收账政策条件下的有关资料如表6-6所示：

表6-6　收账政策资料表

项目	现行收账政策	建议收账政策
年收账费用（元）	100 000	200 000
应收账款平均收现期（天）	45	30
坏账损失率（%）	4	3

该企业202×年销售额为12 000 000元（全部赊销），不考虑收账政策对销售收入的影响，应收账款的机会成本为10%，变动成本率为60%，要求确定该企业是否应采用建议的收账政策。

解：根据以上资料可列表计算如下（见表6-7）：

表6-7　收账政策计算表

项目	现行收账政策	建议收账政策
年销售收入（元）	12 000 000	12 000 000
应收账款周转次数（次）	8	12
应收账款平均占用额（元）	1 500 000	1 000 000
应收账款的机会成本（元）	90 000	60 000
应收账款的坏账损失（元）	480 000	360 000
收账费用（元）	100 000	200 000
费用与成本合计（元）	670 000	620 000

可见，建议的收账政策的成本与费用合计低于当前的收账政策的成本与费用合计，所以，应采用建议的收账政策。

四、应收账款的日常管理

对于大多数企业来说，应收账款的存在很正常，有些企业应收账款的余额还比较大。应收账款是企业对外提供商业信用的结果，其中往往蕴涵着巨大的风险，因此，对企业应收账款必须加强日常管理，采用有力的措施进行分析、控制，及时发现问题和解决问题。这些措施主要包括应收账款的追踪分析、账龄分析、收现率分析。

（一）应收账款追踪分析

一般来说，客户赊销产品后能否按期偿还货款，主要取决于以下三个因素：其一，客户的信用品质；其二，客户的财务状况；其三，客户是否可以实现该产品的价值转换或增值。其中，客户信用品质和财务状况是企业在赊销之前就必须注意分析的问题。在赊销之后，仍然应进行追踪分析，因为这两个因素是有可能随时发生变化的。当发现客户的这两个因素有发生变化的可能性时，企业应采取果断的措施，尽快地收回应收账款，哪怕是只能暂时收回部分应收账款，并且应该对客户的信用记录进行相应的调整。第三个因素对客户能否及时支付应收账款也具有重大的影响。如果客户可以实现该产品的价值转换，尤其是可以实现该产品的价值增值，那么客户就会愿意及时付款。原因是一方面他此时有付款的能力，另一方面是由于他希望建立良好的信誉，为以后的交易打下基础。当然，企业不可能也没有必要对全部的应收账款都进行追踪分析。企业应该将主要精力集中在那些交易金额大、交易次数频繁或信用品质有疑问的客户身上。

（二）应收账款账龄分析

应收账款的账龄是指未收回的应收账款从产生到目前的整个时间。企业已发生的应收账款的账龄有长有短，有的在信用期内，有的已逾期。我们进行应收账款的账龄分析的重点是已逾期拖欠的应收账款。应收账款账龄分析，即应收账款账龄结构分析。所谓应收账款的账龄结构，是指各类不同账龄的应收账款余额占应收账款总体余额的百分比。在应收账款的账龄结构中，可以清楚地看出企业应收账款的分布和被拖欠情况，以便于企业加强对应收账款的管理。

一般来说，应收账款被拖欠的时间越长，催收的难度就越大，成为坏账的可能性也就越高。所以，将应收账款按账龄分类，密切关注应收账款的回收情况是加强应收账款日常管理的重要环节。

【例6-8】东方公司应收账款账龄结构如表6-8所示：

表6-8　应收账款账龄结构表

应收账款账龄	金额（万元）	比重（%）
信用期内	600	60
逾期半年内	200	20
逾期半年至一年	100	10
逾期一年至两年	50	5
逾期两年至三年	40	4
逾期三年以上	10	1
应收账款总计	1 000	100

表6-8表明，从总体上看，该企业逾期的应收账款为400万元，占40%，比重较大，所以应引起财务管理人员的高度重视。

对企业应收账款的账龄结构确定以后，如果发现逾期的应收账款比重较大，首先应分析产生这种情况的原因。如果属于企业信用政策的问题，应立即进行信用政策的调整；其次，应具体分析拖欠客户的情况，搞清这些客户发生拖欠的原因是什么，拖欠的时间有多长，拖欠的金额有多少；最后，针对不同的情况采取不同的收账方法，制定出经济可行的收账方案。同时，对尚未过期的应收账款也不应放松管理，防止发生新的逾期拖欠。

（三）应收账款收现保证率分析

应收账款收现保证率是指在一定会计期间内必须收现的应收账款占全部应收账款的比重。所谓的必须收现的应收账款是指为了在一定会计期间内，为了保证企业正常的现金流转，特别是满足具有刚性约束的纳税及偿付不能展期的到期债务的需要，而必须通过应收账款收现来补充的现金，其数值等于当期必要现金支付总额与当期其他稳定可靠的现金流入总额之间的差额。即：

必须收现的应收账款＝当期必要现金支付总额－当期其他稳定可靠的现金流入总额

应收账款收现保证率＝必须收现的应收账款/全部应收账款

其中，当期其他稳定可靠的现金流入总额是指除应收账款收现以外，可以取得的其他稳定可靠的现金流入数额，主要包括短期有价证券变现净额、可随时取得的银行贷款额等。

企业当期现金支付需要量与当期应收账款之间存在着密切的关系，企业的应收账款的回收是企业现金的主要来源，但是应收账款的收现期却往往不稳定，其与现金的需要时间也往往不一致。所以，必须确定一个应收账款收现的最低标准，以保证企业的现金需要。

任务四　存货管理

存货是指企业在生产经营过程中为了生产或销售而储备的物资，包括材料、包装物、低值易耗品、在产品、产成品、半成品等。存货在流动资产中所占的比重较大，存货管理水平的高低，对企业生产经营的顺利与否具有直接的影响，并且最终会影响到企业的收益、风险等，因此存货的管理至关重要。

一、存货的功能与存货管理的目标

（一）存货的功能

存货的功能是指存货在企业生产经营过程中所具有的作用，具体来说，主要包括以下几个方面：

（1）防止生产经营的中断。企业主要是通过产品或商品的不断流转而获得利润的，如果这种流转过程不顺畅，那么，就会给企业造成经济损失。对于生产企业来说。如果原材料存货不足，就必然会造成生产中断，停工待料；对于商业企业来说，如果畅销商品库存不足，就必然会失去销售良机；而对于生产或销售具有季节性变化的企业来说，一定数量的存货就具有更加重要的意义。

（2）适应市场的变化。一般来说，企业面对的市场是千变万化的，市场对本企业生产产品的需求量是不稳定的。一定数量的存货储备能够增加企业在生产和销售方面的机动性以及适应市场变化的能力。企业有了足够的库存，当市场的需求量突然增加时就能及时地满足市场的变化。另外，当发生通货膨胀时，适当地储备一定数量的存货，能使企业获得物价上涨的好处。

（3）降低进货成本。一般来说，企业采购时，其进货的总成本与其采购物资的单位售价及采购的次数有密切的关系。许多企业为了鼓励客户购买其产品，往往给购货方提供较优厚的商业折扣，即当客户的采购量达到一定数量时，便可以在价格上给予相应的价格折扣。所以，企业采取大批量的集中采购，就可以降低单位物资的买价。同时，由于采购总量一定，采购批量较大时，采购次数就会越少，从而可以降低采购费用的支出。

（4）维持均衡生产。许多产品的市场需求具有季节性，例如：空调、羽绒服等产品，企业的生产安排一般可以随着市场的变化而作相应的调整。但是，这些产品的生产并不能完全按市场需求的季节性来安排生产，否则，就会造成生产的不均衡，忙时超负荷运转，闲时生产能力得不到充分利用。这样不仅会提高生产成本，而且对企业的生产设备、生产人员的安排也是十分不利的。所以对这些产品的生产既要考虑到季节性的变动，又要考虑到生产的均衡性，在销售淡季适当增加产品库存。

（二）存货管理的目标

对于一般的工商企业（尤其是制造业、商业等）持有一定数量的存货是十分必要的，但是存货的增加必然要占用更多的资金，会使企业付出较多的持有成本。因此存货管理的目标就是要在充分发挥存货作用的前提下，不断降低存货成本，以最低的存货成本保障企业生产经营活动的顺利进行。

二、存货的相关成本

虽然存货具有以上许多功能，企业持有存货必不可少，但是，并不是说存货持有越多越好，因为持有存货，必然会发生一定的成本支出。存货成本包括以下几个方面。

（一）取得成本

取得成本指为取得某种存货而支出的成本。其又分为订货成本和购置成本。

1. 订货成本

订货成本指取得订单的成本，如办公费、差旅费、邮资、电报电话费等支出。订货成本中有一部分与订货次数无关，如常设采购机构的基本开支等，称为订货的固定成本；另一部分与订货次数有关，如差旅费、邮资等，称为订货的变动成本。

2. 购置成本

购置成本指存货本身的价值，经常用数量与单价的乘积来确定。

（二）储存成本

储存成本指为保持存货而发生的成本，包括存货占用资金所应计的利息（若企业用现有现金购买存货，便失去了现金存放银行或投资于证券本应取得的利息，是为"放弃利息"；若企业借款购买存货，便要支付利息费用。是为"付出利息"）、仓库费用、保险费用、存货破损和变质损失等等。

储存成本也分为固定成本和变动成本。固定成本与存货数量的多少无关，如仓库折旧、仓库职工的固定月工资等。变动成本与存货的数量有关，如存货资金的应计利息、存货的破损和变质损失、存货的保险费用等。

（三）缺货成本

缺货成本指由于存货供应中断而造成的损失，包括材料供应中断造成的停工损失、产成品库存缺货造成的拖欠发货损失和丧失销售机会的损失（还应包括需要主观估计的商誉损失）；如果生产企业以紧急采购代用材料解决库存材料中断之急，那么缺货成本表现为紧急额外购入成本（紧急额外购入的开支会大于正常采购的开支）。

三、存货决策

存货的决策涉及四项内容：决定进货项目、选择供应单位、决定进货时间和决定进货批量。决定进货项目和选择供应单位是销售部门、采购部门和生产部门的职责。财务部门要做的是决定进货时间和决定进货批量。按照存货管理的目的，需要通过合理的进货批量和进货时间，使存货的总成本最低，这个批量叫做经济订货量或经济批量。有了经济订货量，可以很容易地找出最适宜的进货时间。

（一）存货经济批量决策

存货的经济批量是指能够使一定时期存货的总成本达到最低的采购数量。存货的总成本由进货成本、储存成本、缺货成本构成。这些成本中有些是固定性的，有些是变动性的。显然，只有变动性成本才是经济批量决策时的相关成本。与经济批量决策相关的成本主要包括：变动性进货成本、变动性储存成本以及允许缺货时的缺货成本。不同的成本项目与进货批量有着不同的变动关系。订购的批量大，储存的存货就多，储存成本就高，同时，采购次数减少，进货费用和缺货成本也相应减少；订购的批量小，储存的存货就少，储存成本就低，同时，采购次数增加，进货费用和缺货成本也相应增加。经济批量决策就是要权衡这些成本和费用，使得它们的总和最低。

1. 基本经济批量模型

为了将问题简化，通常在进行经济批量决策时，常常做如下假设：

（1）企业一定时期的进货总量可以较为准确地预测。

（2）存货的流转比较均衡。

（3）存货的价格稳定，且不考虑商业折扣。

（4）进货日期完全由企业自行决定，并且采购不需要时间。

（5）仓储条件及所需现金不受限制。

（6）不允许出现缺货。

（7）所需存货市场供应充足，并能集中到货。

在满足以上假设的前提下，存货的买价和短缺成本都不是决策的相关成本，此时，经济批量考虑的仅仅是使变动性的订货成本与变动性的储存成本之和最低。

$$存货的经济批量(Q) = \sqrt{\frac{2AB}{C}}$$

$$经济批量的变动总成本(T) = \sqrt{2ABC}$$

$$最佳进货次数(N) = \frac{A}{Q} = \sqrt{\frac{AC}{2B}}$$

$$经济批量的资金平均占用额(W) = \frac{QP}{2}$$

式中：Q 为经济批量；A 为某种存货的全年需要量；B 为平均每次进货费用；C 为单位存货年度平均储存成本。

【例 6-9】某企业每年耗用 A 材料 14 400 千克，该材料的单位采购价格为 10 元，每公斤材料年储存成本平均为 2 元，平均每次进货费用为 400 元。试确定最佳经济批量。

解：依条件：A＝14 400 千克　　　B＝400 元　　　C＝2 元

$$Q = \sqrt{\frac{2AB}{C}} = \sqrt{\frac{2 \times 14\,400 \times 400}{2}} = 2\,400（千克）$$

$$T = \sqrt{2ABC} = \sqrt{2 \times 14\,400 \times 400 \times 2} = 4\,800（元）$$

$$N = \frac{A}{Q} = \frac{14\,400}{2\,400} = 6（次）$$

$$W = \frac{QP}{2} = \frac{2\,400 \times 10}{2} = 12\,000（元）$$

可见，该材料的经济批量为采购 2 400 千克。

以上经济批量决策是在许多假设的前提下做出的，通常称为基本经济批量决策。但是，在实践中，常常不满足以上全部的假设条件，从而有时需要放松上述假设条件。下面考虑放松部分假设条件的情况下的经济批量决策问题。

2. 存在商业折扣情况下的经济批量决策

在市场经济条件下，为了鼓励客户多购自己的产品，销售方常常以提供商业折扣的方式吸引购买方。此时，购买方在进行存货采购的经济批量决策时，除了考虑进货费用和储存成本外，还必须考虑采购数量对采购价格的影响。这时的经济批量决策程序是首先确定无数量折扣情况下的基本经济批量及其总成本，然后考虑享受商业折扣情况下的最低批量的采购总成本，最后比较这两种情况下的总成本并选择其较低的采购方案。

【例 6-10】假设在例 6-9 中，一次订购 A 材料超过 2 880 千克，则可以获得 2％的商业折扣，此时应如何做出采购决策。

解：(1) 按经济批量采购时的总成本（一次采购 2 400 千克）

＝年需要量×单价＋经济批量的存货变动总成本

＝14 400×10＋4 800

＝148 800（元）

(2) 按享受商业折扣的最低批量的总成本（一次采购 2 880 千克）

＝年需要量×单价＋年储存成本＋年采购费用

＝14 400×10×（1－2％）＋2×2 880÷2＋400×14 400÷2 880

＝14 600（元）

比较可知，应享受商业折扣，即应一次采购 2 880 千克，这样可以节约 2 800 元的采购总成本。

3. 订货提前期情况下的采购决策

在基本存货经济批量决策中假设采购不需要时间，这在实际中是很难做到的。因此，必须提前进行采购。当企业尚有存货的情况下，企业提前进行采购，此时的库存量称为订货点。它等于采购需用时间与每日平均需用量的乘积。在这种情况下，存货的经济批量并没有发生变化，只是采购时间需要提前。

【例 6 - 11】某企业每日需用甲材料 100 千克，采购该材料时的采购需用时间为 10 天，则该材料的订货点＝100×10＝1 000（千克），即当该材料尚有 1 000 千克时就应当组织采购，等到下批采购的甲材料到达时，原有库存刚好用完。

4. 存货陆续到货的采购决策

此时，需要在基本模型的基础上，增加两个变量：每日耗用量（假定用 D 表示）、每日送货量（假定用 E 表示）。则送货期为 Q/E，送货期内的耗用量为 QD/E，每批送完时的最高库存量为 $Q-QD/P$，平均库存量为 $1/2$（$Q-QD/P$），与批量有关的相关总成本为：

$$T=\frac{A}{Q}B+\frac{1}{2}\left(Q-\frac{QD}{E}\right)C$$

则：存货经济订货批量 $(Q)=\sqrt{\dfrac{2ABE}{C（E-D）}}$

相关总成本 $(T)=\sqrt{\dfrac{2ABC（E-D）}{E}}$

【例 6 - 12】在例 6 - 9 中，假设该材料每日耗用量为 88 千克，每日送货量为 288 千克，其他条件不变，此时的经济批量决策如下：

经济订货批量 $(Q)=\sqrt{\dfrac{2×14\ 400×400×288}{2×（288-88）}}=2\ 880$（千克）

相关总成本 $(T)=\sqrt{\dfrac{2×14\ 400×400×2×（288-88）}{288}}=4\ 000$（元）

（二）存货储存期管理

为了加快存货的流转，企业应该尽量缩短存货的储存期，尤其是应该缩短产品或商品的储存期。这是因为储存存货会占用资金和增加仓储管理费，而且在市场变化很快的情况下，储存期过长有可能导致企业的产品或商品滞销而给企业带来巨大的损失。因此，尽力缩短存货储存期，加速存货周转，是提高企业经济效益、降低企业经营风险的重要手段。

企业持有存货而发生的费用，按照其与储存时间的关系可以分为固定储存费用与变动储存费用两类。前者与存货储存期的长短无直接关系；后者则与存货储存期的长短有密切关系，如存货资金占用费、存货储存管理费等。它们与利润存在以下关系：

利润＝毛利－销售税金及附加－固定储存费－变动储存费

＝毛利－销售税金及附加－固定储存费－每日变动储存费×储存期

由上式可得：

$$存货保本期 = \frac{毛利 - 销售税金及附加 - 固定储存费}{每日变动储存费}$$

$$存货保利储存期 = \frac{毛利 - 销售税金及附加 - 固定储存 - 目标利润}{每日变动储存费}$$

对存货储存期的管理，可以及时为经营决策者提供存货的储存状态信息。这样，决策者就可以对不同的存货采取相应的措施。一般来说，凡是已过保本期的产品或商品大多属于积压滞销的存货，企业应该采取降价促销的办法，尽快将其推销出去；对超过保利期但未过保本期的存货，应当分析原因，找出对策，力争在保本期内将其销售出去；对于尚未超过保利期的存货，企业应当密切监督，防止发生过期损失。企业每隔一段时间应对各类产品的销售状况做出总结，调整企业未来的产品结构，提高存货的周转速度和投资效益。

【例6-13】某商品流通企业购进甲商品3 000件，单位进价（不含增值税）50元，单位售价70元（不含增值税），经销该商品的固定费用为30 000元。销售税金及附加2 000元，每日变动储存费为200元，要求：

（1）计算该批存货的保本储存期。

（2）若该企业欲获得20 000元的利润，计算其保利储存期。

（3）若该存货实际储存期为60天，计算其可获得的利润。

解：根据以上资料：

（1）存货保本储存期 = [（70-50）×3 000-2 000-30 000] ÷200 = 140（天）

（2）保利储存期 = [（70-50）×3 000-2 000-30 000-20 000] ÷200 = 40（天）

（3）实际储存期介于保本储存期与保利储存期之间，但比较接近保利储存期，销售情况较好，可以获利16 000元（20 000-200×20）。

（三）存货的 ABC 分类管理

一般来说，企业的存货品种繁多、数量巨大，如何对这些存货加强管理是财务管理工作的重要课题。19世纪意大利经济学家巴雷特首创了ABC控制法，存货的ABC分类管理就是这种方法在存货管理中的具体应用。存货的ABC分类管理就是将存货按照一定的标准分成A、B、C三类，然后，按照各类存货的重要程度分别采取不同的方法进行管理。这样，企业就可以分清主次，突出管理重点，提高存货管理的整体效率。存货的划分标准主要有两个：一是存货的金额，二是存货的品种数量，以存货的金额为主。其中：

A类存货标准是：存货金额很大，存货的品种数量很少；

B类存货标准是：存货金额较大，存货的品种数量较多；

C类存货标准是：存货金额较小，存货的品种数量繁多。

虽然每个企业的生产特点不同，每个企业存货的具体划分标准各不相同。一般来说，存货的划分标准大体如下：

A类存货金额占整个存货金额比重的60%～80%，品种数量占整个存货品种数量的5%～20%；

B类存货金额占整个存货金额比重的15%～30%，品种数量占整个存货品种数量的

$20\%\sim30\%$；

C类存货金额占整个存货金额比重的 $5\%\sim15\%$，品种数量占整个存货品种数量的 $60\%\sim70\%$。

将存货划分成 ABC 类后，再采取不同的管理方法。A 类存货应进行重点管理，经常检查这类存货的库存情况，严格控制该类存货的支出。由于该类存货的品种数量很少，而占用企业资金很多，所以，企业应对其按照每一个品种分别进行管理；B 类存货的金额相对较小，数量也较多，可以通过划分类别的方式进行管理，或者按照其在生产中的重要程度和采购难易程度分别采用 A 类或 C 类存货的管理方法；C 类存货占用的金额比重很小，品种数量又很多，可以只对其进行总量控制和管理。

【例 6 - 14】 某企业共有 20 种原材料，共占用资金 100 000 元，按占用资金多少顺序排列后，根据上述原则划分成 A、B、C 三类，具体情况见表 6 - 9：

表 6 - 9　存货资金占用表

材料品种（编号）	占用资金数额（元）	类别	各类存货所占的		各类存货占用资金	
			种数（种）	比重（%）	数量（元）	比重（%）
1	50 000	A	2	10	75 000	75
2	25 000					
3	10 000	B	5	25	20 000	20
4	5 000					
5	2 500					
6	1 500					
7	1 000					
8	900	C	13	65	5 000	5
9	800					
10	700					
11	600					
12	500					
13	400					
14	300					
15	200					
16	190					
17	180					
18	170					
19	50					
20	10					
合计	100 000		20	100	100 000	100

同 步 测 试

一、单项选择题

1. 与企业为应付紧急情况而需要保持的现金余额无关的是（　　）。
   A. 企业愿意承担风险的程度
   B. 企业临时举债能力的强弱
   C. 企业销售水平
   D. 企业对现金流量预测的可靠程度

2. 下列各项成本中与现金的持有量成正比例关系的是（　　）。
   A. 管理成本
   B. 企业持有现金放弃的再投资收益
   C. 固定性转换成本
   D. 短缺成本

3. 在现金持有量的成本分析模式和存货模式中均需要考虑的因素包括（　　）。
   A. 管理成本
   B. 转换成本
   C. 短缺成本
   D. 机会成本

4. 某企业若采用银行业务集中法增设收款中心，可使企业应收账款平均余额由现在的 500 万元减至 200 万元。企业综合资金成本率为 10%，因增设收款中心每年将增加相关费用 10 万元，则该企业分散收账收益净额为（　　）万元。
   A. 10　　　　　　B. 18　　　　　　C. 20　　　　　　D. 24

5. 某企业年赊销额 500 万元（一年按 360 天计算），应收账款周转率为 10 次，变动成本率 60%，资金成本率 8%，则企业的应收账款机会成本为（　　）万元。
   A. 2.4　　　　　B. 30　　　　　C. 3.6　　　　　D. 4.2

6. 企业在制定或选择信用标准时不需要考虑的因素包括（　　）。
   A. 预计可以获得的利润
   B. 同行业竞争对手的情况
   C. 客户资信程度
   D. 企业承担违约风险的能力

7. （　　）反映了客户的经济实力与财务状况的优劣，是客户偿付债务的最终保证。
   A. 信用品质
   B. 偿付能力
   C. 资本
   D. 抵押品

8. 在对存货实行 ABC 分类管理的情况下，ABC 三类存货的金额比重大致为（　　）。
   A. 0.7∶0.2∶0.1
   B. 0.1∶0.2∶0.7
   C. 0.5∶0.3∶0.2
   D. 0.2∶0.3∶0.5

9. 下列各项中不属于存货变动性储存成本的是（　　）。
   A. 存货的变质损失
   B. 储存存货仓库的折旧费
   C. 存货的保险费用
   D. 存货占用资金的应计利息

10. 下列各项中不属于存货经济进货批量基本模式假设条件的是（　　）。
    A. 不存在数量折扣
    B. 存货的耗用是均衡的
    C. 仓储条件不受限制
    D. 可能出现缺货的情况

二、多项选择题

1. 与固定资产投资相比，流动资产投资的特点包括（   ）。
   A. 投资回收期短
   B. 流动性强
   C. 具有并存性
   D. 具有波动性

2. 下列各项中属于企业为满足交易动机所持有现金的是（   ）。
   A. 偿还到期债务
   B. 派发现金股利
   C. 在银行维持补偿性余额
   D. 缴纳税款

3. 企业基于投机动机的现金持有量往往与（   ）有关。
   A. 企业对待风险的态度
   B. 企业临时举债能力的强弱
   C. 企业在金融市场的投资机会
   D. 企业销售水平

4. 企业运用存货模式确定最佳现金持有量所依据的假设包括（   ）。
   A. 所需现金只能通过银行借款取得
   B. 预算期内现金需要总量可以预测
   C. 现金支出过程比较稳定
   D. 证券利率及固定性交易费用可以知悉

5. 应收账款的功能包括（   ）。
   A. 促进销售
   B. 减少存货
   C. 增加现金
   D. 减少借款

6. 应收账款的信用条件包括（   ）。
   A. 信用期限
   B. 折扣期限
   C. 现金折扣率
   D. 收账政策

7. 不适当的延长信用期限给企业带来的后果包括（   ）。
   A. 应收账款机会成本增加
   B. 坏账损失减少
   C. 坏账损失增加
   D. 收账费用增加

8. 存货的短缺成本包括（   ）。
   A. 替代材料紧急采购的额外开支
   B. 材料供应中断造成的停工损失
   C. 延误发货造成的信誉损失
   D. 丧失销售机会的损失

9. 下列各项中属于应收账款管理成本的是（   ）。
   A. 资金因投资应收账款丧失的其他收入
   B. 应收账款无法收回带来的损失
   C. 客户资信调查费用
   D. 应收账款收账费用

10. 现金支出管理的方法包括（   ）。
    A. 合理利用"浮游量"
    B. 推迟支付应付款
    C. 采用汇票付款
    D. 改进工资支付方式

三、判断题

1. 企业持有的现金总额就是各种动机所需的现金余额之和。　　　　　　（　　）

2. 现金与有价证券的变动性转换成本与证券交易次数有关，属于决策相关成本。
　　　　　　　　　　　　　　　　　　　　　　　　　　　　　　　（　　）

3. 现金浮游量是指企业实际现金余额超过最佳现金持有量之差。　　　（　　）

4. 偿付能力是决定是否给予客户信用的首要因素。　　　　　　　　　（　　）

5. 企业通过信用调查和严格信用审批制度，可以解决账款遭到拖欠甚至拒付的问题。
　　　　　　　　　　　　　　　　　　　　　　　　　　　　　　　（　　）

6. 存货具有降低进货成本的功能。　　　　　　　　　　　　　　　　（　　）

7. 存货进价又称进货成本，是指存货本身的价值，等于采购单价与采购数量的乘积。
　　　　　　　　　　　　　　　　　　　　　　　　　　　　　　　（　　）

8. 现金与有价证券转换时发生的证券过户费属于变动性转换成本。　　（　　）

9. 在有数量折扣的经济进货批量模式下，需要考虑的相关成本包括进货成本、变动性进货费用和变动性储存成本。　　　　　　　　　　　　　　　　　　（　　）

10. 企业营运资金越多，则企业的风险越大，收益率越高。　　　　　（　　）

四、计算分析题

1. 已知 ABC 公司于库存有关的资料如下：

（1）年需求量为 30 000 单位（假设每年 360 天）。

（2）购买价格每单位 100 元。

（3）单位库存持有成本为商品购买单价的 3％。

（4）每次订货费用是 200 元。

要求：

（1）计算最佳经济订货批量为多少？

（2）计算最小存货成本为多少？

（3）计算经济订货批量平均占用资金为多少？

（4）计算年度最佳订货批次为多少？

（5）计算最佳订货周期为多少？

2. 某公司的年赊销收入为 720 万元，平均收账期为 60 天，坏账损失为赊销额的 10％，年收账费用为 5 万元。该公司认为通过增加收账人员等措施，可以使平均收账期降为 50 天，坏账损失降为赊销额的 7％。假设公司的资金成本率为 6％，变动成本率为 50％。要求：计算为使上述变更经济合理，新增收账费用的上限。

3. 某公司甲材料的年需要量为 3 600 千克。销售企业规定：客户每批购买量不足 900 千克的，按照单价为 8 元/千克计算；每批购买量 900 千克以上，1 800 千克以下的，价格优惠 3％；每批购买量 1 800 千克以上的，价格优惠 5％。已知每批进货费用 25 元，单位材料的年储存成本 2 元，要求计算实行数量折扣时的最佳经济进货批量。

4. 某企业 2020 年 A 产品销售收入为 4 000 万元，总成本为 3 000 万元，其中固定成本为 600 万元。假设 2021 年该企业变动成本率维持在 2020 年的水平，现有两种信用政策可供选用：

甲方案给予客户 45 天信用期限（n/45），预计销售收入为 5 000 万元，货款将于第 45 天收到，其收账费用为 20 万元，坏账损失率为货款的 2%；乙方案的信用政策为（2/10，1/20，n/90），预计销售收入为 5 400 万元，将有 30% 的货款于第 10 天收到，20% 的货款于第 20 天收到，其余 50% 的货款于第 90 天收到（前两部分货款不会产生坏账，后一部分货款的坏账损失率为该部分货款的 4%），收账费用为 50 万元。该企业 A 产品销售额的相关范围为 3 000 万～6 000 万元，企业的资本成本率为 8%（为简化计算，本题不考虑增值税因素）。

要求：（1）计算该企业 2020 年的下列指标：

①变动成本总额。

②以销售收入为基础计算的变动成本率。

（2）计算甲乙两方案的收益之差。

（3）计算甲方案的应收账款相关成本。

（4）计算乙方案的应收账款相关成本。

（5）在甲乙两个方案之间做出选择。

五、阅读思考题：创立海尔的"三个零"

成立于 1984 年的海尔集团，三十多年来持续稳定发展，已成为在海内外享有较高美誉的大型国际化企业集团。海尔集团坚持全面实施国际化战略，已建立起具有国际竞争力的全球设计网络、制造网络、营销与服务网络。

为应对网络经济和加入 WTO 的挑战，海尔从 1998 年开始实施以市场链为纽带的业务流程再造，以订单信息流为中心带动物流、资金流的运动，加快了与用户零距离、产品零库存和零营运成本"三个零"目标的实现。

零库存，就是三个 JIT（适时生产），即 JIT 采购、JIT 送料、JIT 配送。这使得海尔能实现零库存。这里，海尔的仓库已经不叫仓库了，它只是一个配送中心。它是为了下道工序配送而暂存的一个地方。零库存不仅意味着没有大量的物资积压，不会因这些物资积压形成呆滞物资，最重要的在于可以为零缺陷铺平道路。也就是说，这些物资都是采购最好的、采购最新鲜的。它可以使质量保证有非常牢靠的基础。

物流带给海尔的就是这三个零。但最重要的是它可以使海尔寻求和获得竞争力。海尔的 CEO 张瑞敏认为，一只手抓住了用户的需求，另一只手抓住可以满足用户需求的全球的供应链，把这两种能力结合在一起，这就是企业的竞争力。到目前为止，海尔通过业务流程的再造，建立现代物流，最后获得的就是在全世界都有能力进行竞争的核心竞争力，最终成为世界名牌，成为一个真正的世界 500 强的国际化企业。

零营运资金是所有企业营运资金管理追求的目标，但要实现零营运资金占用，只有营运资金管理各个环节整体优化，才能实现营运资金管理的目标。

通过本章的学习，请谈谈你对零库存的认识和理解。

收益分配管理

职业能力目标

专业能力：

- 懂得利润的形成过程
- 会计算目标利润与目标利润的预测
- 能理解利润分配的基本原则和影响因素
- 能运用股利理论
- 能运用利润分配程序来制定其分配方案

社会能力：

- 会与企业各部门沟通形成利润分配的决策方案
- 能敏锐地掌握各种环境、法规、政策、因素的变动对利润分配方案的影响

方法能力：

- 会通过现代媒体等手段收集利润分配所需要的资料
- 会运用数学模型计算利润分配方案

任务引例

2020年3月9日，驰宏锌锗发布年度报告公布分配预案，拟向全体股东每10股送红股10股并派现金红利30元（含税），共计送红股19 500万股，派发现金红利58 500万元，剩余利润结转以后分配。这一分配预案随后在2020年4月2日由股东大会审议通过。至此，驰宏锌锗在中国内地资本市场创下了三项纪录：股价第一，每股盈利第一，派送现金第一。一时间，通过铺天盖地的各种媒体报道，驰宏锌锗几乎家喻户晓。但是，让投资者不解的是，该股在其后的10天内，持续逆市而动，走势疲弱而同期沪市涨幅为6.6%。那么，究竟是何种原因决定了驰宏锌锗董事会要推出"每10股送10股派30元"这个中国证券史上的超级大红包？为什么公司会支付股利？为什么投资者喜欢股利？为什么分析师建议购买那些能够稳定支付股利公司的股票？这就是需要通过收益分配管理来解决的谜题，企业的收益分配政策对企业的运营发展起着至关重要的作用。

任务一　收益分配管理规范

一、收益分配的基本原则

企业的收益分配有广义的分配和狭义的分配两种含义。广义的收益分配是指对企业的收入和收益总额进行的分配，狭义的收益分配则仅指对企业净收益的分配。本章所述收益分配是指狭义的收益分配。

作为一项重要的财务活动，企业的收益分配应当遵循以下原则。

（一）依法分配原则

企业的收益分配涉及多方面的切身利益。正确处理各方面的利益关系、协调各方面的利益矛盾是进行收益分配的重要方面。为了规范企业的收益分配行为，国家颁布了相关法律法规。这些法律法规规定了企业收益分配的一般程序和重要比例，企业应当认真执行，不得违反。这是正确处理企业各项财务关系的关键。

（二）兼顾各方面利益原则

企业除按税法依法纳税外，其投资者作为资本投入者和企业的所有者，依法享有净收益的分配权。其次，企业的债权人在向企业投入资金的同时也相应承担了一定的风险，企业的收益分配中应当体现出对债权人利益的充分保护，不能损害债权人的利益。另外，企业的职工直接创造了企业的收益，收益分配应当考虑到职工的合法切身利益。因此，企业进行收益分配时，应当统筹兼顾，维护各利益团体的合法权益。

（三）分配与积累并重原则

企业的收益分配，要正确处理长期利益和近期利益两者的关系，坚持分配与积累并重。企业赚取的净收益，一部分要向投资者进行分配，另一部分应形成企业的积累。企业积累起来的留存收益仍归企业所有者拥有，只是暂时未作分配。积累的留存收益不仅为企业扩大再生产筹措了资金，同时也增强了企业抵御风险的能力，提高了企业经营的稳定性和安全性，有利于所有者的长远利益。正确处理分配与积累之间的关系，留存一部分净收益以供未来分配之需，还可以达到以丰补歉，平抑收益分配数额波动的效果。因此，企业在进行收益分配时，应当正确处理分配与积累之间的关系。

（四）投资与收益对等原则

企业进行收益分配应当体现"谁投资谁收益"，收益大小与投资比例相适应的原则。投资与收益对等原则是正确处理投资者利益关系的立足点和关键。企业在向投资者分配收益时，应本着平等一致的原则，按照投资者投入资本的比例来进行分配，不允许发生任何一方随意多分多占的现象。这样才能从根本上实现收益分配中的公开、公平、公正，保护投资者的利益，提高投资者的积极性。根据公司法的规定，有限责任公司股东按照实缴的出资比例分取利润（全体股东约定不按照出资比例分取利润的除外）；股份有限公司按照股东持有的股份比例分配股利（股份有限公司章程规定不按持股比例分配的除外）。

二、确定收益分配政策时应考虑的因素

企业收益分配并不是无所限制，总是要受到一些因素的影响。企业收益分配政策的影响因素主要有法律因素、公司因素、股东因素和其他因素等几个方面。

（一）法律因素

为了保护债权人和股东的利益，法律法规就公司的收益分配做出规定，公司的收益分配政策必须符合相关法律规范的要求。其相关要求主要体现在资本保全限制、资本积累限制、偿债能力限制等几个方面。

1. 资本保全限制

资本保全要求公司股利的发放不能侵蚀资本，即公司不能因支付股利而引起资本减少。资本保全的目的，在于防止企业任意降低资本结构中所有者权益的比例，以保护债权人的利益。如我国法律规定：各种资本公积准备不能转增资本，已实现的资本公积不能分派现金股利。

2. 资本积累限制

资本积累限制要求企业必须按照一定的基数和比例提取各种公积金，股利只能从企业的可供分配利润当中支付，企业当期的净利润按照规定提取各种公积金后和过去累积的留存收益形成企业的可供分配收益。另外，在进行收益分配时，一般应当贯彻"无利不分"的原则，即当企业出现年度亏损时，一般不进行利润分配。

3. 偿债能力限制

偿债能力是指企业按时足额偿还各种到期债务本息的能力，是企业确定收益分配政策时必须考虑的一个基本因素。现金股利是企业股利支付的最常见的方式，而大量的现金支出必然会影响公司的偿债能力。因此，公司在确定股利分配政策时，一定要考虑现金股利分配对公司偿债能力的影响，保证在现金股利分配后公司仍能保持较强的偿债能力，以维

护公司的信誉和借贷能力，从而保证公司的正常资金周转。如果企业无力偿付到期债务或因支付股利将使其丧失偿还能力，则企业不能支付现金股利。

（二）公司因素

公司出于长期发展和短期经营的考虑，需要考虑以下因素来确定收益分配政策。

1. 现金流量

由于会计规范的要求和核算方法的选择，有一部分项目（如应收账款、应收票据等）增加了企业的净收益，但并未增加企业可供支配的现金流量，而保证企业正常的经营活动对现金的需求是公司生产经营得以有序进行的必要条件，是确定收益分配政策的最重要的限制因素。企业在进行收益分配时，必须充分考虑企业的现金流量，而不仅仅是企业的净收益。因此在确定收益分配政策时，企业应当充分考虑该方面的影响。

2. 投资机会

企业的收益分配政策应当考虑未来投资需求的影响。有着良好投资机会的企业需要强大的资金支持，如果一个公司有较多的投资机会，那么，它更适合采用低股利支付水平的分配政策。相反，如果一个公司的投资机会较少，那么就有可能倾向于采用较高的股利支付水平。所以，处于成长中的企业，一般因具有较多的投资机会而采取低股利政策，许多处于经营收缩期的企业，则因缺少良好的投资机会而可能采取高股利政策。

3. 筹资能力

企业在制定收益分配政策时受其筹资能力的限制。如果公司具有较强的筹资能力，随时能筹集到所需资金，那么公司具有较强的股利支付能力而采取高股利政策，但对那些小规模企业、新创办的企业或风险大的企业，其筹资能力有限，应尽量降低股利支付水平。

4. 筹资成本

留存收益是企业内部筹资的一种重要方式，它同发行新股或举债相比，具有成本低的优点。企业若一方面大量发放股利，另一方面又以支付高额资本成本为代价筹集其他资本，这种舍近求远的做法是不恰当的。因此，很多企业在确定收益分配政策时，往往将企业的净收益作为首选的筹资渠道，特别是在负债资金较多、资本结构欠佳的时期，更应注重权衡财务风险和资金成本的关系，确定最佳资本结构。

5. 资产的流动性

保持一定的资产流动性是企业正常运转的基础和必备条件。如果企业较多地支付现金股利，则会减少企业的现金量，使资产的流动性降低而影响企业的正常生产经营。一个公司的资产如有较强的变现能力，现金的来源较充裕，则它可以采用较高的的股利支付水平。因此，企业现金股利的支付能力在很大程度上受其资产变现能力的限制。

6. 盈利的稳定性

企业的收益分配政策在很大程度上会受其盈利稳定性的影响。一般来讲，一个公司的盈利越稳定，其股利支付水平也就越高；而盈利不稳定的企业，则一般采取低股利政策。

7. 股利政策惯性

一般情况下，企业不宜经常改变其收益分配政策。企业在确定收益分配政策时，应当充分考虑股利政策调整有可能带来的负面影响。如果企业历年采取的股利政策具有一定的连续性和稳定性，那么重大的股利政策调整有可能对企业的声誉、股票价格、负债能力、信用等多方面产生影响。另外，靠股利来生活和消费的股东也不愿意投资于股利波动频繁的股票。

（三）股东因素

股东在收入、避税考虑、投资机会及控制权等方面的考虑也会对企业的收益分配政策产生影响。

1. 稳定的收入

如果一个企业绝大部分股东属于低收入阶层以及养老基金等机构投资者，他们往往要求公司能够支付稳定的现金股利来维持生活或用于发放养老金等，反对公司留存过多的收益。另外，有些股东认为留存利润使公司股票价格上升而获得资本利得具有较大的不确定性，取得现实的股利比较可靠，因此，这些股东也会倾向于多分配股利。

2. 避税考虑

公司的股利政策会受股东对税赋因素考虑的影响。在很多国家，股利收入的税率要高于资本利得的税率，很多股东会出于对税赋因素的考虑而偏好于低股利支付水平。因此，低股利政策会使他们获得更多纳税上的好处。

3. 投资机会

股东的外部投资机会也是公司制定分配政策必须考虑的一个因素。如果公司将留存收益用于再投资的所得报酬低于股东个人单独将股利收入投资于其他投资机会所得的报酬，则股东倾向于公司不应多保留留存收益，而应多发放股利给股东，以使股东获取更大的投资收益。

4. 控制权

收益分配政策也受到现有股东对控制权要求的影响。以现有股东为基础组成的董事会，在长期的经营中可能形成了一定的有效控制格局，如果企业大量支付现金股利，然后再发行新的普通股筹集所需资金，现有股东的控制权就有可能被稀释。因此他们往往会将股利政策作为维持其控制地位的工具，这时股东就会倾向于采取较低的股利支付水平，以从内部留存收益中取得所需资金。另外，随着流通在外的普通股股数增加，最终将导致每股盈余和每股市价的下跌，对现有股东产生不利影响。

（四）债务合同约束、通货膨胀及机构投资者的投资限制

1. 债务合同约束

一般来说，股利支付水平越高，留存收益越少，公司的破产风险加大，就越有可能损害到债权人的利益。因此，为了保障自己的利益不受损害，债权人通常都会在公司借款合同（特别是长期借款合同）、债务契约，以及租赁合约中加入有关借款公司现金股利支付的条款，以限制公司股利的发放。

这些限制条款经常包括以下几个方面：

（1）未来的股利只能以签订合同之后的收益来发放，即不能以过去的留存收益来发放股利。

（2）将利润的一部分以偿债基金的形式留存下来。

（3）营运资金低于某一特定金额时不得发放股利。

（4）利息保障倍数低于一定水平时不得发放股利。

2. 通货膨胀

在通货膨胀条件下，由于货币购买力水平下降，导致企业没有足够的资金来源重置固定资产。此时，企业往往不得不考虑留用一定的利润，以弥补由于货币购买力水平下降而造成的固定资产重置资金缺口。因此，在通货膨胀时期，企业一般会采取偏紧的收益分配政策以保有较多的留存利润。

3. 机构投资者的投资限制

机构投资者对投资股票种类的选择，往往与股利特别是稳定股利的支付有关。因此，如果某一企业想更多地吸引机构投资者，则应采用较高而且稳定的股利政策。

三、股利分配对公司股价的影响以及股利理论

股利分配作为财务管理的一部分，同样要考虑其对公司价值的影响。关于股利与公司价值的关系，存在着不同的观点，并形成了不同的股利理论。股利理论主要包括股利无关论、股利相关论、所得税差异理论及代理理论。

（一）股利无关论

股利无关论（MM 理论）是由美国经济学家 Modigliani 和财务学家 Miller 于 1961 年提出。该理论认为，在一定的假设条件限定下，股利分配不会对公司的价值或股票的价格产生任何影响。一个公司的股票价格完全由公司的投资决策的获利能力和风险组合决定，而与公司的利润分配政策无关。一定的假定条件包括：

（1）不存在任何公司或个人所得税。

（2）不存在任何筹资费用（包括发行费用和各种交易费用）。

（3）公司的投资决策与股利决策彼此独立（公司的股利政策不影响投资决策）。

（4）公司的投资者和管理当局可相同地获得关于未来投资机会的信息。上述假定描述的是一种完美无缺的市场，因而股利无关论又被称为完全市场理论。

（二）股利相关论

股利相关论认为公司的股利分配对公司市场价值有影响。在现实生活中，不存在无关论提出的假定前提，公司的股利分配是在种种制约因素下进行的，公司不能摆脱这些因素的制约。股利支付不是可有可无的，而是非常必要的，并且具有策略性。因为股利支付政策的选择对股票市价、公司的资本结构与公司价值，以及股东财富的实现等都有重要影响，股利政策与公司价值是密切相关的。该理论主要观点包括以下两种。

1. 股利重要论

股利重要论（又称"一鸟在手"论）认为，用留存收益再投资给投资者带来的收益具有较大的不确定性，并且投资的风险随着时间的推移会进一步增大，因此，投资者更喜欢现金股利，不愿意将收益留存在公司内部，而去承担未来的投资风险。在股东的投资报酬中，股利和资本得利的风险等级是不同的。股利支付可以减少投资报酬中的不确定性和风

险。这种不确定性的减少和消亡，使人们在投资报酬的选择上偏好前者。正如未来的资本利得就像林中的鸟一样不一定能抓得到，眼中的股利则犹如手中的鸟一样飞不掉，"二鸟在林，不如一鸟在手"。

2. 信号传递理论

信号传递理论成立的基础是信息不对称。该理论认为，在信息不对称的情况下，公司可以通过股利政策向市场传递有关公司未来获利能力的信息，从而会影响公司的股价。一般来讲，预期未来获利能力强的公司往往愿意通过相对较高的股利支付水平，把自己同预期获利能力差的公司区别开来，以吸引更多的投资者。对市场上的投资者来讲，股利政策的差异或许是反映公司预期获利能力的极有价值的信号。如果公司连续保持较为稳定的股利支付水平，那么，投资者就可能对公司未来的获利能力与现金流量抱有较为乐观的预期。在净股利传递信号模型中，管理者对企业当前收益知道的信息要比投资者多，并通过股利分配向投资者传递有关当前收益的信号，后者根据收到的信号判断企业的当前收益，由此预测未来收益，进而确定企业的市场价值。另外，如果公司的股利支付水平在过去一个较长的时期内相对稳定，而现在却有所变动，投资者将会把这种现象看作公司管理当局将改变公司未来收益率的信号，股票市价将会对股利的变动做出反应。

（三）所得税差异理论

所得税理论认为，由于普遍存在的税率的差异及纳税时间的差异，资本利得收入比股利收入更有助于实现收益最大化目标，企业应当采用低股利政策。一般而言，税赋对股利政策的影响是反向的，由于股利的税率比资本利得的税率高，而且资本利得税可以递延到股东实际出售股票为止。因此，投资者可能喜欢公司少支付股利，而将几年的盈余留下来用于投资，而为了获得较高的预期资本利得，投资人愿意接受较低的普通股必要的报酬率。因此，在股利税率比资本利得税率高的情况下，只有采取低股利支付率政策，公司才有可能使其价值最大化。另外，即使不考虑税率差异因素的影响，股利收入纳税和资本利得收入纳税的时间也是存在差异的。相对于股利收入的纳税来说，投资者对资本利得收入的纳税时间选择更具有弹性。这样，即使股利收入和资本利得收入没有税率上的差别，仅就纳税时间而言，由于投资者可以自由后推资本利得收入纳税的时间，所以它们之间也会存在延迟纳税带来的收益差异。

（四）代理理论

代理理论始于詹森与麦克林有关企业代理成本的论述。该理论认为，股利政策有助于减缓管理者与股东之间的代理冲突，也就是说，股利政策是协调股东与管理者之间代理关系的一种约束机制。根据代理理论，在存在代理问题时，股利政策的选择至关重要。较多地派发现金股利至少具有以下几点好处：

（1）公司管理者将公司的盈利以股利的形式支付给投资者，则管理者自身可以支配的"闲余现金流量"就相应减少了，这在一定程度上可以抑制公司管理者过度地扩大投资或进行特权消费，从而保护外部投资者的利益。

（2）较多地派发现金股利，减少了内部融资，导致公司进入资本市场寻求外部融资，从而公司可以经常接受资本市场的有效监督，这样便可以通过资本市场的监督减少代理成本。因此，高水平的股利支付政策有助于降低企业的代理成本，但同时也增加了企业的外部融资成本。因此，理想的股利政策应当使两种成本之和最小。

任务二　确定股利政策

股利政策是指企业管理层对与股利有关的事项采取的方针策略。企业的净收益可以支付给股东，也可以留存在企业内部，股利政策的关键问题是确定分配和留存的比例。通常较高的股利一方面可使股东获取可观的投资收益，另一方面还会引起公司股票市价上涨，从而使股东除股利收入外还获得了资本利得。但是过高的股利必将使公司留存收益大量减少，或者影响公司未来发展；而较低的股利虽然使公司有较多的发展资金，但与公司股东的愿望相背离，股票市价可能下降，公司形象将受到损害。因此，合理的股利政策对企业及股东来讲是非常重要的。企业应当确定适当的股利政策，并使其保持连续性，以便股东据以判断其发展的趋势。在实际工作中，通常有下列几种股利发放政策可供选择。

一、剩余股利政策

剩余股利政策是指在公司有着良好的投资机会时，根据一定的目标资本结构（最佳资本结构），测算出投资所需的权益资本，先从盈余当中留用，然后将剩余的盈余作为股利予以分配。如果没有剩余，则不派发股利。剩余股利政策的理论依据是股利无关理论。根据股利无关理论，在完全理想状态下的资本市场中，上市公司的股利政策与公司普通股每股市价无关，公司派发股利的高低不会给股东的财富价值带来实质性的影响，投资者对于盈利的留存或发放毫无偏好，公司决策者不必考虑公司的分红模式，公司的股利政策只需随着公司的投资、融资方案的制定而自然确定，另外，很多公司有自己的最佳目标资本结构，公司的股利政策不应当破坏最佳资本结构，因此，公司采用剩余股利政策时应遵循四个步骤：

（1）设定目标资本结构，即确定权益资本与债务资本的比例，在此资本结构下，加权平均资本成本将达到最低水平。

（2）确定目标资本结构下投资所需的股东权益数额。

（3）最大限度地使用保留盈余来满足投资方案所需的权益资本数额。

（4）投资方案所需的权益资本已经满足后若有剩余盈余，再将其作为股利发放给股东。

【例 7 - 1】假设某公司 2020 年税后净利润为 1 000 万元，2021 年的投资计划需要资金 1 500 万元，公司的目标资本结构为权益资本占 60%，债务资本占 40%。

那么按照目标资本结构的要求，公司投资方案所需的权益资本为：1 500×60%＝900（万元）

公司当年全部可用于分派的盈利为 1 000 万元，除了可以满足上述投资方案所需的权益性资本额以外，还有剩余可以用于分派股利。2020 年可以发放的股利额为：

1 000－900＝100（万元）

假设该公司当年流通在外的普通股为 1 000 万股，那么每股股利为：

100÷1 000＝0.10（元/股）

剩余股利政策的优点是：留存收益优先保证再投资的需要，从而有助于降低再投资的资金成本，保持最佳的资本结构，实现企业价值的长期最大化。其缺点是：如果完全遵照执行剩余股利政策，股利发放额就会每年随投资机会和盈利水平的波动而波动。即使在盈利水平不变的情况下，股利也将与投资机会的多寡呈反方向变动；投资机会越多，股利越少；反之，投资机会越少，股利发放越多。而在投资机会维持不变的情况下，股利发放额将因公司每年盈利的波动而同方向波动。剩余股利政策不利于投资者安排收入与支出，也不利于公司树立良好的形象，一般适用于公司初创阶段或衰退阶段。

二、固定或稳定增长的股利政策

固定或稳定增长的股利政策是指公司将每年派发的股利额固定在某一特定水平上并在较长的时期内不变，只有当公司认为未来盈余会显著地、不可逆转地增长时，才提高年度的股利发放额。在固定或稳定增长的股利政策下，首先应确定的是股利分配额，而且该分配额一般不随资金需求的波动而波动。

近年来，为了避免通货膨胀对股东收益的影响，最终达到吸引投资的目的，很多公司开始实行稳定增长的股利政策。即为了避免股利的实际波动，公司在支付某一固定股利的基础上，还制定了一个目标股利增长率，依据公司的盈利水平按目标股利增长率逐年提高公司的股利支付水平。

（一）固定或稳定增长股利政策的优点

（1）由于股利政策本身的信息含量，它能将公司未来的获利能力、财务状况以及管理层对公司经营的信心等信息传递出去。固定或稳定增长的股利政策可以传递给股票市场和投资者一个公司经营状况稳定、管理层对未来充满信心的信号，这有利于公司在资本市场上树立良好的形象、增强投资者信心，进而有利于稳定公司股价。

（2）固定或稳定增长股利政策，有利于吸引那些打算作长期投资的股东，这部分股东希望其投资的获利能够成为其稳定的收入来源，以便安排各种经常性的消费和其他支出。

（3）稳定的股利政策可能会不符合剩余股利理论，但考虑到股票市场会受到多种因素的影响，因此为了使股利维持在稳定的水平上，即使推迟某些投资方案或者暂时偏离目标资本结构，也可能要比降低股利或降低股利增长率更为有利。

（二）固定或稳定增长股利政策的缺点

固定或稳定增长股利政策的缺点在于股利的支付与盈余相脱节。当盈余较低时仍要支付固定的股利，可能会导致资金短缺、财务状况恶化。在公司的发展过程中，难免会出现经营状况不好或短暂的困难时期，如果这时仍执行固定或稳定增长的股利政策，那么派发的股利金额会大于公司实现的盈利，必将侵蚀公司的留存收益，影响公司的后继发展，甚至侵蚀公司现有的资本，给公司的财务运作带来很大压力，最终影响公司正常的生产经营活动。同时该政策不能像剩余股利政策那样保持较低的资本成本。

因此，采用固定或稳定增长的股利政策，要求公司对未来的盈利和支付能力能做出较准确的判断。一般来说，公司确定的固定股利额不应太高，要留有余地，以免陷入公司无力支付的波动局面。固定或稳定增长的股利政策一般适应于经营比较稳定或正处于成长的企业，且很难长期采用。

三、固定股利支付率政策

固定股利支付率政策是指公司确定一个股利占盈余的比率，长期按此比率支付股利的政策。在此政策下，各年股利额随公司盈余的多少上下波动，盈余多的年份股利额高，盈余少的年份股利额低。这一比率称为股利支付率，股利支付率一经确定，一般不得随意变更。在这一股利政策下，只要公司的税后利润计算确定，所派发的股利也就相应确定了。

（一）固定股利支付率政策的优点

（1）采用固定股利支付率政策，股利与公司盈余紧密地配合，体现了多盈多分，少盈少分，无利不分的股利分配原则。

（2）采用固定股利支付率政策，公司每年按固定的比例从税后利润中支付现金股利，从企业支付能力的角度看，这是一种稳健的股利政策。

（二）固定股利支付率政策的缺点

（1）传递的信息可能成为公司的不利因素。如果公司每年收益不同，固定支付率的股利政策将导致公司每年股利分配额的频繁变化。而股利通常被认为是公司未来前途的信号，波动的股利向市场传的信息就是公司未来收益前景不明确、不可靠等，很容易给投资者带来公司经营状况不稳定，投资风险较大的不良印象。

（2）容易使公司面临较大的财务压力。公司实现的盈利多，只能表明公司盈利状况较好，并不代表公司有充足的现金。如果公司的现金流量状况不是很好，却仍要按固定比率派发股利，就很容易给公司造成较大的财务压力。

（3）缺乏财务弹性。在公司不同发展阶段，根据财务状况制定不同的股利政策，会更有效地实现公司的财务目标。但在固定股利支付率政策下，公司丧失了利用合理股利政策的财务方法，缺乏财务弹性。

（4）合适的固定股利支付率的确定难度大。如果固定股利支付率确定得较低，不能满足投资者对投资收益的要求；而固定股利支付率确定得较高，没有足够的现金派发股利时会给公司带来巨大财务压力。所以确定较优的股利支付率的难度很大。

由于公司每年面临的投资机会、筹资渠道都不同，而这些都可以影响到公司的股利分配。所以，一成不变的奉行一种按固定比率发放股利政策的公司在实际中并不多见，固定股利支付率政策只是比较适用于那些处于稳定发展且财务状况也较稳定的公司。

【例7-2】某公司长期采用固定股利支付率政策进行股利分配，确定的股利支付率为30%。202×年税后利润为1 000万元，如果仍然继续执行固定股利支付率政策，公司本年度将要支付的股利为：1 000×30%＝300（万元）

但公司下一年度有较大的投资需求，因此，准备在本年度采用剩余股利政策。如果公司下一年度的投资预算为1 100万元，目标资本结构为权益资本占70%，债务资本占

30%。按照目标资本结构的要求，公司投资方案所需的权益资本额为：

1 100×70%＝770（万元）

202×年可以发放的股利额为：1 000−770＝230（万元）

四、低正常股利加额外股利政策

低正常股利加额外股利政策，是指公司一般情况下每年只支付固定的、数额较低的股利；在盈余较多、资金充足的年份，再根据实际情况向股东发放额外的股利。但额外的股利并不固定，不是公司永久地提高了股利。

（一）低正常股利加额外股利政策的优点

（1）低正常股利加额外股利政策赋予公司一定的灵活性，使公司在股利发放上留有余地，并且具有较大的财务弹性。公司可以根据每年的具体情况，选择不同的股利发放水平，完善公司的资本结构，从而实现公司的财务目标。

（2）低正常股利加额外股利政策有助于稳定股价，增强投资者信心。当公司盈余较少或投资需用较多资金时，可维持设定的较低但正常的股利，股东不会有股利跌落感；而当盈余有较大幅度增加时，则可适度增发股利，使股东增强对公司的信心，有利于稳定股票的价格。

可以看出，低正常股利加额外股利政策既吸收了固定股利政策对股东投资收益的保障优点，同时又摒弃其对公司所造成的财务压力方面的不足，所以在资本市场上颇受投资者和公司的欢迎。

（二）低正常股利加额外股利政策的缺点

（1）由于年份之间公司的盈利波动使得额外股利不断变化，或时有时无，造成分派的股利不同，容易给投资者以公司收益不稳定的感觉。

（2）当公司在较长时期持续发放额外股利后，可能会被股东误认为是正常股利，而一旦取消了这部分额外股利，传递出去的信号可能会使股东认为这是公司财务状况恶化的表现，进而可能会引起公司股价下跌的不良后果。

以上各种股利政策各有所长，公司在分配股利时应借鉴其基本决策思想，制定适合自己具体实际情况的股利政策。

任务三　股利分配方案的确定及股利的发放

一、股利分配程序

公司向股东（投资者）分派股利（利润），应按一定的顺序进行。按照我国公司法的有关规定，利润分配应按下列顺序进行：

（1）弥补企业以前年度亏损。公司的法定公积金不足以弥补以前年度亏损的，在提取法定公积金之前，应当先用当年利润弥补亏损。

（2）提取法定公积金。根据公司法的规定，法定公积的提取比例为当年税后利润（弥补亏损后）的 10％。法定公积金已达注册资本的 50％时可不再提取。法定公积金可用于弥补亏损、扩大公司生产经营或转增资本，但企业用法定公积金转增资本后，法定公积金的余额不得低于转增前公司注册资本的 25％。

（3）提取任意公积金。根据公司法的规定，公司从税后利润中提取法定公积金后，经股东会或者股东大会决定，还可以从税后利润中提取任意公积金。

（4）向股东（投资者）分配股利（利润）。根据公司法的规定，公司弥补亏损和提取公积金后所余税后利润，可以向股东（投资者）分配股利（利润），其中有限责任公司股东按照实缴的出资比例分取红利，全体股东约定不按照出资比例分取红利的除外；股份有限公司按照股东持有的股份比例分配，但股份有限公司章程规定不按持股比例分配的除外。

根据公司法的规定，股东会、股东大会或者董事会违反相关规定，在公司弥补亏损和提取法定公积金之前向股东分配利润的，股东必须将违反规定分配的利润退还公司。另外，公司持有的本公司股份不得分配利润。

二、股利分配方案的确定

（一）选择股利政策

股利政策不仅会影响股东的利益，也会影响公司的正常运营以及未来的发展，因此，制定恰当的股利政策尤为重要。由于各种股利政策各有利弊，所以公司在进行股利政策决策时，要综合考虑公司面临的各种具体影响因素，适当遵循收益分配的各项原则，以保证不偏离公司目标。另外，每家公司都有自己的发展历程。就规模和盈利来讲，都会有初创阶段、增长阶段、稳定阶段、成熟阶段和衰退阶段等。在不同的发展阶段，公司所面临的财务、经营等问题都会有所不同，所以公司在制定股利政策时还要与其所处的发展阶段相适应。

公司在不同成长与发展阶段所采用的股利政策可用表 7-1 来描述。

表 7-1　不同阶段公司股利政策

公司发展阶段	特点	适应的股利政策
公司初创阶段	公司经营风险高，有投资需求且融资能力差	剩余股利政策
公司快速发展阶段	公司快速发展，投资需求大	低正常股利加额外股利政策
公司稳定增长阶段	公司业务稳定增长，投资需求减少，净现金流入量增加。每股净收益呈上升趋势	固定或稳定增长的股利政策
公司成熟阶段	公司盈利水平稳定，公司通常已经积累了一定的留存收益和现金	固定股利支付率政策
公司衰退阶段	公司业务锐减，获利能力和现金获得能力下降	剩余股利政策

（二）确定股利支付水平

股利支付水平通常用股利支付率来衡量。股利支付率是当年发放股利与当年净利润之比，或每股股利除以每股收益。低股利支付率政策有利于公司对收益的留存，有利于扩大投资规模和未来的持续发展，但在资本市场上对投资者的吸引力会大大降低，从而影响公司未来的增资扩股；而高股利支付率政策有利于增强公司股票的吸引力，有助于公司在公开市场上筹措资金，但由于留存收益的减少，又会给企业资金周转带来影响，加重公司财务负担。因此，企业应对各种因素进行权衡，确定是否对股东派发股利以及确定股利支付率的高低。

（三）确定股利支付形式

按照股份有限公司对其股东支付股利的不同方式，股利可以分为不同的种类。其中，常见的有以下四类。

1. 现金股利

现金股利，是以现金支付的股利，它是股利支付的主要方式。发放现金股利将同时减少公司的留存收益和现金，所以公司选择支付现金股利时，除了要有足够的累计盈余（特殊情况下可用弥补亏损后的盈余公积金支付）外，还要有足够的现金。而充足的现金往往会成为公司发放现金股利的主要制约因素。

2. 财产股利

财产股利，是以现金以外的其他资产支付的股利，主要是以公司所拥有的其他企业的有价证券，如债券、股票等，作为股利发放给股东。

3. 负债股利

负债股利，是以负债方式支付的股利，通常以公司的应付票据支付给股东，在不得已的情况下也有发行公司债券抵付股利的。

财产股利和负债股利实际上都是现金股利的替代方式，目前这两种股利方式在我国公司实务中极少使用，但并非法律所禁止。

4. 股票股利

股票股利，是公司以发放的股票作为股利的支付方式，我国实务中通常也称其为"红股"。股票股利对公司来说，没有现金流出企业，也不会导致公司资产的流出或负债的增加，但股票股利会增加流通在外的股票数量，同时降低股票的每股价值。它不会改变公司所有者权益总额，但会引起所有者权益各项目的结构发生变化。

【例 7-3】某上市公司在 202×年发放股票股利前，其资产负债表上的股东权益账户情况如下（单位：万元）。

股东权益：

普通股（面值 1 元，已发行 1 000 万股）	1 000
资本公积	4 000
盈余公积	2 000
未分配利润	3 000
股东权益合计	10 000

假设该公司宣布发放 10%的股票股利，现有股东每持有 10 股，即可获得赠送的 1 股普通股。该公司发放的股票股利为 100 万股。若该股票当时市价 8 元，随着股票股利的发

放，需从未分配利润中划转出的资金为：8×1 000×10％＝800 万元。

由于股票面额不变，发放 100 万股普通股只应增加股本项目 100 万元，其余的 700 万元（800 万元－100 万元）应作为股票溢价转至资本公积项目，而公司股东权益总额保持不变。股票股利发放之后的资产负债表上股东权益部分如下。

股东权益：

普通股（面额 1 元，流通在外 1100 万股）　　1 100

资本公积　　4 700

盈余公积　　2 000

未分配利润　　2 200

股东权益合计　　10 000

假设一位股东派发股票股利之前持有公司的普通股 3 000 股，那么，他拥有的股权比例为：

3 000 股÷1 000 万股＝0.03％

派发股利之后，他拥有的股票数量和股份比例为：

3 000 股＋300 股＝3 300 股

3 300 股÷1 100 万股＝0.03％

通过上例可以说明，由于公司的净资产不变，而股票股利派发前后每一位股东的持股比例也不发生变化，那么他们各自持股所代表的净资产也不会改变。可见，发放股票股利，不会对公司股东权益总额产生影响，但会发生资金在各股东权益项目间的再分配。需指出的是，例 7-3 中以市价计算股票股利价格的做法，是很多西方国家通行的；除此之外，也有的国家按股票面值计算股票股利价格，我国目前即采用这种做法。

对公司来讲，股票股利的优点主要有：

（1）发放股票股利可使股东分享公司的盈余而无须分配现金，这使公司留存了大量现金，便于进行再投资，有利于公司长远发展。

（2）在现金股利和盈余不变的情况下，发放股票股利可以降低每股价值，从而吸引更多的投资者。

（3）股票股利往往会向社会传递公司将会继续发展的信息，从而提高投资者对公司的信心，在一定程度上稳定股票价格。

（4）股票股利降低每股市价的时候，会吸引更多的投资者成为公司的股东，从而可以使股权更为分散，有效地防止公司被恶意控制。

在实际业务在中，发放股票股利的费用比发放现金股利的费用大，因此会增加公司的负担。

三、股利的发放

公司在选择了股利政策，确定了股利支付水平和方式后，应当进行股利的发放。公司股利的发放必须遵循相关的要求，按照日程安排来进行。一般情况下，股利的支付需要按照下列日程来进行：

（1）预案公布日。上市公司分派股利时，首先要由公司董事会制定分红预案，包括本次分红的数量、分红的方式、股东大会召开的时间、地点及表决方式等，以上内容由公司董事会向社会公开发布。

（2）股利宣告日。即公司董事会将股利支付情况予以公告的日期。董事会制定的分红预案必须经过股东大会讨论。只有讨论通过之后，才能公布每股支付的股利、股权登记期限、股利支付日期等事项。

（3）股权登记日。这是由公司在宣布分红方案时确定的一个具体日期。凡是在此指定日期收盘之前取得了公司股票，成为公司在册股东的投资者都可以作为股东享受公司分派的股利。在此日之后取得股票的股东则无权享受已宣布的股利。

（4）除息日。在除息日，股票的所有权和领取股息的权利分离，股利权利不再从属于股票，所以在这一天购入公司股票的投资者不能享有已宣布发放的股利。除息日的股价会下跌，下跌的幅度约等于分派的股息。

（5）股利发放日。即公司按公布的分红方案向股权登记日在册的股东实际支付股利的日期。

【例7-4】某上市公司于2021年3月10日公布2020年度的最后分红方案，其发布的公告如下："2021年3月9日在北京召开的股东大会，通过了2021年3月2日董事会关于每股分派0.2元的2020年股息分配方案。股权登记日为3月25日，除息日是3月26日，股东可在4月10日至15日之间通过上海证券交易所按交易方式领取股息。特此公告。"

那么，该公司的股利支付程序如下：

3月2日	3月10日	3月25日	3月26日	4月10日—4月15日
预案公布日	股利宣告日	股权登记日	除息日	支付期间

同步测试

一、单项选择题

1. 利润分配应遵循的原则中（　　）是正确处理投资者利益关系的关键。
   A. 依法分配原则　　　　　　　　　B. 兼顾各方面利益原则
   C. 分配与积累并重原则　　　　　　D. 投资与收益对等原则

2. 下列在确定公司利润分配政策时应考虑的因素中，不属于股东因素的是（　　）。
   A. 规避风险　　　　　　　　　　　B. 稳定股利收入
   C. 防止公司控制权旁落　　　　　　D. 公司未来的投资机会

3. （　　）的依据是股利无关论。
   A. 剩余股利政策　　　　　　　　　B. 固定股利政策
   C. 固定股利支付率政策　　　　　　D. 低正常股利加额外股利政策

4. （　　）认为用留存收益再投资带给投资者的收益具有很大的不确定性，并且投资风险随着时间的推移将进一步增大，所以投资者更喜欢现金股利。

    A. "在手之鸟"理论   B. 信号传递理论

    C. 代理理论   D. 股利无关论

5. 剩余股利政策的优点是（   ）。

    A. 有利于树立良好的形象   B. 有利于投资者安排收入和支出

    C. 有利于企业价值的长期最大化   D. 体现投资风险与收益的对等

6. 某公司 2020 年度净利润为 4 000 万元，预计 2021 年投资所需的资金为 2 000 万元，假设目标资金结构是负债资金占 60%，企业按照 15% 的比例计提盈余公积金，公司采用剩余股利政策发放股利，则 2020 年度企业可向投资者支付的股利为（   ）万元。

    A. 2 600   B. 3 200   C. 2 800   D. 2 200

7. （   ）适用于经营比较稳定或正处于成长期、信誉一般的公司。

    A. 剩余股利政策   B. 固定股利政策

    C. 固定股利支付率政策   D. 低正常股利加额外股利政策

8. （   ）既可以在一定程度上维持股利的稳定性，又有利于企业的资本结构达到目标资本结构，使灵活性与稳定性较好的结合。

    A. 剩余股利政策   B. 固定股利政策

    C. 固定股利支付率政策   D. 低正常股利加额外股利政策

9. 上市公司发放现金股利的原因不包括（   ）。

    A. 投资者偏好   B. 减少代理成本

    C. 传递公司的未来信息   D. 减少公司所得税负担

10. （   ）是领取股利的权利与股票相互分离的日期。

    A. 股利宣告日   B. 股权登记日

    C. 除息日   D. 股利支付日

二、多项选择题

1. 在确定利润分配政策时须考虑股东因素，其中主张限制股利的是（   ）。

    A. 稳定收入考虑   B. 避税考虑

    C. 控制权考虑   D. 规避风险考虑

2. 影响利润分配的其他因素主要包括（   ）。

    A. 控制权   B. 超额累积利润约束

    C. 债务合同限制   D. 通货膨胀限制

3. 公司以支付现金股利的方式向市场传递信息，通常也要付出较为高昂的代价，这些代价包括（   ）。

    A. 较高的所得税负担

    B. 重返资本市场后承担必不可少的交易成本

    C. 摊薄每股收益

    D. 产生机会成本

4. 股利无关论是建立在"完美且完全的资本市场"的假设条件之上的，这一假设包括（　　）。

    A. 完善的竞争假设　　　　　　　　B. 信息完备假设

    C. 存在交易成本假设　　　　　　　D. 理性投资者假设

5. 固定股利支付率政策的优点包括（　　）。

    A. 使股利与企业盈余紧密结合　　　B. 体现投资风险与收益的对等

    C. 有利于稳定股票价格　　　　　　D. 缺乏财务弹性

6. 企业选择股利政策类型时通常需要考虑的因素包括（　　）。

    A. 企业所处的成长与发展阶段　　　B. 股利信号传递功能

    C. 目前的投资机会　　　　　　　　D. 企业的信誉状况

7. 企业确定股利支付水平需要考虑的因素包括（　　）。

    A. 企业所处的成长与发展阶段　　　B. 企业的控制权结构

    C. 顾客效应　　　　　　　　　　　D. 通货膨胀因素

8. 关于股票股利的说法正确的是（　　）。

    A. 发放股票股利便于今后配股融通更多的资金和刺激股价

    B. 发放股票股利不会引起所有者权益总额的变化

    C. 发放股票股利会引起所有者权益内部结构的变化

    D. 发放股票股利没有改变股东的持股比例，但是改变了股东所持股票的市场价值总额

9. 股票回购的动机包括（　　）。

    A. 改善企业资金结构　　　　　　　B. 满足认股权的行使

    C. 分配超额现金　　　　　　　　　D. 清除小股东

10. 影响股票回购的因素包括（　　）。

    A. 税收因素　　　　　　　　　　　B. 投资者对股票回购的反应

    C. 对股票市场价值的影响　　　　　D. 对公司信用等级的影响

三、判断题

1. 资本积累约束要求企业发放的股利或投资分红不得来源于原始投资（或股本），而只能来源于企业当期利润或留存收益。（　　）

2. 处于成长期的公司多采取多分少留的政策，而陷入经营收缩的公司多采取少分多留的政策。（　　）

3. 股利分配的信号传递理论认为股利政策是协调股东与管理者之间代理关系的一种约束机制。（　　）

4. 股利分配的税收效应理论认为股利政策不仅与股价相关，而且由于税赋的影响，企业应采用高股利政策。（　　）

5. 股份有限公司利润分配的顺序是：提取法定公积金、提取法定公益金、提取任意公积金、弥补以前年度亏损、向投资者分配利润或股利。（　　）

6. 法定公积金按照本年实现净利润的10％提取，法定公积金达到注册资本的50％时，

可不再提取。　　　　　　　　　　　　　　　　　　　　　　　　（　　　）

7. 只要企业有足够的现金就可以支付现金股利。　　　　　　　　　（　　　）

8. 通常在除息日之前进行交易的股票，其价格高于在除息日后进行交易的股票价格。

　　　　　　　　　　　　　　　　　　　　　　　　　　　　　　（　　　）

9. 股票分割可能会增加股东的现金股利，使股东感到满意。　　　　（　　　）

10. 出于稳定收入考虑，股东最不赞成固定股利支付率政策。　　　　（　　　）

四、计算题

1. 某公司 2019 年度的税后利润为 1 000 万元，该年分配股利 500 万元，2021 年拟投资 1 000 万元引进一条生产线以扩大生产能力，该公司目标资本结构为自有资金占 80%，借入资金占 20%。该公司 2020 年度的税后利润为 1 200 万元。

要求回答：

（1）如果该公司执行的是固定股利政策，并保持资金结构不变，则 2021 年度该公司为引进生产线需要从外部筹集多少自有资金？

（2）如果该公司执行的是固定股利支付率政策，并保持资金结构不变，则 2021 年度该公司为引进生产线需要从外部筹集多少自有资金？

（3）如果该公司执行的是剩余股利政策，则 2020 年度公司可以发放多少现金股利？

2. 正保公司年终进行利润分配前的股东权益情况如下所示（单位：万元）：

股本（面值 3 元已发行 100 万股）　　　　　300

资本公积　　　　　　　　　　　　　　　　　300

未分配利润　　　　　　　　　　　　　　　　600

股东权益合计　　　　　　　　　　　　　　1 200

回答下列互不关联的两个问题：

（1）如果公司宣布发放 10% 的股票股利，若当时该股票市价为 5 元，股票股利的金额按照当时的市价计算，并按发放股票股利后的股数发放现金股利每股 0.1 元。则计算发放股利后的股东权益各项目的数额。

（2）如果按照 1 股换 3 股的比例进行股票分割，计算进行股票分割后股东权益各项目的数额。

五、阅读思考题

福耀玻璃股利分配政策探讨[①]

福耀集团公司于 1987 年成立，是一家专业生产汽车安全玻璃和工业技术玻璃的中外合资企业。1993 年，福耀玻璃（600660）在上海证券交易所挂牌上市，成为中国同行业首家上市公司。目前，该公司是国内规模最大、出口量最大的汽车玻璃生产供应商，产品

---

① 陈咏英．股利分配政策探讨—基于福耀玻璃股利分配案例的思考［J］．财会通讯：综合版，2010（2）：119～120．

"FY"商标是中国汽车玻璃行业迄今为止唯一的"中国驰名商标"，福耀产品被中国质量协会评选为"全国用户满意产品"。

2009年3月10日，福耀玻璃第六届董事局第五次会议决议公告发布了2008年度股利分配预案：既不进行利润分配，也不进行资本公积金转增股本。方案一出，顿时引起了比较强烈的反响，外界纷纷对福耀玻璃不分配的"抠门"行为进行质疑。就在短短的6天之前即2009年3月4日，福耀玻璃还发布公告确认董事长曹德旺先生将把自己及其家族名下60%的股票（占公司全部股份的29.5%，总市场价值达38亿元）捐赠出来，成立以其父名字命名的"河仁慈善基金会"，用于在全国范围内进行助学、救灾、救困、宗教等慈善公益事业。相比之下，为什么大行慈善的福耀玻璃对股民却变成了一毛不拔的铁公鸡？这样的股利政策是否侵害了股东的利益？是否损害了财务管理目标？一时间质疑与批评之声四起。

福耀玻璃董事局公告宣称，实行不分配的理由是为了降低公司资产负债率，补充生产经营所需流动资金，实现公司长期、持续、稳健、高效发展。此外，2009年3月28日，福耀玻璃董事长曹德旺在接受中央电视台《经济半小时》记者采访时对不分配政策也做出了解释："今年经济这么危机的时候是不能分红，因为福耀是高负债企业，现在这个时期我大股东要自觉地跟银行配合，不要把公司的钱挖空，要取信于银行。"他还表示："实际上分红对我最合算了：总共21亿股，我占了54%，拿1亿分，我分5400万元，2亿分，我分1亿零800万元，你说分给我多，还是分给你（小股东）多？他们讲我铁公鸡，我不能接受。"

问题：

（1）简述上市公司的股利政策有哪些？

（2）从财务学的角度，对福耀玻璃的股利政策如何评价？

（3）为什么社会公众对福耀玻璃股利的不分配方案有如此强烈的反应？

财务预算

专业能力：

- 懂得财务预算编制的基本方法
- 能运用财务预算编制的基本方法编制业务预算和现金预算
- 会编制预计利润表和预计资产负债表

社会能力：

- 具备一定的沟通协调能力，能够与企业内外相关部门进行工作沟通
- 能比较敏锐地判断经济环境、金融环境、法律环境对财务预算活动产生的影响

方法能力：

- 会收集、整理编制财务预算所需要的各种信息
- 能撰写简明扼要的财务预算说明书

任务引例

2016年3月4日一天天地逼近，美国民主与共和两党仍然在2016年联邦财政年度预算问题上争执不下。美国国会议员最近在共和党削减40亿美元支出的一项提案上一度陷入僵局，这项提案是预算计划的一部分内容，而预算计划则是维持联邦政府机构运作的必要条件。目前维持政府机构运作的支出计划将在3月4日到期，如果到时议员仍然无法达成一致，预算提案无法通过，美国将面临不得不暂时关闭政府的危险。

知识解析

凡事预则立，不预则废。在财务管理中，预算则是计划这一职能在财务中的具体体现。预算发挥着越来越大的作用，大到政府小到企业都面临着如何做好财务预算管理的问题。

任务一　财务预算认知

一、财务预算的含义

预算一词源于英国，发展在美国。起先它是被应用在政府机构，目的是控制国王对臣民的征税权力，以及对政府开支的限制，后来逐渐被应用到企业管理当中。预算就是基于预测，围绕组织目标对组织未来的生产经营活动所做的计划。财务预算是一系列专门反映企业未来一定预算期内预计财务状况和经营成果，以及现金收支等价值指标的各种预算的总称，具体包括现金预算、财务费用预算、预计利润表、预计利润表、预计资产负债表和预计利润分配表等内容。编制财务预算是企业财务管理的一项重要工作。

二、财务预算与财务预测、决策及控制等环节的关系

在现代企业财务管理实践中，财务预算需要以财务预测的结果为根据，受到财务预测质量的制约，在对未来的规划方面它又比财务预测更具体，更有实际意义。财务预算必须服从决策目标的要求，尽量做到全面综合地协调、规划企业内部各部门、各层次的经济关系与职能，使之统一服从于未来经营总体目标的要求。同时，财务预算又能使决策目标具体化、系统化、定量化，能够明确规定企业有关生产经营人员各自的职责及相应的奋斗目标，做到人人事先心中有数。财务预算还是财务控制的先导，其量化指标可作为日常控制与业绩考核的依据，经过分解落实的预算规划目标能与个人业绩考评结合起来，成为奖勤罚懒、评估优劣的准绳。

三、财务预算在全面预算体系中的地位

全面预算是所有以货币及其他数量形式反映的有关企业未来一段期间内全部经营活动

各项目标的行动计划与相应措施的数量说明，具体包括特种决策预算、日常业务预算与财务预算三大类内容。

（1）特种决策预算。它最能直接体现决策的结果，实际是中选方案的进一步规划，如资本支出预算，其编制依据可追溯到决策之前搜集到的有关资料，只不过预算比决策估算更细致、更精确一些。

（2）日常业务预算。它是指与企业日常经营活动直接相关的经营业务的各种预算。具体包括销售预算、生产预算、直接材料消耗及采购预算、直接工资及其他直接支出预算、制造费用预算、产品生产成本预算、销售及管理费用预算等内容。

（3）财务预算。它是作为全面预算体系中的最后环节，可以从价值方面总括地反映经营期决策预算与业务预算的结果，亦称为总预算，其余预算则相应称为辅助预算或分预算。显然，财务预算在全面预算体系中占有举足轻重的地位。

财务预算在全面预算体系中的地位如图 8-1 所示。

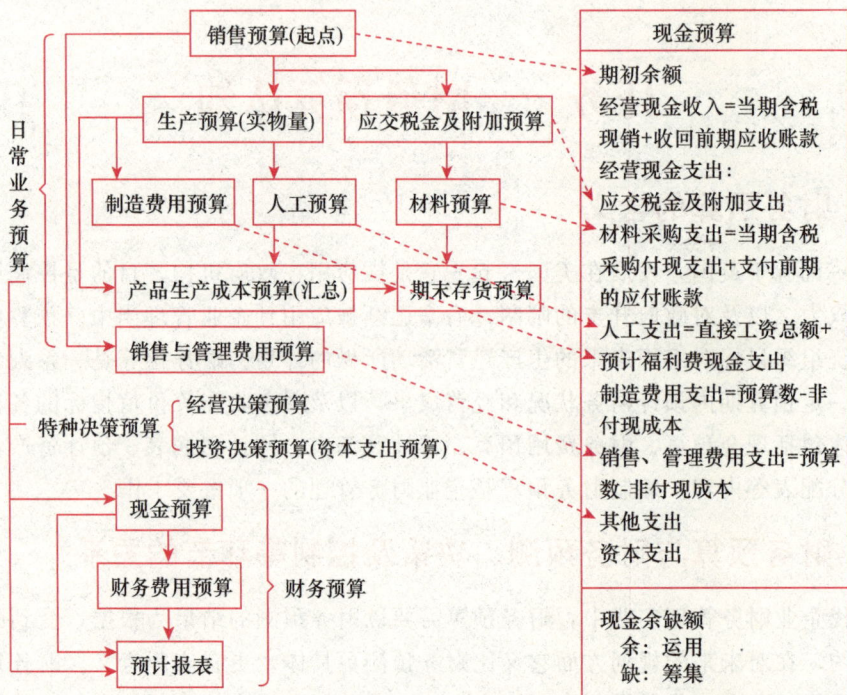

图 8-1　全面预算体系

四、财务预算的作用

1. 明确奋斗目标

财务预算有助于全体职工了解本部门的经济活动和整个企业财务目标之间的关系，明确今后自己的工作量、收入、成本和利润等各方面应达到的水平和努力方向，促使各部门和每个职工完成企业的目标。

2. 协调内部工作

财务预算由于运用货币量度而具有高度的综合能力，可以促使各部门互相了解，协调各部门的计划，以免相互冲突、各不衔接。

3. 控制日常活动

在财务预算执行过程中，各部门可以及时发现实际脱离预算的差异，分析造成差异的原因，以便采取措施，调整日常经济活动，保证预算目标的完成。

4. 考核工作绩效

通过编制财务预算，各部门可将自己所应达到的具体指标作为未来一定期间从事实际工作的行动标准和成就水平，这就是考核、评价各部门工作绩效的依据。对完成指标出色的部门给予奖励，对未完成指标的部门应查明原因、明确责任。

任务二　财务预算的编制

一、财务预算的编制原理

企业的财务预算是在经营预算的基础上编制出来的。企业的经营预算，首先对企业的产品销售进行预测，编制销售预算，然后再按"以销定产"的方法，逐步对产品生产、材料采购、存货和费用等进行预算。

1. 销售预算

销售预算是编制所有其他预算的基础。其作用是预计企业在预算期内的销售量并根据各季现销收入与回收赊销货款的可能情况反映现金收入，以便为编制现金收支预算提供信息。

预计销售收入＝预计销售量×销售单价

2. 生产预算

生产预算根据销售预算中各产品每季预计销售量加减预计期末、期初存货量确定出各季的预算产量。

预计生产量＝预计销售量＋预计期末库存量－期初库存量

3. 直接材料消耗及采购预算

在生产预算的基础上编制，反映预算期内各种材料的消耗水平，并规定材料采购量及成本计划，是一种业务预算。

预计直接材料采购量＝预计生产量×单位产品材料耗用量＋预计期末材料存货－期初材料存货
直接材料采购额＝预计直接材料采购量×直接材料单价

4. 直接工资和其他直接支出预算

反映预算期内人工工时消耗水平，并规划人工成本开支。

直接工资预算额＝预计生产量×单位产品直接人工时数×小时工资率

5. 制造费用预算

反映预算期内除直接材料和直接人工预算以外的间接制造费用的一种业务预算。按照与生产量的相关性即成本性态，通常将制造费用分为变动制造费用和固定制造费用。两类制造费用预算分别编制。

$$预计变动制造费用＝预计生产量×单位产品费用分配率$$

固定制造费用与生产量之间不存在线性关系，其预算通常是根据上年的实际水平，并考虑预算年度的变化因素，经过适当的调整而取得。

6. 产品生产成本及期末产成品存货预算

反映预算期内各种产品生产成本水平和期末产成品存货水平的一种业务预算。

$$预计期末产成品存货额＝产品单位成本×预计期末产成品存货量$$

7. 销售及管理费用预算

以价值形式反映整个预算期内为推销商品和维持一般行政管理工作而发生的各项费用支出计划的一般预算。

根据这样一系列的预算基础编制，我们就可以得到现金预算的编制。

8. 现金预算

现金预算亦称现金收支预算，它是以日常业务预算和特种决策预算为基础所编制的反映现金收支情况的预算。

现金预算编制的内容包括现金收入、现金支出、现金多余或不足的计算，以及不足部分的筹措方案和多余部分的利用方案等。现金收入主要指经营业务活动的现金收入，现金支出除了涉及有关直接材料、直接人工、制造费用和销售及管理费用方面的经营性现金支出外，还包括用于缴纳税金、股利分配等支出，另外还包括购买设备等资本性支出。现金预算的编制要以其他各项预算为基础。其目的在于资金不足时筹措资金，资金多余时处理现金余额，并且提供现金收支的控制限额，可以发挥现金管理的作用。

9. 预计损益表

预计损益表描述的是企业在未来预算期间的预计收入、预计成本费用以及预计盈利情况。它是在上述各项经营预算基础上按照权责发生制的原则编制的。

10. 预计资产负债表

预计资产负债表是描述企业预算期末的资产、负债和所有者权益状况的报表。它是根据当期的资产负债表和经营预算、资本支出预算和现金预算的有关结果编制的。

二、财务预算的编制过程

下面举例说明各种财务预算的编制过程。

【例8-1】龙韵公司只生产一种产品，销售单价为200元，预算年度内4个季度的预计销售量分别为3 000件、6 000件、4 000件和4 500件。根据以往的经验，销货款在当季度可收到70％，其余30％的部分将在下一季度收到。预计第一季度可收回上年第四季度的应收账款180 000元。

解：根据上述资料，编制出销售预算如表8-1所示。

表8-1 龙韵公司销售预算
202×年度

季度		一	二	三	四	全年
预计销售量	①	3 000	6 000	4 000	4 500	17 500
预计单位售价（元）	②	200	200	200	200	200
预计销售收入（元）	③＝①×②	600 000	1200 000	800 000	900 000	3 500 000

根据销售预算及前期应收账款的收回及当期销货款的预计回收情况，就能编制出预计现金收入计算表，如表8-2所示。

表8-2 预计现金收入计算表
202×年度
单位：元

季度		一	二	三	四	全年
预计销售收入	①	600 000	1 200 000	800 000	900 000	3 500 000
收到上季应收账款	②＝上季①×30%	180 000	180 000	360 000	240 000	960 000
收到本季销货款	③＝①×70%	420 000	840 000	560 000	630 000	2 450 000
现金收入合计	④＝②＋③	600 000	1 020 000	920 000	870 000	3 410 000

【例8-2】依据例8-1资料，如果龙韵公司期末存货量为下一季度销售量的10%，预算年度的年初存货量为500件，预算年度的年末存货量为400件。

根据销售预算和上述有关资料，可编制生产预算如表8-3所示。

表8-3 龙韵公司生产预算
202×年度

季度		一	二	三	四	全年
预计销售量	①	3 000	6 000	4 000	4 500	17 500
加：预计期末存货	②＝下季①×10%	600	400	450	400	400
减：预计期初存货	③＝上季②	500	600	400	450	500
预计生产量	④＝①＋②－③	3 100	5 800	4 050	4 450	17 400

【例8-3】依据例8-1、8-2资料，如果龙韵公司所生产的产品只需要一种材料，其消耗定额为4千克，材料单位成本为12元。每季度末的材料库存量为下一季度生产用量的30%；每季度购料款当季支付60%，其余40%在下一季度支付，预算年度第一季度支付的上年度购料款为60 000元。预算年度的年初材料存量为5 100千克，年末材料存量为5 000千克。

根据生产预算和上述资料，编制出材料采购预算如表8-4所示，以及材料采购现金支出计算表如表8-5所示。

表8-4 材料采购预算

202×年度

季度		一	二	三	四	全年
预计生产量	①	3 100	5 800	4 050	4 450	17 400
单位产品材料用量（千克）	②	4	4	4	4	4
生产需用量（千克）	③=①×②	12 400	23 200	16 200	17 800	69 600
加：期末存量（千克）	④=下季③×30%	6 960	4 860	5 340	5 000	5 000
减：期初存（千克）量	⑤=上季④	5 100	6 960	4 860	5 340	5 100
预计材料采购量（千克）	⑥=③+④-⑤	14 260	21 100	16 680	17 460	69 500

表8-5 材料采购现金支出计算表

202×年度

季度		一	二	三	四	全年
材料采购量（千克）	①	14 260	21 100	16 680	17 460	69 500
单位成本（元）	②	12	12	12	12	12
采购金额（元）	③=①×②	171 120	253 200	200 160	209 520	8834 000
应付上季赊购款（元）	④=上季③×40%	60 000	68 448	101 280	80 064	309 792
应付本季现购款（元）	⑤=③×60%	102 672	151 920	120 096	125 712	500 400
现金支出（元）	⑥=④+⑤	162 672	220 368	221 376	205 776	810 192

【例8-4】龙韵公司在预算年度内直接人工工资率为5元/工时，产品工时定额为3工时，直接人工工资均于当期以现金支付。根据生产预算和本例所给资料，编制直接人工预算，如表8-6所示。

表8-6 直接人工预算

202×年度

季度		一	二	三	四	全年
预计产量（件）	①	3 100	5 800	4 050	4 450	17 400
单位产品工时（小时）	②	3	3	3	3	3
人工总工时（小时）	③=①×②	9 300	17 400	12 150	13 350	52 200
小时工资率（元）	④	5	5	5	5	5
预计直接人工成本（元）	⑤=③×④	46 500	87 000	60 750	66 750	261 000

【例8-5】龙韵公司在预算年度内的变动制造费用为313 200元，其中人工费100 000，材料费80 000，水电费110 000，维修费23 200；固定制造费用为469 800元，其中管理人员工资120 000，保险费100 000，办公费49 800，设备折旧费200 000。变动制造费用分配率按产品产量计算，以现金支付的各项制造费用均于当期支付。

根据生产预算以及本例所给的条件，可计算出变动制造费用分配率。

变动制造费用分配率＝变动制造费用/预算期生产总量＝313 200/17 400＝18（元/件）

表8-7　制造费用预计现金支出计算表

202×年度

季度		一	二	三	四	全年
预计产量（件）	①	3 100	5 800	4 050	4 450	17 400
变动制造费用（元）	②＝①×18	55 800	104 400	72 900	80 100	313 200
固定制造费用（元）	③＝469 800/4	117 450	117 450	117 450	117 450	469 800
减：累计折旧（元）	④＝200 000/4	50 000	50 000	50 000	50 000	200 000
制造费用现金支出合计（元）	⑤＝②＋③－④	123 250	171 850	140 350	147 550	583 000

根据前面所给的预算资料，可编制出产品单位成本及期末存货预算表，如表8-8所示。

表8-8　产品单位成本及期末存货预算表

202×年度

成本项目		价格标准	用量标准	合计金额（元）
直接材料	①	12元/千克	4千克	48
直接人工	②	5元/工时	3工时	15
制造费用	③＝18＋469 800/17 400			45
产品单位成本	④＝①＋②＋③			108
产品期末存货量	⑤			400
产品期末存货成本	⑥＝④×⑤			43 200

【例8-6】龙韵公司在预算期间的变动销售及管理费用为35 000元，按预算期销售量计算其分配率；固定销售及管理费用为136 000元。

根据前面所给的资料，可编制销售及管理费用预算如表8-9所示。

表8-9　销售及管理费用预算

202×年度

季度		一	二	三	四	全年
预计销售量（件）	①	3 000	6 000	4 000	4 500	17 500
变动销售及管理费用分配率	②＝35 000/17 500	2	2	2	2	2
变动销售及管理费用现金支出	③＝①×②	6 000	12 000	8 000	9 000	35 000
固定销售及管理费用现金支出（元）	④＝136 000/4	34 000	34 000	34 000	34 000	136 000
现金支出合计（元）		40 000	46 000	42 000	43 000	171 000

【例8-7】龙韵公司在第一季度需购置设备940 000元。期末现金余额不能低于200 000元，否则需向银行借款，年借款利率10%，假设年末支付利息；预计年初现金余额为450 000，各季度支付所得税款175 000元。

根据上述资料，可编制现金预算表，如表8-10所示。

表 8 - 10　现金预算表

202×年度　　　　　　　　　　　　　　　　　　　单位：元

季度	一	二	三	四	全年
期初现金余额	450 000	262 578	582 360	862 884	450 000
加：销货现金收入	600 000	1 020 000	920 000	870 000	3 410 000
可供使用现金	1 050 000	1 282 578	1 502 360	1 732 884	3 860 000
减：各项支出					
直接材料	162 672	220 368	221 376	205 776	810 192
直接人工	46 500	87 000	60 750	66 750	261 000
制造费用	123 250	171 850	140 350	147 550	583 000
销售及管理费用	40 000	46 000	42 000	43 000	171 000
购买设备	940 000				940 000
所得税	175 000	175 000	175 000	175 000	700 000
支出合计	1 487 422	700 218	639 476	638 076	3 465 192
现金多余或不足	437 422	582 360	862 884	1 094 808	394 808
向银行借款	700 000				700 000
还银行借款					700 000
借款利息（年利10%）					70 000
期末现金余额	262 578	582 360	862 884		324 808

【例 8 - 8】龙韵公司预算期初的资产负债表如表 8 - 11 所示。根据所给资料以及前面各预算的有关资料，可编制出预算年度的预计损益表和期末的预计资产负债表，分别如 8 - 12 和 8 - 13 所示。

表 8 - 11　龙韵公司期初资产负债表

单位：元

项目	金额	项目	金额
流动资产		流动负债	
现金	450 000	应付账款	60 000
应收账款	180 000		
原材料	61 200	长期负债	
产成品	54 000		
流动资产合计	745 200		
固定资产		负债合计	60 000
土地	600 000	所有者权益	
房屋及设备	2 400 000	实收资本	2 000 000
减：累计折旧	400 000	盈余公积	1 285 200
固定资产合计	2 600 000	所有者权益合计	3 285 200
资产总额	3 345 200	权益总额	3 345 200

表 8-12 预计损益表
202×年度
单位：元

项目		金额
销售收入	表 8-2	3 500 000
减：销货成本	表 8-3，表 8-8	1 890 000
毛利		161 000
减：销售及管理费用	表 8-9	171 000
利息	表 8-10	70 000
营业利润		1 369 000
利润总额		1 369 000
所得税	表 8-10	700 000
净利润		669 000

表 8-13 预计资产负债表
202×年 12 月 31 日
单位：元

资产			权益		
项目		年末	项目		年末
流动资产			流动负债		
现金	表 8-10	324 808	应付账款	表 8-5	83 808（209 520×40%）
应收账款	表 8-1	270 000	长期负债		83 808
原材料	表 8-4，表 8-5	60 000	负债合计		
产成品	表 8-8	43 200	所有者权益		
流动资产合计		698 008	实收资本	表 8-11	2 000 000
固定资产			盈余公积	表 8-11	1 285 200
土地	表 8-11	600 000	未分配利润	表 8-12	669 000
房屋及设备	表 8-10，表 8-11	3 340 000			
减：累计折旧	表 8-7，表 8-11	600 000	所有者权益合计		3 954 200
固定资产合计		3340 000			
资产总额		4 038 008	负债与所有者权益总计		4 038 008

三、预算编制方法介绍

（一）固定预算与弹性预算

1. 固定预算

在传统的预算编制过程中，某预算期内编制财务预算所依据的成本费用和利润信息都只是在一个预定的产销业务量水平的基础上确定的，这种百分之百地依赖一种业务量编制的预算就是所谓固定预算或静态预算。显然，一旦这种预算赖以存在的前提——预计业务量与实际水平相去甚远时（这种情况在当今复杂的市场环境中屡屡发生），必然导致有关成本费用及利润的实际水平与预算水平因基础不同而失去可比性，不利于开展控制与考核。

2. 弹性预算

弹性预算是为克服固定预算缺点而设计的，在成本习性分析的基础上，分别按一系列可能达到的预计业务量水平（如按一定百分比间隔）编制的能适应多种情况预算的方法。由于它能规定不同业务量条件下的预算收支，适用面宽，机动性强，具有弹性，故称为弹性预算，也称为变动预算或滑动预算。

弹性预算从理论上讲适用于全面预算中所有与业务量有关的各种预算，但从实用角度看，主要用于编制弹性成本费用预算和弹性利润预算等。弹性成本预算可按业务量与有关成本费用项目之间的内在关系进行分析而编制。

【例 8 - 9】某公司预计 202×年度可利用的生产能力为 45 000～60 000 直接生产工时，其固定制造费用为 456 000 元，变动制造费用为 22.5 元/工日。

根据上述资料，编制的制造费用预算如下：

表 8 - 14　制造费用预算

202×年

项目	金额/数量			
作业水平（工日）	45 000	50 000	55 000	60 000
变动制造费用率（元/工日）	22.5	22.5	22.5	22.5
变动制造费用（元）	1 012 500	1 125 000	1 237 500	1 350 000
固定制造费用（元）	456 000	456 000	456 000	456 000
制造费用合计（元）	1 468 500	1 581 000	1 693 500	1 806 000

（二）增量预算与零基预算

1. 增量预算

增量预算是指在基期成本费用水平的基础上，结合预算期业务量水平及有关降低成本的措施，通过调整有关原有成本费用项目而编制预算的方法。编制这种预算时往往不加分析地保留或接受原有成本项目，或按主观臆断平均削减，或只增不减，容易造成浪费，有可能使不必要开支合理化。

2. 零基预算

零基预算是区别于传统的增量预算而设计的一种费用预算。它不是以现有费用为前提，而是一切从零做起，从实际需要与可能出发，像对待决策项目一样，逐项审议各种费用开支是否必要合理，进行综合平衡，从而确定预算费用。

编制零基预算的程序是：首先，针对企业在预算年度的总体目标以及由此确定的各预算单位的具体目标和业务活动水平，提出相应费用计划方案，并说明每一费用开支的理由与数额。其次，按成本—效益分析方法比较每一项费用及相应的效益，评价每项开支计划的重要程度（最好能相应划分等级，区分不可避免成本与可延缓成本），以便区别对待。

再次，对不可避免费用项目优先分配资金，对可延缓成本则根据可动用资金情况，按轻重缓急，分级依次安排预算项目。最后，经协调后具体规定有关指标，逐项下达费用预算。

应该看到，零基预算像开办新事务一样以零为出发点，不受现有框框限制，对一切费用一视同仁，能促使各方面精打细算，量力而行，合理使用资金，因而可大幅度压缩开支，提高效益。但这势必带来浩繁的工作量，搞不好会顾此失彼，难以突出重点。因此，在执行零基预算时，一方面要充分调动和利用各级管理人员的积极性、创造性，主动控制开支；另一方面又要掌握重点，统筹组织，量力而行。

（三）定期预算与滚动预算

1. 定期预算

传统的业务预算与财务预算一般以会计年度为单位定期编制。这种定期预算有三大缺点：一是远期预算指导性差。因为定期预算多在其执行年度开始前两、三个月进行，难以预测预算期后期情况，数据笼统模糊。二是预算的灵活性差。预算执行中，许多不测因素会妨碍预算的指导功能，甚至使之失去作用，成为虚假预算（如年内临时转产），在实践中又往往不能进行调整。三是预算的连续性差。即使年中稍事修订预算，也只是针对剩余预算期那几个月，执行预算也受到这种限制，对下年度很少考虑，形成人为的预算间断。

2. 滚动预算

为了克服定期预算的盲目性、不变性和间断性，可采用滚动预算的方法。它的要点在于不将预算期与会计年度挂钩，而是始终保持在 12 个月或 4 个季度，即每过一个月或一个季度就在原预算基础上增补下一个月或季度的预算，从而逐期向后滚动，连续不断地以预算形式规划未来经营活动。这种滚动预算也称为永续预算或连续预算。

与定期预算相比，滚动预算可以根据预算执行结果和企业经营环境的变化，对以后期间的预算进行调整和修正，使预算更接近和适应实际情况，从而更有效地发挥预算的控制和指导作用。

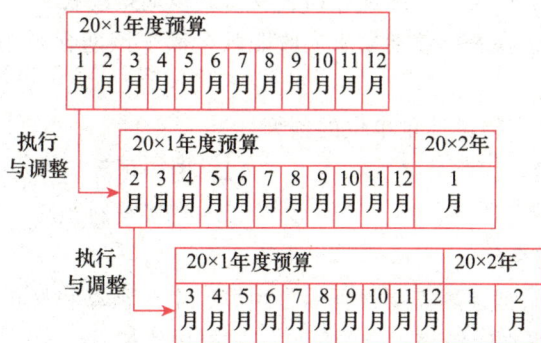

图 8－2　逐月滚动预算方式示意图

同 步 测 试

一、单项选择题

1. 固定预算编制方法的致命缺点是（   ）。

   A. 过于机械呆板   B. 可比性差

   C. 计算量大   D. 可能导致保护落后

2. 关于预算的编制方法下列各项中正确的是（   ）。

   A. 零基预算编制方法适用于非营利组织编制预算时采用

   B. 固定预算编制方法适用于产出较难辨认的服务性部门费用预算的编制

   C. 固定预算编制方法适用于业务量水平较为稳定的企业预算的编制

   D. 零基预算编制方法适用于业务量水平较为稳定的企业预算的编制

3. 增量预算方法的假定条件不包括（   ）。

   A. 现有业务活动是企业必需的   B. 原有的各项开支都是合理的

   C. 增加费用预算是值得的   D. 所有的预算支出以零为出发点

4. 定期预算的优点是（   ）。

   A. 远期指导性强   B. 连续性好

   C. 便于考核预算执行结果   D. 灵活性强

5. 销售预算中"某期经营现金收入"的计算公式正确的是（   ）。

   A. 某期经营现金收入＝该期期初应收账款余额＋该期含税销售收入－该期期末应收账款余额

   B. 某期经营现金收入＝该期含税收入×该期预计现销率

   C. 某期经营现金收入＝该期预计销售收入＋该期销项税额

   D. 某期经营现金收入＝该期期末应收账款余额＋该期含税销售收入－该期期初应收账款余额

6. （   ）是只使用实物量计量单位的预算。

   A. 产品成本预算   B. 生产预算

   C. 管理费用预算   D. 直接材料预算

7. 下列说法错误的是（   ）。

   A. 应交税金及附加预算需要根据销售预算、生产预算和材料采购预算编制

   B. 应交税金及附加＝销售税金及附加＋应交增值税

   C. 销售税金及附加＝应交营业税＋应交消费税＋应交资源税＋应交城市维护建设税＋应交教育费及附加

   D. 应交增值税可以使用简捷法和常规法计算

8. 某企业编制"直接材料预算"，预计第四季度期初存量 600 千克，该季度生产需用量 2 400 千克，预计期末存量为 400 千克，材料单价（不含税）为 10 元，若材料

采购货款有 60% 在本季度内付清，另外 40% 在下季度付清，增值税税率为 17%，则该企业预计资产负债表年末"应付账款"项目为（　　）元。

A. 8 800　　　　　　B. 10 269　　　　　　C. 10 296　　　　　　D. 13 000

9. 某企业编制"销售预算"，已知上上期的含税销售收入为 600 万元，上期的含税销售收入为 800 万元，预计预算期含税销售收入为 1 000 万元，含税销售收入的 20% 于当期收现，60% 于下期收现，20% 于下下期收现。假设不考虑其他因素，则本期期末应收账款的余额为（　　）万元。

A. 760　　　　　　B. 860　　　　　　C. 660　　　　　　D. 960

10. （　　）编制的主要目标是通过制定最优生产经营决策和存货控制决策来合理地利用或调配企业经营活动所需要的各种资源。

A. 投资决策预算　　　　　　　　　　B. 经营决策预算

C. 现金预算　　　　　　　　　　　　D. 生产预算

二、多项选择题

1. 下列各项中属于总预算的是（　　）。

A. 投资决策预算　　　　　　　　　　B. 销售预算

C. 现金预算　　　　　　　　　　　　D. 预计利润表

2. 弹性预算编制方法的优点是（　　）。

A. 预算范围宽　　　　　　　　　　　B. 可比性强

C. 及时性强　　　　　　　　　　　　D. 透明度高

3. 弹性成本预算的编制方法包括（　　）。

A. 公式法　　　　　　　　　　　　　B. 因素法

C. 列表法　　　　　　　　　　　　　D. 百分比法

4. 增量预算编制方法的缺点包括（　　）。

A. 可能导致保护落后　　　　　　　　B. 滋长预算中的"平均主义"

C. 工作量大　　　　　　　　　　　　D. 不利于企业的未来发展

5. 滚动预算按照预算编制和滚动的时间单位不同分为（　　）。

A. 逐月滚动　　　　　　　　　　　　B. 逐季滚动

C. 逐年滚动　　　　　　　　　　　　D. 混合滚动

6. 滚动预算的优点包括（　　）。

A. 透明度高　　　　　　　　　　　　B. 及时性强

C. 连续性好　　　　　　　　　　　　D. 完整性突出

7. 现金预算的编制基础包括（　　）。

A. 销售预算　　　　　　　　　　　　B. 投资决策预算

C. 销售费用预算　　　　　　　　　　D. 预计利润表

8. 下列（　　）是在生产预算的基础上编制的。

A. 直接材料预算　　　　　　　　　　B. 直接人工预算

C. 产品成本预算　　　　　　　　　　D. 管理费用预算

9. 下列关于本期采购付现金额的计算公式中错误的是（　　）。
   A. 本期采购付现金额＝本期采购金额（含进项税）＋期初应付账款－期末应付账款
   B. 本期采购付现金额＝本期采购金额（含进项税）＋期初应收账款－期末应收账款
   C. 本期采购付现金额＝本期采购本期付现部分（含进项税）＋以前期赊购本期付现的部分
   D. 本期采购付现金额＝本期采购金额（含进项税）－期初应付账款＋期末应付账款

10. 应交税金及附加预算中的应交税金不包括（　　）。
   A. 应交增值税　　　　　　　　B. 应交资源税
   C. 预交所得税　　　　　　　　D. 直接计入管理费用的印花税

三、判断题

1. 财务预算具有资源分配的功能。　　　　　　　　　　　　　　（　　）

2. 滚动预算又称滑动预算，是指在编制预算时，将预算期与会计年度脱离，随着预算的执行不断延伸补充预算，逐期向后滚动，使预算期永远保持为一个固定期间的一种预算编制方法。　　　　　　　　　　　　　　　　　　　　　　　　　　　　（　　）

3. 弹性利润预算编制的百分比法适用于单一品种经营或采用分算法处理固定成本的多品种经营的企业。　　　　　　　　　　　　　　　　　　　　　　　　　　（　　）

4. 增量预算与零基预算相比能够调动各部门降低费用的积极性。　　　　（　　）

5. 生产预算是预算编制的起点。　　　　　　　　　　　　　　　　（　　）

6. 根据"以销定产"原则，某期的预计生产量应当等于该期预计销售量。（　　）

7. 经营决策预算除个别项目外一般不纳入日常业务预算，但应计入与此有关的现金预算与预计资产负债表。　　　　　　　　　　　　　　　　　　　　　　　（　　）

8. 预计资产负债表是以货币形式综合反映预算期内企业经营活动成果计划水平的一种财务预算。　　　　　　　　　　　　　　　　　　　　　　　　　　　　（　　）

9. 弹性成本预算编制的列表法不能包括所有业务量条件下的费用预算，适用面较窄。　　　　　　　　　　　　　　　　　　　　　　　　　　　　　　　　　（　　）

10. 现金预算中的现金支出包括经营现金支出、分配股利的支出以及缴纳税金的支出，但是不包括资本性支出。　　　　　　　　　　　　　　　　　　　　　　（　　）

四、计算分析题

A 企业 202×年有关预算资料如下：

（1）预计该企业 3～7 月份的销售收入分别为 40 000 元、50 000 元、60 000 元、70 000元、80 000 元。每月销售收入中，当月收到现金 30％，下月收到现金 70％。

（2）各月直接材料采购成本按下一个月销售收入的 60％计算，所购材料款于当月支付现金 50％，下月支付现金 50％。

（3）预计该企业 4～6 月份的制造费用分别为 4 000 元、4 500 元、4 200 元，每月制造费用中包括折旧费 1 000 元。

（4）预计该企业 4 月份购置固定资产需要现金 15 000 元。

（5）企业在 3 月末有长期借款 20 000 元，利息率为 15％。

（6）预计该企业在现金不足时，向银行申请短期借款（为 1 000 元的倍数）；现金有多余时归还银行借款（为 1 000 元的倍数）。借款在期初，还款在期末，借款年利率 12％。

（7）预计该企业期末现金余额的额定范围是 6 000～7 000 元，长期借款利息每季度末支付一次，短期借款利息还本时支付，其他资料见现金预算表。

要求：根据以上资料，完成该企业 4～6 月份现金预算的编制工作。

现金预算表

单位：元

月份	4	5	6
期初现金余额	7 000		
经营性现金收入			
可供使用现金			
经营性现金支出：			
直接材料采购支出			
直接工资支出	2 000	3 500	2 800
制造费用支出			
其他付现费用	800	900	750
预交所得税			8 000
资本性现金支出			
现金余缺			
支付利息			
取得短期借款			
偿还短期借款			
期末现金余额			

财务分析

深入理解财务评价的基本指标体系，熟练分析和判断公司的偿债能力、营运能力、盈利能力，现金流量状况，指出企业财务中存在的问题，并做出正确的评价结论。

专业能力：

- 能熟练运用计算各项财务评价基本指标和综合指标的评价方法
- 熟练分析和判断公司的偿债能力、营运能力、盈利能力，现金流量状况

社会能力：

- 能与企业内部相关部门沟通设计企业财务指标评价体系
- 能指出企业财务中存在的问题，并做出正确的评价结论
- 能结合财务指标变动比较敏锐的判断经济社会环境和政策法规变化对企业的影响

方法能力：

- 会运用数理统计等方法加工整理选取资料
- 能系统清晰又重点突出的撰写企业财务指标分析报告

"她用自己的大智大勇向一个虚假的神话提出质疑，面对一个强大的集团，面对一张深不可测的网，面对死亡的威胁，她以自己个人的力量坚持着这场强弱悬殊的战争，坚守着正义和良心的壁垒。正是这种中国知识分子的风骨，完美地证明了中国还有一双揉不进沙子的眼睛，推动了中国股市早日走上正轨，推动了中国经济的发展。"中央电视台"感动中国"节目对一位学者做出了如上的评价。这个人就是中央财经大学研究员、著名经济学家陈岱孙、厉以宁的学生刘姝威。

她运用国际通用的分析方法，分析了从蓝田股份的招股说明书到中期报告的全部财务报告以及其他公开资料。根据对蓝田股份会计报表的研究推理，写了一篇 600 多字的研究推理短文《应立即停止对蓝田股份发放贷款》发给《金融内参》。刘姝威通过北京青年报公开发表了蓝田股份会计报表的研究推理摘要，包括四部分内容：

（1）蓝田股份的偿债能力分析。

（2）蓝田股份的农副水产品销售收入分析。

（3）蓝田股份的现金流量分析。

（4）蓝田股份的资产结构分析。

最后，研究推理：蓝田股份的偿债能力越来越恶化；扣除各项成本和费用后，蓝田股份没有净收入来源；蓝田股份不能创造足够的现金流量以便维持正常经营活动和保证按时偿还银行贷款的本金和利息；银行应该立即停止对蓝田股份发放贷款。

一篇 600 字文稿，把曾经创造中国股市长盛不衰绩优神话的蓝田股份推进了"洪湖"。她是如何进行分析的？又是如何得出结论的？这就是我们将在本单元学习的主要内容。

任务一　财务分析的意义和方法

所谓财务分析，一般指以企业会计信息系统所提供的核算和报表资料及其他相关资料为依据，采用一系列定性与定量分析技术和方法，对企业等经济组织过去、现在有关筹资活动、投资活动、经营活动的偿债能力、盈利能力和营运能力状况等进行分析与评价，为企业投资者、债权人、经营者及其他关心企业的组织或个人了解企业过去、评价企业现状、预测企业未来，做出正确决策提供准确信息或依据的一项活动。财务分析作为企业经济活动分析的重要组成部分，构成企业财务管理的重要环节之一。

一、财务分析的目的

财务分析的一般目的可概括为：评价过去的经营业绩，衡量现在的财务状况，预测未来的发展趋势。但具体而言，不同的会计报表使用人分析的侧重点又有所不同。

（一）基于所有者视角的财务分析与评价目的

从所有者的角度来看，他们最为关心的就是其投资回报，因而他们进行财务分析的主要目的是考核报告期企业投资回报、所有者收益分配和资本安全等财务责任目标的实现情况，为企业持续经营重大决策和所有者权力组织董事会成员的物质奖罚提供依据。评价报告期企业投资回报、所有者收益分配和资本安全等责任目标实现情况，肯定成绩、发现问题，为年薪制下所聘经营者报告期物质奖罚的实施和计划期财务责任目标的制定提供依据。

（二）基于经营者视角的财务分析与评价目的

经营者为很好地完成受托经济责任，需要经常性地进行财务分析，以便透彻地贯彻企业生产经营的全过程，及时发现问题，查偏纠错。因而经营者财务分析的主要目的是考核报告期企业经营业绩和经营安全财务责任目标的实现情况，为经营者日常经营决策和年薪的核定提供依据。评价报告期企业经营业绩和经营安全财务责任目标的实现情况，肯定成绩，发现问题，为所聘下属管理者报告期物质奖罚的实施和计划期财务责任目标的制定提供依据。

（三）基于管理者视角的财务分析与评价目的

管理者进行财务分析的主要目的，在于考核报告期企业全面预算中各管理者相关预算的实现情况，评价报告期企业全面预算中各管理者相关预算的实现情况，肯定成绩，发现问题。一方面为下属作业者报告期物质奖罚的实施和计划期财务责任目标的制定提供依据，另一方面也为管理者日常管理决策和物质奖罚提供依据。

（四）基于作业者视角财务分析与评价目的

作业者工作在企业生产经营的第一线，其业绩好坏与作业者的经济利益密切相关。他们从事财务分析的主要目的在于，考核报告期作业者相关生产经营作业财务指标完成情况，肯定成绩，发现问题，使得"千斤重担众人挑，人人身上有指标"能够落到实处，让每位作业者运用相关作业财务指标的完成情况，实现自我约束和激励。

从各财务管理主体需要通过财务分析发挥的作用看，各财务管理主体财务分析目的具有共性的一面，这就是：

（1）通过分析考核财务管理主体财务责任完成情况，为决策和自身经济利益的评定提供依据。

（2）通过分析，评价财务管理主体财务责任履行情况，肯定成绩，发现问题，为激励和约束下级财务管理主体的财务措施的制定和实施提供依据。

二、财务分析的意义

财务分析是指以财务报表和其他资料为依据和起点，采用专门方法，系统分析和评价企业过去和现在的经营成果、财务状况及其变动。

财务分析的意义：

（1）财务分析是评价企业财务状况、衡量经营业绩的重要依据。

（2）财务分析是挖掘潜力、改进工作、实现理财目标的重要手段。

（3）财务分析是合理实施筹资、投资等决策的重要步骤。

财务管理工作中的财务分析是财务管理的现实基础，其主要目的和宗旨是找到和发现企业理财现状中的问题，为企业的财务决策打好基础。财务分析可以提供企业财务实力和风险程度的线索。

三、财务分析的方法

人们在长期的实践中形成了一整套科学的技术方法用以揭示财务信息的联系及变动趋势。这些方法主要包括比较分析法、比率分析法、趋势分析法和因素分析法。

（一）比较分析法

比较分析法是将某项财务指标与性质相同的指标标准进行对比，来揭示财务指标的数量关系和数量差异的一种方法。通过财务指标对比，计算出变动值的大小，是其他分析方法运用的基础，比较后的差异反映差异大小、差异方向和差异性质。比较分析法的重要作用在于揭示财务指标客观存在的差距以及形成这种差距的原因，帮助人们发现问题，挖掘潜力，改进工作。根据分析内容的不同，比较法可以单独使用，也可以与其他分析方法结合使用。选择适当的评价标准是比较分析法的重要一环。图 9-1 是一个表示比较分析法的基本分析框架。

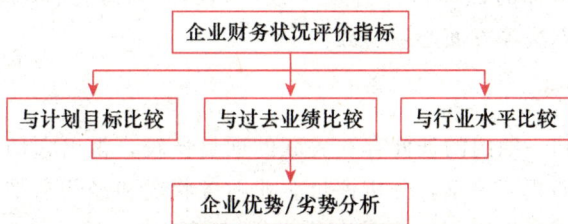

图 9-1 比较分析法的基本分析框架

需要引起重视的是比较分析法的运用必须有一个明确的比较标准，关于这个标准，一般有以下不同的分类。

（1）经验标准：依据大量且长期的实践经验而形成的财务比率值。西方国家 20 世纪 70 年代的财务实践就形成了流动比率的经验标准为 2∶1，速动比率的经验标准为 1∶1 等。必须注意的是西方的经验标准主要是就制造业企业的平均状况而言的，不是适用于一切领域和一切情况的绝对标准。在具体应用经验标准进行财务分析时，还必须结合一些更为具体的信息。

（2）行业标准。行业标准是以企业所在行业的特定指标作为财务分析对比的标准。在实际工作中，具体的使用方式有多种。行业标准可以是同行业公认的标准，也可以是同行业先进水平，或者行业财务状况的平均水平。通过与行业标准相比较，可以说明企业在行业中所处的地位和水平，有利于揭示本企业与同行业其他企业的差距，也可用于判断企业的发展趋势。实务中需要注意的是同行业内的两个公司并不一定是十分可比的，多元化经营带来的困难使同行业企业也可能存在会计差异。还必须注意，不同的经济发展时期，对行业标准的影响。比如在经济萧条时期，企业的利润率从 15% 下降为 9%，而同期该企业所在行业的平均利润率由 12% 下降为 3%，那么该企业的盈利状况还是相当好的。

（3）预算标准。预算标准主要是指实行预算管理的企业所制定的预算指标，如果企业的实际财务数据与目标相比有差距，应尽快查明原因，采取措施改进，以便不断改善企业的财务管理工作。这个标准的优点是符合战略及目标管理的要求，对于新建企业和垄断性企业尤其适用。但其也存在相关的不足层面，比如外部分析通常无法利用，以及预算的主观性问题都是值得重视的弱项。

（4）历史标准。历史标准是企业过去某一时期（如上年或上年同期）该指标的实际值。历史标准具体的运用时有多种：可以选择本企业历史最好水平作为标准，也可以选择企业正常经营条件下的业绩水平，或取以往连续多年的平均水平作为标准。在财务分析实践中，还经常与上年实际业绩作比较。通过这种比较，可以确定不同时期有关指标的变动情况，了解企业生产经营活动的发展趋势和管理工作的改进情况。比如，经常采用的会计报表比较，就是将连续数期的会计报表金额并列起来，比较其相同指标的增减变动金额和幅度，据以判断企业财务状况和经营成果发展变化的一种方法。再比如，会计报表项目构成比较，是将会计报表中的某个总体指标作为100％，再将该项目各个组成部分与总体相比较得出百分比，从而来比较各个项目百分比的增减变动，以此来判断有关财务活动的变化趋势。

采用比较分析法进行财务分析和评价，应注意财务指标与标准的可比性，也就是说，实际财务指标与标准指标的计算口径必须一致，即实际财务指标和标准指标在内容、范围、时间跨度、计算方法等方面必须一致。

（二）比率分析法

比率分析法是将同一期内的彼此存在关联的项目比较，得出它们的比率，以说明财务报表所列各有关项目的相互关系，分析评价企业财务状况和经营水平的一种方法。一般认为，比率分析法与比较分析法相比更具有科学性、可比性，揭示了数据之间的内在联系，同时也克服了绝对值给人们带来的误区，适用于不同经营规模企业之间的对比。财务比率主要有结构比率、效率比率和相关比率三种类型。

结构比率主要用于计算部分占总体的比重。这类比率揭示了部分与整体的关系，如资本结构、盈利结构。通过结构比率指标，可以考察总体中某个部分的形成和安排是否合理，从而协调各项财务活动。

效率比率用于计算某项经济活动中所费与所得的比例。反映投入与产出的关系，如成本费用利润率、总资产报酬率、净资产收益率等。利用效率比率指标，可以进行得失比较，从而考察经营成果，评价经济效益。

相关比率主要是用以计算在部分与整体关系、所费与所得关系之外具有相关关系的两项指标的比率，反映有关经济活动之间的联系。这一类比率包括：反映偿债能力的比率，如流动比率、资产负债率等；反映营运能力的比率，如应收账款周转率、存货周转率等；反映盈利能力的比率，如净资产收益率；反映成长能力的比率．如销售增长率、资产增长率等。利用相关比率指标，可以考察有关联的相关业务安排是否合理，以保障企业生产经营活动能够顺利进行。

需要说明的是，在财务分析评价中，比率分析法往往与比较分析法结合起来使用，从而更加全面、深入地揭示企业的财务状况、经营成果及其变动趋势。

（三）趋势分析法

趋势分析法是通过对比两期或连续数期财务报告中的相同指标，确定其增减变动的方向、数额和幅度来说明企业财务状况和经营成果的变动趋势的一种方法。采用该种方法可以分析企业的财务状况和经营成果发展变化的原因和变动性质，并由此预测企业未来的发展前景。运用趋势分析法主要进行以下三类比较：比较财务指标和财务比率分析，比较会计报表分析，结构百分比分析。

（四）因素分析法

因素分析法是指在分析某一因素变化时，假定其他因素不变分别测定各个因素变化对分析指标的影响程度的计算方法。该分析方法主要是用来分析引起变化的原因、变动的性质，以便预测企业未来发展前景。具体地说，该方法还可以划分为差额分析法（如固定资产净值增加的原因分析，分解为原值增加和折旧增加两部分）、指标分解法（如资产利润率，可分解为资产周转率和销售利润率的乘积）、连环替代法（依次用分析值替代标准值，测定各因素对财务指标的影响，例如影响成本降低的因素分析）、定基替代法（分别用分析值替代标准值，测定各因素对财务指标的影响如标准成本的差异分析）等。

在实际的分析中，各种方法通常是结合使用的。分析的核心问题在于解释原因。并不断深化，寻找最根本、最直接的原因。财务报表分析是个研究过程，分析得越具体、越深入，则越有价值。如果仅仅是计算出来财务比率，不进行分析和解释，什么问题也说明不了。

四、财务分析的步骤

为了使财务分析与评价工作顺利进行，有效实现预定目标，财务分析与评价的主体必须事前对分析的全过程妥善组织和规划，并认真按照计划开展工作。分析主体的目的、分析形式和分析方法等均不同，财务分析程序没有一个固定模式。分析的具体步骤和程序，是根据分析目的、一般分析方法和特定分析对象，由分析人员个别设计的。

财务分析的一般步骤为：

（1）明确分析目的。

（2）收集有关的信息。

（3）根据分析目的把整体的各个部分割开来，予以适当安排，使之符合需要。

（4）深入研究各部分的特殊本质。

（5）进一步研究各个部分的联系。

（6）揭示结果，提供对决策有帮助的信息。

五、财务分析的基础

财务分析主要以财务报告为基础，日常核算资料只能作为财务分析的一种补充资料。企业的财务报告主要包括资产负债表、利润表、现金流量表和财务状况说明书。这些报表及财务状况说明书集中、概括地反映了企业的财务状况、经营成果和现金流量状况等财务信息，对其进行分析，可以更加系统的揭示企业的偿债能力、资金营运能力、获利能力等财务状况。下面主要介绍进行财务分析常用的三张基本报表：资产负债表、利润表、现金流量表。

（一）资产负债表

资产负债表是反映企业某一特定日期财务状况的会计报表，是一种静态财务状况表。它以"资产＝负债＋所有者权益"这一会计等式为根据，按照一定的分类标准和次序反映企业在某一时点上的资产、负债及所有者权益的基本状况。

（二）利润表

利润表也称损益表，是反映企业在一定期间内生产经营成果的财务报表。利润表是以"利润＝收入－费用"这一会计等式为依据编制而成的，综合反映了企业在一定时期内的主营业务收入、主营业务成本、主营业务利润、投资收益、利润总额及净利润等经营成果，帮助报表使用者了解公司的经营业绩。

（三）现金流量表

现金流量表是以现金及现金等价物为基础编制的财务状况变动表，是企业对外报送的一张重要会计报表，它为会计报表使用者提供企业在一定会计期间内现金和现金等价物收支变动及其原因的信息。其中的现金是指库存现金及可以随时用于支付的存款和现金等价物。

由于现金流量表可以反映主营业务的实际经营情况（经营活动特别关键收入、费用和利润真实情况）、真实的税负状况、实际投资规模及投资的实际效果、筹资的实际进展情况、债务清偿的具体情况、实际的股利支付情况等实质财务信息，因而，我们可以透过现金流量表看到企业现金流量结构、财务适应能力、真实收益能力、企业管理效率、企业成长能力。正是因为现金流量表提供了企业资金来源与运用的信息，便于分析企业资金来源与运用的合理性，判断企业的营运情况和效果，评价企业的经营业绩；还提供了企业现金增减变动原因的信息，可分析企业现金增减变动的具体原因，明确企业当期现金增减的合理性，更可为改善企业资金管理指明方向。同时，由于现金流量表提供资产负债表和利润表分析所需要的信息，将资产负债表与利润表衔接起来，可说明利润形成与分配和资金来源与运用的关系，对于分析研究企业总体经营与财务状况有重要意义。

任务二　财务指标计算与分析

一、偿债能力分析

偿债能力是指企业对债务清偿的承受能力或保证程度。这里的"债务"包括各种长短期借款、应付债券、长期应付款、各种短期结算债务等一般性债务及依法履行的应纳税款。债务中构成偿付压力的仅是其中的到期债务。"清偿"是指偿还所有到期的债务。这里的承受能力或保证程度是指企业是否有足够的现金流入量来偿付各项到期债务。按照债务偿付期限的不同，企业的偿债能力可分为短期偿债能力和长期偿债能力。

（一）短期偿债能力分析

短期偿债能力是指企业以流动资产支付流动负债的能力，一般又称为支付能力。短期偿债能力对于一个企业来说相当重要。如果一个企业一旦缺乏短期偿债能力，不仅无法获得有利的进货机会，而且还会因无力支付其短期债务，被迫出售长期投资的股票、债券，或者拍卖固定资产，甚至导致企业破产。因此，企业财务管理当局必须重视短期偿债能力。

衡量和评价企业短期偿债能力的比率主要包括：流动比率、速动比率、现金比率和现金流量比率。通过分析流动性比率，可以看出企业现有的现金支付能力和应付逆境的能力。

1. 流动比率

流动比率是衡量短期偿债能力最简单和最常使用的一项比率，它是企业流动资产总额与流动负债总额之比，其计算公式为：

$$流动比率＝流动资产÷流动负债$$

流动比率表明了企业在一年内每元流动负债，有多少一年内可变现的流动资产作保障。因此，这个比率越高，说明企业可以变现的资产数额越大，企业的短期偿债能力越强，流动负债获得清偿的机会越大，债权人的风险也越小。但是，流动比率也不是越高越好。因为该比率过高，可能是企业过多的资金滞留在流动资产上，未能有效地加以利用，从而使资金周转可能减慢进而影响其获利能力。如果一个企业长久的获利能力低下，就必然反过来影响企业的长期偿债能力。

需注意的是，流动比率高，并不一定说明其债务一定能够偿还。因为，该比率没有进一步考虑流动资产各项目的构成情况及各项流动资产的实际变现能力。

2. 速动比率

为了弥补流动比率没有揭示流动资产的分布和构成的缺陷，人们提出了速动比率。这一比率也称为酸性测试比率，是速动资产与流动负债的比值。人们把流动资产扣除存货后的资产称为速动资产，主要包括现金（货币资金）、短期投资、应收票据、应收账款等。它能比流动比率更直接、更明确地测验企业短期偿债能力。其计算公式如下：

$$速动比率＝速动资产÷流动负债$$
$$＝（流动资产－存货）÷流动负债$$

一般认为，速动比率应为 1∶1 较为适宜。理论上看，速动比率为 1∶1，即速动资产额等于流动负债额时，偿还流动负债的能力应该是较强的。但是，速动比率也不是绝对的，不同行业也有所差别，所以要参照同行业的资料和本企业的历史情况进行判断。商业零售业、服务业的速动比率可以低一些，因为这些行业的业务大多数是现金交易，应收账款不多，速动比率相对较低，而且这些行业的存货变现速度通常比工业制造业的存货变现速度要快。影响速动比率可信度的重要因素是应收账款的变现能力。账面上的应收账款不一定都能变成现金，如果企业的应收账款中，有较大部分不易收回，可能会成为坏账，那么，速动比率就不能真实的反映企业的偿债能力；此外，季节性的变化，可能使财务报表的应收账款不反映平均水平，进而影响速动比率的可信度。

需要说明的是，速动资产应该包括哪几项流动资产，目前尚有不同观点。有人认为不仅要扣除存货，还应扣除待摊费用、预付账款等其他流动性能较差的项目。

3. 现金比率

现金比率是企业的现金类资产与流动负债的比率，反映流动资产中有多少元现金能用于偿债。现金类资产包括企业的库存现金、随时可以用于支付的存款和现金等价物，即现金流量表中所反映的现金。其计算公式为：

现金比率＝（现金＋现金等价物）÷流动负债

现金比率是对流动比率和速动比率的进一步分析，较之于流动比率和速动比率而言则更为严格，因为现金流量是企业偿还债务的最终手段。如果企业现金缺乏，就可能发生支付困难，将面临财务危机，因而现金比率高，说明企业有较好的支付能力，对短期债权人的保障程度高。但是，如果这个比率过高，可能是由于企业拥有大量不能盈利的现金和银行存款所致，企业的资产未得到有效的运用，会影响企业流动资产的盈利能力。

一般来说，现金比率在 0.2 以上比较好。需注意的是采用现金比率评价企业的偿债能力时，应与流动比率和速动比率的分析相结合。

4. 现金流量比率

现金流量比率是企业经营活动现金净流量与流动负债的比率，它反映的是企业在本期经营活动所产生的现金流量偿还短期负债的能力。其计算公式为：

现金流量比率＝经营活动现金尽流量÷流动负债

与流动比率和速动比率相比，该指标不受那些不易变现的或容易引起沉淀的存货和应收款项的影响，因而更能准确地反映企业的短期偿债能力。该比率数值越大越能体现企业较强的现金或现金流量对应偿还短期债务的保障能力。一般地说，债权人希望该指标高一些，因为只有该比率大于等于1时，债权人的全部流动负债才有现金保障。但有些季节性销售的企业有时会出现小于1的情况，在使用该指标时，要综合企业各方面的具体情况进行分析。

必须注意的是，经营活动所产生的现金流量是过去一个会计年度的经营结果，而流动负债则是未来一个会计年度需要偿还的债务，二者计算所依据的会计期间不同。因此，这个指标是建立在以过去一年的现金流量来估计未来一年现金流量的假设基础之上的，使用这一财务比率时，需要考虑未来一个会计年度影响经营活动的现金流量变动的因素。

（二）长期偿债能力分析

长期偿债能力是指企业偿还长期负债的能力，或者指在企业长期债务到期时，以企业盈利或资产偿还长期负债的能力。对企业长期偿债能力进行分析，需要结合长期负债的特点，在明确影响长期偿债能力因素的基础上，从企业盈利能力和资产规模两方面对企业偿还长期负债的能力进行计算与分析，说明企业长期偿债能力的基本状况及其变动原因，为企业进行正确的负债经营指明方向。一般来说，长期偿债能力不同于短期偿债能力分析，前者更加重视资本结构和盈利能力。反映长期偿债能力的主要财务指标有资产负债率、权益负债率、利息保障倍数和现金总负债比率。

1. 资产负债率

资产负债率是企业负债总额与资产总额的比率，也称为负债比率或举债经营率，反映的是债权人为企业提供的资金占企业总资产比重和企业负债经营的程度，它是衡量企业全部偿债能力的主要和常用的指标。其计算公式为：

$$资产负债率＝（负债总额÷资产总额）×100\%$$

作为表明每单位资产总额中负债所占的比例的财务指标，资产负债率反映了企业长期偿债能力强弱，通过这个指标的分析可以衡量企业总资产中权益所有者与债权人所投资金是否合理，但是，不同的报表使用者对该比指标有不同的理解。

从债权人的角度看，资产负债率是长期债权人依赖企业资产提供的安全边际，可以说明企业信用的物质保障程度，衡量企业举债经营的风险程度。资产负债率越低，债权资金的安全边际越高，企业信用的物质保障程度越高，风险越小。因此，对债权人来说，此比率越低越好。

对从股东的角度看，负债比率则是一把"双刃剑"。由于企业通过举债筹措的资金与股东提供的资金在经营中发挥同样的作用。所以，股东所关心的是全部资本利润率是否超过借入款项的利率，即借入资本的代价。若总资产收益率高于借款利息率，股东就可以利用举债经营获得更多的投资收益。此时，股东希望此比率越高越好；若相反，运用全部资本所得的利润率低于借款利息率，则对股东不利，因为借入资本的多余的利息要用股东所得的利润份额来弥补，股东希望此比率越低越好。

从经营者的立场看，他们既要考虑企业的盈利，又要顾及企业所承担的财务风险。资产负债率作为财务杠杆不仅反映企业的资本结构状况，也反映了管理当局的进取精神。如果企业不利用举债经营或负债比率过小，则说明企业比较保守，对前途没有信心，利用债权人资本进行经营活动的能力较差。但是，负债必须有一定限度，超出债权人心理承受程度，企业就会举债失败。而且负债比率过高，由于财务杠杆效应企业的财务风险将增大，一旦资产负债率超过1，则说明企业资不抵债，有濒临倒闭的危险。

2. 产权比率

产权比率是负债总额与所有者权益总额的比率，又称为负债权益比率，反映了债权人所提供的资金与所有者提供的资金之间的比例及企业投资者承担风险的大小。其计算公式为：

$$产权比率＝（负债总额÷所有者权益总额）×100\%$$

该项指标反映了企业基本财务结构是否稳定。一般来说，股东资本大于借入资本较好，但也不能一概而论。从股东立场看，在通货膨胀加剧时期，企业多借债可以把损失和风险转嫁给债权人；在经济繁荣时期，多借债可以获得额外的利润；在经济萎缩时期，少借债可以减少利息负担和财务风险。产权比率高，是高风险、高报酬的财务结构；产权比率低，是低风险、低报酬的财务结构。此外，企业性质不同获得现金流量不同，产权比率有所区别。一般来说，现金流量比较稳定的企业相对较大；同类企业负债权益比率相比，往往可以反映出企业的信誉和财务风险，该指标越大，则财务风险越大。

此外，产权比率也表明债权人投入的资本受到股东权益保障的程度，或者说是企业清算时对债权人利益的保障程度。它与资产负债率具有共同的经济意义，两个指标可以相互补充。由于权益比率与负债比率之和为100%，因此，在实际应用时，只要求其中之一即可。

3. 利息保障倍数

利息保障倍数也称利息支付倍数，是指企业一定时期内所获得的息税前利润与当期支付利息费用的比率，常用以测定企业以所获取利润来承担支付利息的能力。其计算公式为：

利息支付倍数＝税息前利润÷利息费用＝（税前利润＋利息费用）÷利息费用

利息保障倍数反映了企业偿还负债利息的能力。利息保障倍数越大，说明企业支付利息的能力越强，风险越小；反之，企业偿债能力就越差。该指标表面上是从企业偿债资金来源的角度去揭示企业偿债利息的支付能力，实际上也有助于揭示企业偿还全部负债的能力。一般而言，该指标越高，说明企业的长期偿债能力越强；该指标越低，说明企业偿债能力越差。

4. 现金总负债比率

现金总负债比率是企业经营活动现金净流量与负债总额的比率，它反映的是企业经营活动产生的现金净额偿还全部债务的能力。其计算公式为：

现金总负债比率＝经营活动产生的现金流量净额÷负债总额

该指标表明经营现金流量对全部流动债务偿还的满足程度。该指标越大，经营活动产生的现金流对负债清偿的保证越强，企业偿还全部债务的能力越大。

二、营运能力分析

（一）流动资产营运能力

流动资产营运能力是决定企业总资产营运能力的高低的重要因素，固定资产在营运中能否从根本上发挥出应有的营运能力，主要取决于对流动资产营运能力作用程度以及流动资产本身营运能力的高低。因此，分析和评价流动资产的营运能力，有助于更好地了解企业整体营运能力的变动状况。流动资产营运能力的评价指标有：流动资产周转率、应收账款周转率、存货周转率。

1. 流动资产周转率

流动资产周转率是销售收入与流动资产平均余额的比率，反映的是流动资产周转速度和营运能力。其计算公式如下：

流动资产周转率＝销售收入净额÷流动资产平均余额

流动资产平均余额＝（流动资产期初余额＋流动资产期末余额）÷2

流动资产周转率越高，说明企业周转速度就越快，单位流动资产为企业带来的利益越多，资源利用效率越好，会相对节约流动资金，等于相对扩大资产投入，增强企业的盈利能力，流动资产营运能力就越好，流动资产的管理效率高；反之，周转速度越慢，需要补充流动资产参加周转，造成资金浪费，降低企业盈利能力。为查明流动资产周转率加速或延缓的原因，还可进一步分析流动资产平均余额构成项目变动的影响以及流动资金周转额构成因素的影响。

2. 存货周转率

存货周转率是销售成本与平均存货的比率，反映了企业存货经过销售环节转换为现金或应收账款的速度快慢，即企业存货转为产品销售出去的速度的快慢。其计算公式如下：

存货周转率＝销货成本÷存货平均余额

存货平均余额＝（期初存货余额＋期末存货余额）÷2

存货周转率说明了一定时期内企业存货周转的次数，可以用来测定企业存货的变现速度，衡量企业的销售能力及存货的适量程度。一般地说，存货周转次数越多，反映存货变现速度越快，说明企业销售能力越强，资产的流动性越强，营运资金占压在存货量越小，企业存货管理的效率越高。反之，营运资金沉淀在存货量大，存货积压或滞销。

但是，存货周转率过高，也可能是企业管理方面存在一些问题造成的。如存货水平过低或库存经常不足带来的，这样可能导致出现缺货损失；或者采购次数过多，批量太小，相应增加了订货成本等。这两种情况下的相关成本都可能会高于加大存货投资进而维持较低存货周转率时的成本。因此，对存货周转率的评价应注意存货的结构，看看是否有积压、滞销的存货。此外，还要注意存货的计价方法对该指标的影响。

存货周转状况也可以用存货周转天数来表示。其计算公式为：

存货周转天数＝360÷存货周转率＝（平均存货×360）÷销货成本

3. 应收账款周转率

应收账款周转率是企业一定时期内赊销收入净额与应收账款平均余额的比率，是反映企业应收账款的流动程度的指标，计算公式如下：

应收账款周转率＝赊销收入净额÷应收账款平均余额

应收账款平均余额＝（期初应收账款＋期末应收账款）÷2

公式中赊销收入净额是指销售收入扣除了销售退回、销售折扣及折让后的赊销净额。这个比率如果在企业内部分析时，分子采用赊销总额比较合适，因为只有赊销才会引起应收账款的产生，现销则不会。但是，在与其他企业进行比较时，一般公式的分子采用销售收入净额比较合适，因为其他企业对外公布的财务报表较少标明赊销的数据。此外，应收账款不仅包括资产负债表上的扣除坏账准备后的应收账款净额，还包括应收票据。

应收账款周转率是衡量企业应收账款变现能力及管理效率的重要指标。一般来说，应收账款周转率越高，说明企业组织收回货款速度越快，造成坏账损失的可能性越小，流动资产的流动性好，短期偿债能力强，管理效率高。但也不能绝对地看待这个问题。因为应收账款周转速度的高低，不仅取决于销售收入的多少和应收账款占用数额的合理与否，而且间接地取决于应收账款的账龄分布、企业的信用政策和客户的信用状况。从商业信用的角度看，企业之所以愿意赊销，其主要目的在于争取客户，扩大销售。企业应收账款占用数额大小，可能是企业所采纳的一种信用政策策略。这个需要在分析过程中，仔细研究企业管理的相关层面，如战略、环境与行业影响等。

实务中，人们还经常使用平均收账期来反映应收账款的周转状况。平均收账期所反映的是应收账款存续的平均天数，或者说是应收账款转换成现金所需要的平均天数。平均收账期越短，说明企业的应收账款周转速度越快。其计算公式为：

$$应收账款平均收账期＝360÷应收账款周转率$$
$$＝（应收账款平均余额×360）÷赊销收入净额$$

应收账款平均收账期和应收账款周转率成反比例变化，并且与应收账款周转率有着相同的作用，对该指标进行分析是制定企业信用政策的一个重要依据。

影响该指标正确计算的因素有：

（1）季节性经营性企业使用这个指标时不能反映实际情况。

（2）大量使用分期付款结算方式。

（3）大量地使用现金结算的销售。

（4）年末大量销售或年末销售大幅度下降。这些因素都会对该指标计算结果产生较大的影响。

此外，还要注意财务报表的坏账准备核算方法的影响，一般而言，采用直接转销法比备抵法的应收账款净额要小，从而其应收账款周转率快。

（二）固定资产营运能力分析

衡量固定资产营运能力的指标有固定资产周转率、固定资产净值率和固定资产增长率。其中，固定资产周转率是主要指标。

固定资产周转率是指销售收入净额与固定资产平均净值的比率，它是反映企业固定资产周转情况，从而衡量固定资产利用效率的一项指标。其计算公式为：

$$固定资产周转率＝销售净额÷固定资产平均净值$$
$$固定资产平均净值＝（期初固定资产净值＋期末固定资产净值）÷2$$

一般地，固定资产周转率高，表明企业固定资产利用充分，同时也表明企业固定资产投资得当，固定资产结构合理，能够充分发挥效率；反之，如果固定资产周转率不高，则表明固定资产使用效率不高，提供的生产成果不多，企业的营运能力不强。但需注意的是，固定资产周转率是由固定资产的特点所决定，不宜简单地追求所谓周转速度。进行固定资产周转率分析时，需要考虑固定资产净值因计提折旧而逐年减少、因更新重置而突然增加的影响；在不同企业间进行分析、比较时，还要考虑采用不同折旧方法对固定资产净值的影响。这一指标在大量使用固定资产的重工业方面经常使用。

（三）总资产营运能力

总资产营运能力主要是衡量投入或占用全部资产取得产出的能力。反映全部资产营运能力的指标主要是总资产周转率。

总资产周转率是销售收入与资产平均总额的比率，反映了企业销售收入与资产占用之间的关系，可用来分析企业全部资产的使用效率，是反映企业经营者工作绩效的重要指标。其计算公式如下：

$$总资产周转率＝销售收入÷资产平均余额$$
$$资产平均余额＝（期初资产总额＋期末资产总额）÷2$$

总资产周转率从一般意义上反映了企业全部资产的周转速度，从理论上讲，总资产周转率越高，总资产周转速度越快，反映企业全部资产营运能力越强，营运效率越高，全部资产的利用效率越高。反之，如果这个比率较低，说明企业利用其资产经营的效率较差，会影响企业的获利能力，企业应该采取措施提高销售收入或处置资产，以提高总资产利用率。

总资产周转率是从资产投入的总体及主要形态来分析评价资产利用效率的，其高低取决于各项经营资产的周转率，包括应收账款周转率、存货周转率，固定资产的生产能力利用率或销售收入对固定资产净额的比率。由此可见，它是多种原因决定的，不能简单以周转速度论成败。

此外，总资产周转率指标衡量的是企业管理层经营企业资产赚取销售额效率的高低，企业可以通过薄利多销的办法来提高总资产周转率。如果 A 企业能从 1 元资产中赚取 3 元的销售额，而 B 企业仅能赚取 2 元的销售额，则可以认为 A 企业营运资产赚取销售收入的能力高于 B 企业。

三、盈利能力分析

盈利能力是指企业获取利润的能力，其大小是一个相对的概念，即利润是相对于一定资源投入、一定的收入而言的。利润率越高，盈利能力越强；利润率越低，盈利能力越差。因此，企业的盈利能力反映着企业的财务状况和经营绩效，是企业偿债能力和营运能力的综合体现。企业在资源的配置上是否高效，直接从资产结构的状况、资产运用效率、资产周转速度以及偿债能力等各方面表现出来，从而决定着企业的盈利水平。

（一）总资产报酬率

总资产报酬率是企业一定时期的利润总额与资产总额的比率，反映了企业运用资本总额（借入资本和自有资本）获得的报酬率，体现出企业全部资产获得经营效益的能力。其计算公式如下：

$$总资产报酬率＝（利润总额÷资产平均总额）×100\%$$

总资产报酬率表明企业资产总额利用的综合效果。该指标越高，表明资产的利用效果越好，说明企业在增加收益和节约资金等方面取得了良好的效果，否则相反。

企业的资产由投资者投入或企业举债而来，利润的多少与企业资产的规模、资产的结构、资产经营水平等有着密切的关系。因此，总资产报酬率是一个综合性的指标，可以运用该项指标与本企业前期、与计划、与本行业平均水平和本行业内先进企业进行比较，分析形成差异的原因，正确评价企业的盈利能力经济效益的高低，挖掘提高利润水平的潜力。

（二）总资产净利率

总资产净利率，也称资产报酬率、资产利润率或投资报酬率，是企业一定时期内的净利润与资产平均总额的比率，反映了企业一定时期平均资产余额创造净利润的能力。其计算公式如下：

$$总资产净利率＝（净利润÷资产平均总额）×100\%$$

总资产净利率主要用来衡量企业利用资产获取净利润的能力，它反映了企业资产的利用效率。该指标越高，表明企业的获利能力越强，资产的利用效率越高，说明企业在节约资金、增加收入等方面取得了良好的效果，否则相反。在实际应用时，将该比率与总资产报酬率结合起来，可以反映财务杠杆及所得税对企业最终的资产获利水平的影响。

总资产净利率表达了企业资产利用的综合效果，取决于销售净利率和总资产周转率。企业资产净利率的提高要么是由于总资产周转率的提高，要么是由于销售净利率的提高，或者是由于两者同时提高。销售净利率和资产周转率都不同的两个企业也许具有相同的盈利能力。

（三）净资产收益率

净资产收益率，也称权益净利率或净值报酬率、股东权益报酬率，是企业一定时期内的净利润（如果有的话，扣除优先股股利）与平均净资产之比，反映了投资者投入资本的获利能力与企业资本运营水平的综合效益。其计算公式如下：

净资产收益率＝（净利润－优先股股利）÷净资产平均总额×100％

净资产收益率反映了企业自有资本的获利能力，是反映企业盈利能力的核心指标。因为企业的根本目标是所有者权益或股东财富最大化，而净资产收益率既可以直接反映资本的增值能力，又影响着企业股东财富的大小。该指标越高，说明资本带来的利润越多，盈利能力越好，资本利用效果越好。此外，净资产收益率还是企业决定是否举债的一个标准，只有当净资产收益率高于银行利息率时，适当举债可以提高净资产收益率，对投资者才是有利的；反之，低于银行利率，则过多负债会影响投资者收益，企业不应当举债。

净资产收益率说明了股东账面投资额的盈利能力，并在同行业两个或两个以上企业比较时经常使用。高的权益报酬率通常反映出企业接受了好的投资机会，并且对费用进行了有效的管理。但是，如果企业选择使用较行业标准较高的债务水平，则此时高的净资产收益率可能就是过高财务风险的结果。

需说明的是，对于股份制企业该公式的分母可以采用"年末净资产"。这主要是基于股份制企业的特殊性：在增加股份时新股东要超面值缴入资本并获得同股同权的地位，期末的股东对本年利润与原股东拥有同等权利。

（四）销售毛利率

销售毛利率是企业一定时期毛利与销售收入净额的比值，反映了企业实现商品增值的获利水平。其计算公式为：

销售毛利率＝销售毛利÷销售收入净额×100％

＝（销售收入净额－销售成本）÷销售收入净额×100％

销售毛利率表示每一元销售净收入扣除销售成本后，还有多少剩余可以用于各项期间费用和形成盈利，反映了销售收入扣除制造成本后的获利水平，它不仅是企业经营效率的集中体现，而且也揭示了企业的定价政策。销售毛利率是企业销售净利率的最初基础，没有足够大的毛利率便不能盈利。毛利是利润形成的基础，一般企业能否实现利润，首先要看销售毛利的实现情况。销售毛利率高，说明销售收入中制造成本所占的比重小，毛利额大，实现价值的盈利水平越高。

此外，该指标还有助于找出经营中存在的具体问题。如销售毛利率下降，则表明销售成本的比重加大，可能是销售价格下降，也可能是制造成本上升造成的。

（五）销售净利率

销售净利率是企业一定时期净利润与销售收入净额的比值，反映了企业的销售收入在扣除所有费用及所得税后实现净利润的水平。其计算公式为：

销售净利率＝（净利润÷销售收入净额）×100%

销售净利率表示每一元销售净收入可带来的净利润。一般来说，销售净利率越高，说明企业单位收入实现净利润越多，企业获取净利润的能力越强。在利用销售净利率分析时，通过和销售毛利率结合起来考虑，便能够对企业的经营情况有相当程度的理解。在没有非正常经营业务或其所占比例很小，或非正常业务总额基本不变的情况下，若企业连续几年销售毛利率基本没有变化，而销售净利率却不断下降，那我们就可以判断"要么在于期间费用相对于销售收入上扬，要么在于所得税税率的提高"。若是销售毛利率下降，则可能相对于销售收入来说，销售成本提高了。其具体原因，可能是由于降低了价格，也可能是由于相对于产量经营效率下降了。通过对销售净利率的变动分析，可以促使企业在扩大销售的同时，注意改进经营管理，提高盈利水平。

需说明的是，分析企业销售收入的收益水平，一般使用销售净利率，但在企业投资收益或营业外收支较大，也可使用营业利润率。若企业其他业务利润较大时，可使用主营业务利润率，以便对盈利能力分析得到的结果更为客观。

四、发展能力分析

发展能力是企业在生存的基础上，扩大规模、壮大实力的潜在能力。在运用会计报表数据分析企业发展能力时，主要考察指标有以下几个。

1. 销售增长率

销售增长率，又称营业增长率，是企业本年营业收入增长额同上年营业收入总额的比率。其计算公式为：

销售增长率＝（本年营业收入增长额÷上年营业收入总额）×100%

销售增长率是评价企业成长状况和发展能力的重要指标。它是衡量企业经营状况、市场占有能力、预测企业经营业务拓展趋势的重要标志，也是企业扩张增量和存量资本的重要前提。不断增加的营业收入是企业生存的基础和发展的条件。该指标若大于零，表示企业本年的营业收入有所增长，指标值越高，表明增长速度越快，企业市场前景越好。若该指标小于零，则说明企业或是产品不适销对路、质次价高，或是在售后服务等方面存在问题，产品销售不出去，市场份额萎缩。

该指标在实际操作时，应结合企业历年的销售水平、企业市场占有情况、行业未来发展及其他影响企业发展的潜在因素进行预测，或者结合企业前三年的营业收入增长率做出趋势性分析。销售三年平均增长率的计算公式如下：

$$销售三年平均增长率=\left(\sqrt[3]{\frac{本年营业收入总额}{三年前营业收入总额}}-1\right)\times100\%$$

式中，三年前营业收入总额指企业三年前的营业收入总额，在评价 2021 年的效绩状况时，用 2018 年的营业收入总额。

2. 资本积累率

资本积累率是指企业本年所有者权益增长额与年初所有者权益的比率，它表示企业当年资本的积累能力，是评价企业发展潜力的重要指标。其计算公式为：

资本积累率＝本年所有者权益增长额÷年初所有者权益总额×100％

该指标反映了企业所有者权益在当年的变动水平，体现了企业资本的积累情况，是企业发展强盛的标志，也是企业扩大再生产的源泉。该指标越高，表明企业的资本积累越多，企业资本的保全性越强，应付风险、持续发展的能力越大。该指标如为负值，表明企业资本受到侵蚀，所有者利益受到损害，应予充分重视。

在运用资本积累率指标时，也可以用资本三年平均增长率分析企业资本持续积累的情况和发展趋势。资本三年平均增长率的计算公式如下：

$$资本三年平均增长率=\left(\sqrt[3]{\frac{年末所有者权益总额}{三年前年末所有者权益总额}}-1\right)\times100\%$$

式中，三年前年末所有者权益总额是指企业三年前的所有者权益总额年末数，在评价 2021 年企业效绩状况时，用 2018 年年末所有者权益总额。

3. 总资产增长率

总资产增长率是企业本年总资产增长额与年初资产总额的比率，它可以衡量企业本期资产规模的增长情况，评价企业经营规模总量上的扩张程度。其计算公式为：

总资产增长率＝（本年总资产增长额÷年初资产总额）×100％

该指标是从企业资产总量扩张方面衡量企业的发展能力，表明企业规模增长水平对企业发展后劲的影响。该指标越高，表明企业一个经营周期内资产经营规模扩张的速度越快。但实际操作时，应注意资产规模扩张的质与量的关系，以及企业的后续发展能力，避免资产盲目扩张。

在运用总资产增长指标时，也可以用总资产三年平均增长率分析企业资产总规模持续积累的情况和发展趋势。总资产三年平均增长率的计算公式如下：

$$总资产三年平均增长率=\left(\sqrt[3]{\frac{年末资产总额}{三年前年末资产总额}}-1\right)\times100\%$$

式中，三年前年末资产总额是指企业三年前的资产总额年末数，在评价 2021 年企业效绩状况时，用 2019 年年末资产总额。

4. 营业利润增长率

营业利润增长率是企业本年营业利润增长额与上年营业利润总额的比率，反映企业营业利润的增减变动情况。其计算公式为：

营业利润增长率＝（本年营业利润增长额÷上年营业利润总额）×100％

在运用营业利润增长率指标时，也可以用营业利润三年平均增长率分析企业营业利润持续增长的情况和发展趋势。营业利润三年平均增长率的计算公式如下：

$$营业利润三年平均增长率=\left(\sqrt[3]{\frac{本年营业利润总额}{三年前营业利润总额}}-1\right)\times100\%$$

式中，三年前营业利润总额指企业三年前的营业利润总额，在评价2021年的效绩状况时，用2019年的营业利润总额。

任务三　财务状况综合分析

财务分析的最终目的在于全方位地了解企业经营理财的状况，并借以对企业经营效益和效率的优劣做出系统、合理的评价。单一财务指标的分析，是很难全面评价企业的财务状况、经营成果和现金流量情况的。要想对企业有一个总体评价，就必须进行综合性分析与评价。财务综合分析的方法主要有杜邦分析法、沃尔比重评分法等。

一、杜邦分析法

杜邦分析法是利用各种财务比率指标之间的内在联系，对公司财务状况和经济效益进行综合分析与评价的一种系统分析方法。该方法是由美国杜邦公司的经理创造出来的，故又称为杜邦系统，是财务综合分析的重要方法之一。

杜邦分析法的基本原理为将净资产收益率分解为多项财务比率乘积，有助于深入分析及比较企业的经营业绩。例如，净资产收益率可变换如下：

净资产收益率＝净利润÷平均净资产

　　　　　　＝（净利润÷平均总资产）×（平均总资产÷平均净资产）

　　　　　　＝总资产净利率×权益乘数

总资产净利率又可表达为：

总资产净利率＝（净利润÷销售收入）×（销售收入÷平均总资产）

　　　　　　＝销售净利润率×总资产周转率

综合两式，可以得出企业净资产收益率的杜邦等式：

净资产收益率＝（净收益÷销售收入）×（销售收入÷平均总资产）×（平均总资产÷平均净资产）

　　　　　　＝销售净利率×总资产周转率×权益乘数

其中，权益乘数是平均资产与平均所有者权益的比率，表示企业的负债程度。权益乘数越大，说明企业有较高的负债程度，给企业带来了较多的杠杆利益，同时也给企业带来了较多的风险。企业既要充分有效地利用全部资产，提高资产利用效率，又要妥善安排资金结构。其计算公式为：

权益乘数＝平均资产÷平均所有者权益＝1÷（1－资产负债率）

应注意的是，此处的资产负债率指全年平均资产负债率，它是企业全年平均负债总额与全年平均资产总额的百分比。

杜邦分析法的基本原理分析评价体系的基本原理可以用"杜邦分析图"来表示，见图

9-2。杜邦分析图的左边部分，主要分析公司的营运能力和盈利能力，并展示出公司的营运能力和盈利能力两者之间的内在联系；杜邦分析图的右边部分，主要分析公司的偿债能力、财务结构、资本结构和资产结构，亦展示出其内在的关系。其共同作用的结果是导致公司净资产收益率的变动。因此，净资产收益率是杜邦财务分析体系的核心，是一个综合性最强的指标，反映着公司财务管理目标的实现情况。

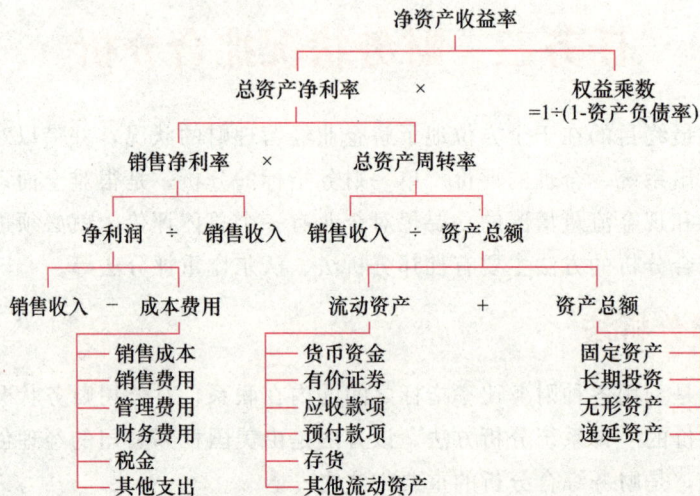

图 9-2　杜邦分析图

利用杜邦等式和图 9-2，可以帮助管理层更加清晰地看到净资产收益率权的决定因素，以及销售净利润率与总资产周转率、债务比率之间的相互关联，给管理层提供了一张考察企业资产管理效率相是否最大化股东投资回报的路线图。

如果某企业的管理层想提高企业的权益资本收益率，从杜邦分析图中可以发现提高权益资本收益率的四种途径：

（1）使销售收入增长幅度高于成本和费用的增加幅度。

（2）减少企业的销货成本或经营费用。

（3）提高总资产周转率，即或者在现有资产基础上，增加销售收入；或者减少企业资产。

（4）在不危及企业财务安全前提下，增加债务规模，提高负债比率。

二、沃尔评分法

此方法为亚历山大·沃尔在 20 世纪初创立的一种分析方法。在《信用晴雨表研究》和《财务报表比率分析》中亚历山大·沃尔提出了信用能力指数的概念，把若干个有代表性的财务比率用线性结合起来，以评价企业的信用水平。他选择了七个财务比率即流动比率、产权比率、固定资产比率、存货周转率、应收账款周转率、固定资产周转率和自有资金周转率，分别给定各指标的比重，总和为 100 分。然后确定标准比率（以行业平均数为基础），并将实际比率与标准比率相比，评出每项指标的得分，最后求出总评分。

因而，沃尔比重评分法的基本原理是将选定的具有代表性的财务指标与行业平均值（或标准值）进行比较，以确定公司各项指标占标准值的比重，并结合标准分值来确定公司实际得分值。其评价标准是公司某项财务指标的实际得分值高于标准分值，表明该指标较好；反之，若某项财务指标的实际得分值低于标准分值，表明该指标较差；公司的总得分值表示公司财务状况在同行业中所处位置。表9-1就是用沃尔比重评分法，给M公司的财务状况总评分的结果。

表9-1　沃尔综合评分表

财务比率	比重 1	标准比率 2	实际比率 3	相对比率 4=3÷2	评分 1×4
流动比率	25	2.00	2.33	1.17	29.25
净资产/负债	25	1.50	0.88	0.59	14.75
资产/固定资产	15	2.50	3.33	1.33	19.95
销售成本/存货	10	8	12	1.50	15.00
销售额/应收账款	10	6	10	1.70	17.00
销售额/固定资产	10	4	2.66	0.67	6.70
销售额/净资产	5	3	1.63	0.54	2.70
合计	100				105.35

这种综合分析分法解决了在分析公司各项财务指标时如何评价其指标的优良差，以及公司整体财务状况在同行业中的地位等问题。但原始意义上的沃尔比重评分法有两个缺陷：一是选择这七个比率及给定的比重，在理论上难以证明，缺乏说服力；二是从技术上讲，由于评分是相对比率与比重相"乘"计算出来的，当某一个指标严重异常（过高或过低，甚至是负数）时，会对总评分产生不合逻辑的重大影响。因而，在采用此方法进行财务状况综合分析和评价时，应注意以下几个方面的问题：

（1）同行业的标准值必须准确无误。

（2）标准分值的规定应根据指标的重要程度合理确定。

（3）分析指标应尽可能全面，采用指标越多，分析的结果越接近现实。

在实际分析时，是使用前面四种能力的分析方法还是使用杜邦分析法或沃尔比重评分法，在很大程度上是个人偏好问题。两种方法都有助于我们理解决定企业盈利能力的因素。需要指出的是，这两种方法都有局限性，这是财务比率分析自身的局限性所造成的。这些局限主要表现在：

（1）当企业业务多元化时，往往很难确定企业应当属于哪个行业范畴。因此，常常需要分析者自己进行行业归类并制定行业比较标准。

（2）现有公布的行业平均值只是一个大概数字，仅仅给使用者提供了一般性指导，而且所选择的样本企业中，不一定包括了行业内有代表性的企业。

（3）企业之间的会计方法可能差异很大，从而导致比率计算上的差异。例如，在价格上涨期间，采用后进先出法进行存货计价的企业的存货价值会低于采用先进先出法的企业，而存货周转率则会相对较高。此外，不同企业还可能选择不同的固定资产折旧方法。

（4）行业平均值可能并没有提供一个合适的目标比率或标准。此时，可以把自己选出的一组企业作为比较对象，甚至只与构成竞争对手关系的企业进行比较。

（5）许多企业的经营具有季节性，因此，资产负债表以及相关的比率会因制表时间的不同而产生差异。为避免这种问题，应当选择反映企业经营季节特征的期限（如几个月或几个季度）计算财务比率并进行比较，而不是机械地以年为计算和比较期限。例如，当一家企业的销售季节性很强时，其存货投资相应也有很强的季节性，此时，最好采用平均月末存货余额来计算存货周转率。

尽管财务比率有以上种种内在的局限性，但到目前为止，财务比率仍然是评价企业经营状况和财务地位的主要工具。当然，在应用财务比率分析时也要注意到它们潜在的一些缺陷。

同 步 测 试

一、单项选择题

1. 企业（   ）必须对其投资的安全性首先予以关注。

    A. 所有者 　　　　B. 债权人 　　　　C. 经营者 　　　　D. 国家

2. 下列各项中属于效率比率的是（   ）。

    A. 资产负债率 　　　　　　　　　B. 速动比率

    C. 成本利润率 　　　　　　　　　D. 流动资产占总资产的比率

3. 关于因素分析法下列说法不正确的是（   ）。

    A. 在使用因素分析法时要注意因素替代的顺序性

    B. 使用因素分析法分析某一因素对分析指标的影响时，假定其他因素都不变

    C. 因素分析法包括连环替代法和差额分析法

    D. 因素分析法的计算结果都是准确的

4. 目前企业的流动比率为120％，假设此时企业赊购一批材料，则企业的流动比率将会（   ）。

    A. 提高 　　　　B. 降低 　　　　C. 不变 　　　　D. 不能确定

5. 关于已获利息倍数的说法错误的是（   ）。

    A. 已获利息倍数不仅反映了获利能力，而且反映了获利能力对偿还到期债务的保证程度

    B. 已获利息倍数等于税前利润与利息支出的比率

    C. 已获利息倍数是衡量企业长期偿债能力的指标

    D. 在进行已获利息倍数指标的同行业比较分析时，从稳健的角度出发应以本企业该指标最低的年度数据作为分析依据

6. 产权比率与权益乘数的关系是（　　）。

    A. 产权比率×权益乘数＝1

    B. 权益乘数＝1/（1－产权比率）

    C. 权益乘数＝（1＋产权比率）/产权比率

    D. 权益乘数＝1＋产权比率

7. 如果企业的经营杠杆系数为3，固定成本为5万元，利息费用为2万元，则企业的已获利息倍数为（　　）。

    A. 1.2　　　　　　　B. 1.3　　　　　　　C. 1.25　　　　　　　D. 无法计算

8. （　　）在收付实现制的基础上，充分反映出企业当期净利润中有多少是有现金保障的。

    A. 利息保障倍数　　　　　　　　　B. 已获利息倍数

    C. 每股收益　　　　　　　　　　　D. 盈余现金保障倍数

9. 某企业202×年年初所有者权益总额为10 000万元，年末所有者权益总额为15 000元，本年没有影响所有者权益的客观因素，则企业的资本保值增值率为（　　）。

    A. 50%　　　　　　　B. 150%　　　　　　C. 100%　　　　　　D. 120%

10. 某企业2021年末的所有者权益总额为8 000万元，2019年年末的所有者权益总额为5 000万元，2018年年末的所有者权益总额为4 500万元，则2021年该企业的三年资本平均增长率为（　　）。

    A. 16.96%　　　　　B. 18.69%　　　　　C. 21.14%　　　　　D. 23.34%

二、多项选择题

1. 财务报表数据的局限性表现在（　　）。

    A. 缺乏可比性　　　　　　　　　　B. 缺乏可靠性

    C. 存在滞后性　　　　　　　　　　D. 缺乏具体性

2. 进行财务分析时的弥补措施包括（　　）。

    A. 尽可能去异求同　　　　　　　　B. 将资金时间价值有机纳入分析过程

    C. 注意各种指标的综合运用　　　　D. 善于利用"例外管理"原则

3. （　　）是将两期或连续数期财务报告中相同指标进行对比，确定其增减变动的方向、数额和幅度，以说明企业财务状况或经营成果的变动趋势的一种方法。

    A. 趋势分析法　　　　　　　　　　B. 比率分析法

    C. 因素分析法　　　　　　　　　　D. 水平分析法

4. 使用比率分析法应注意的问题包括（　　）。

    A. 对比项目的相关性　　　　　　　B. 对比口径的一致性

    C. 衡量标准的科学性　　　　　　　D. 计算结果的假定性

5. 在计算速动资产时需要在流动资产中减掉（　　）。

    A. 存货　　　　　　　　　　　　　B. 应付账款

    C. 待摊费用　　　　　　　　　　　D. 待处理流动资产损失

6. 下列说法正确的是（　　）。

  A. 产权比率也称资本负债率

  B. 产权比率侧重于揭示自有资金对偿债风险的承受能力

  C. 资产负债率侧重于揭示财务结构的稳健程度

  D. 资产负债率侧重于分析债务偿付安全性的物质保障程度

7. 应收账款周转率高说明（　　）。

  A. 收账迅速　　　　　　　　　　B. 短期偿债能力强

  C. 收账费用增加　　　　　　　　D. 坏账损失减少

8. 反映企业盈利能力的指标包括（　　）。

  A. 盈余现金保障倍数　　　　　　B. 资本保值增值率

  C. 资本积累率　　　　　　　　　D. 每股收益

9. 下列各项中，可能会影响流动比率的业务是（　　）。

  A. 用现金购买短期债券　　　　　B. 用现金购买固定资产

  C. 用存货进行对外长期投资　　　D. 从银行取得长期借款

10. 财务分析既是对已完成的财务活动的总结，又是财务预测的前提，在财务管理的循环中起着承上启下的作用。下列属于财务分析的目的的是（　　）。

  A. 对企业当前财务运作进行调整和控制

  B. 可以提供解决问题的现成方法

  C. 对企业过去的财务状况和经营成果进行总结性分析和评价

  D. 预测未来企业财务运作的方向及其影响

三、判断题

1. 企业经营者必然高度关心其资本的保值和增值状况。（　　）

2. 流动比率较高说明企业有足够的现金或存款用来偿债。（　　）

3. 速动比率较流动比率更能反映流动负债偿还的安全性，如果速动比率较低，则企业的流动负债到期绝对不能偿还。（　　）

4. 现金流动负债比率等于现金比流动负债。（　　）

5. 固定资产周转率＝主营业务收入净额/平均固定资产总值。（　　）

6. 盈余现金保障倍数从动态的角度对企业的收益质量进行评价，真实地反映了企业盈余的质量，是反映企业盈利状况的主要指标。（　　）

7. 市盈率越高说明投资者对企业的发展前景越看好，投资者更愿意以较高的价格购买公司股票。（　　）

8. 在其他条件不变的情况下，权益乘数越大，企业的负债程度越高，能给企业带来更多财务杠杆利益，同时也增加了企业的财务风险。（　　）

9. 某公司今年与上年相比，主营业务收入净额增长10%，净利润增长8%，资产总额增加12%，负债总额增加9%。可以判断，该公司净资产收益率比上年下降了。（　　）

10. 计算应收账款周转率时，公式中的应收账款包括"应收账款"和"应收票据"等

全部赊销款，是未扣除坏账准备的总额。　　　　　　　　　　　　　　　（　　）

四、计算题

1. 某公司流动资产由速动资产和存货构成，年初存货为 145 万元，年初应收账款为 125 万元，年末流动比率为 300％，年末速动比率为 150％，存货周转率为 4 次，年末流动资产余额为 270 万元。一年按 360 天计算。

要求：

（1）计算该公司流动负债年末余额。

（2）计算该公司存货年末余额和年平均余额。

（3）计算该公司本年主营业务成本。

（4）假定本年赊销净额为 960 万元，应收账款以外的其他速动资产忽略不计，计算该公司应收账款周转天数。

2. 某企业 202× 年主营业务收入净额为 77 万元，主营业务净利率 10％，按照主营业务收入计算的存货周转率为 7 次，期初存货余额为 8 万元；期初应收账款余额为 12 万元，期末应收账款余额为 10 万元，速动比率为 150％，流动比率为 200％，固定资产总额是 50 万元，该企业期初资产总额为 80 万元。该公司流动资产由速动资产和存货组成，资产总额由固定资产和流动资产组成。

要求：（计算结果保留两位小数）

（1）计算应收账款周转率。

（2）计算总资产周转率。

（3）计算总资产净利率。

五、思考分析题

沃伦·巴菲特投资成功重要经验

沃伦·巴菲特是一个具有传奇色彩的人物，1956 年他将 100 美元投入股市，40 年间取得了超过 200 亿美元的财富。如将巴菲特旗下的伯克希尔·哈撒韦公司 32 年来的逐年投资绩效与美国标准普尔 500 种股票价格指数绩效相比，可以发现巴菲特在其中的 29 年击败指数，只有 3 年落后指数。更难能可贵的是，其中 5 年当美国股市陷入空头走势回落之际，巴菲特却创下逐年"永不亏损"的纪录。他不仅在投资领域成为无人能比的美国首富，而且成为美国股市权威的领袖，被美国著名的基金经理人彼得·林奇誉为"历史上最优秀投资者"，使全球各地的股票投资者都热衷于巴菲特投资方法和理念。巴菲特投资成功的最重要的经验是注重对公司的分析研究，阅读大量的年刊、季报和各类期刊，了解公司的发展前景及策略，仔细评估公司的投资价值，把握好入市时机。可见，财务报表分析对于投资决策的重要性所在。当然财务报表分析的应用领域不仅仅是投资决策。

请思考：结合本案例，说明企业投资者进行财务分析的依据及目的。

附 表

附表 1 复利终值系数表

期数	1%	2%	3%	4%	5%	6%	7%	8%	9%	10%	12%
1	1.010 0	1.020 0	1.030 0	1.040 0	1.050 0	1.060 0	1.070 0	1.080 0	1.090 0	1.100 0	1.120 0
2	1.020 1	1.040 4	1.060 9	1.081 6	1.102 5	1.123 6	1.144 9	1.166 4	1.188 1	1.210 0	1.254 4
3	1.030 3	1.061 2	1.092 7	1.124 9	1.157 6	1.191 0	1.225 0	1.259 7	1.295 0	1.331 0	1.404 9
4	1.040 6	1.082 4	1.125 5	1.169 9	1.215 5	1.262 5	1.310 8	1.360 5	1.411 6	1.464 1	1.573 5
5	1.051 0	1.104 1	1.159 3	1.216 7	1.276 3	1.338 2	1.402 6	1.469 3	1.538 6	1.610 5	1.762 3
6	1.061 5	1.126 2	1.194 1	1.265 3	1.340 1	1.418 5	1.500 7	1.586 9	1.677 1	1.771 6	1.973 8
7	1.072 1	1.148 7	1.229 9	1.315 9	1.407 1	1.503 6	1.605 8	1.713 8	1.828 0	1.948 7	2.210 7
8	1.082 9	1.171 7	1.266 8	1.368 6	1.477 5	1.593 8	1.718 2	1.850 9	1.992 6	2.143 6	2.476 0
9	1.093 7	1.195 1	1.304 8	1.423 3	1.551 3	1.689 5	1.838 5	1.999 0	2.171 9	2.357 9	2.773 1
10	1.104 6	1.219 0	1.343 9	1.480 2	1.628 9	1.790 8	1.967 2	2.158 9	2.367 4	2.593 7	3.105 8
11	1.115 7	1.243 4	1.384 2	1.539 5	1.710 3	1.898 3	2.104 9	2.331 6	2.580 4	2.853 1	3.478 5
12	1.126 8	1.268 2	1.425 8	1.601 0	1.795 9	2.012 2	2.252 2	2.518 2	2.812 7	3.138 4	3.896 0
13	1.138 1	1.293 6	1.468 5	1.665 1	1.885 6	2.132 9	2.409 8	2.719 6	3.065 8	3.452 3	4.363 5
14	1.149 5	1.319 5	1.512 6	1.731 7	1.979 9	2.260 9	2.578 5	2.937 2	3.341 7	3.797 5	4.887 1
15	1.161 0	1.345 9	1.558 0	1.800 9	2.078 9	2.396 6	2.759 0	3.172 2	3.642 5	4.177 2	5.473 6
16	1.172 6	1.372 8	1.604 7	1.873 0	2.182 9	2.540 4	2.952 2	3.425 9	3.970 3	4.595 0	6.130 4
17	1.184 3	1.400 2	1.652 8	1.947 9	2.292 0	2.692 8	3.158 8	3.700 0	4.327 6	5.054 5	6.866 0

续表

期数	1%	2%	3%	4%	5%	6%	7%	8%	9%	10%	12%
18	1.196 1	1.428 2	1.702 4	2.025 8	2.406 6	2.854 3	3.379 9	3.996 0	4.717 1	5.559 9	7.690 0
19	1.208 1	1.456 8	1.753 5	2.106 8	2.527 0	3.025 6	3.616 5	4.315 7	5.141 7	6.115 9	8.612 8
20	1.220 2	1.485 9	1.806 1	2.191 1	2.653 3	3.207 1	3.869 7	4.661 0	5.604 4	6.727 5	9.646 3
21	1.232 4	1.515 7	1.860 3	2.278 8	2.786 0	3.399 6	4.140 6	5.033 8	6.108 8	7.400 2	10.803 8
22	1.244 7	1.546 0	1.916 1	2.369 9	2.925 3	3.603 5	4.430 4	5.436 5	6.658 6	8.140 3	12.100 3
23	1.257 2	1.576 9	1.973 6	2.464 7	3.071 5	3.819 7	4.740 5	5.871 5	7.257 9	8.954 3	13.552 3
24	1.269 7	1.608 4	2.032 8	2.563 3	3.225 1	4.048 9	5.072 4	6.341 2	7.911 1	9.849 7	15.178 6
25	1.282 4	1.640 6	2.093 8	2.665 8	3.386 4	4.291 9	5.427 4	6.848 5	8.623 1	10.834 7	17.000 1
26	1.295 3	1.673 4	2.156 6	2.772 5	3.555 7	4.549 4	5.807 4	7.396 4	9.399 2	11.918 2	19.040 1
27	1.308 2	1.706 9	2.221 3	2.883 4	3.733 5	4.822 3	6.213 9	7.988 1	10.245 1	13.110 0	21.324 9
28	1.321 3	1.741 0	2.287 9	2.998 7	3.920 1	5.111 7	6.648 8	8.627 1	11.167 1	14.421 0	23.883 9
29	1.334 5	1.775 8	2.356 6	3.118 7	4.116 1	5.418 4	7.114 3	9.317 3	12.172 2	15.863 1	26.749 9
30	1.347 8	1.811 4	2.427 3	3.243 4	4.321 9	5.743 5	7.612 3	10.062 7	13.267 7	17.449 4	29.959 9

期数	14%	15%	16%	18%	20%	24%	28%	32%	36%
1	1.140 0	1.150 0	1.160 0	1.180 0	1.200 0	1.240 0	1.280 0	1.320 0	1.360 0
2	1.299 6	1.322 5	1.345 6	1.392 4	1.440 0	1.537 6	1.638 4	1.742 4	1.849 6
3	1.481 5	1.520 9	1.560 9	1.643 0	1.728 0	1.906 6	2.097 2	2.300 0	2.515 5
4	1.689 0	1.749 0	1.810 6	1.938 8	2.073 6	2.364 2	2.684 4	3.036 0	3.421 0
5	1.925 4	2.011 4	2.100 3	2.287 8	2.488 3	2.931 6	3.436 0	4.007 5	4.652 6
6	2.195 0	2.313 1	2.436 4	2.699 6	2.986 0	3.635 2	4.398 0	5.289 9	6.327 5
7	2.502 3	2.660 0	2.826 2	3.185 5	3.583 2	4.507 7	5.629 5	6.982 6	8.605 4
8	2.852 6	3.059 0	3.278 4	3.758 9	4.299 8	5.589 5	7.205 8	9.217 0	11.703 4

续表

期数	14%	15%	16%	18%	20%	24%	28%	32%	36%
9	3.251 9	3.517 9	3.803 0	4.435 5	5.159 8	6.931 0	9.223 4	12.166 5	15.916 6
10	3.707 2	4.045 6	4.411 4	5.233 8	6.191 7	8.594 4	11.805 9	16.059 8	21.646 6
11	4.226 2	4.652 4	5.117 3	6.175 9	7.430 1	10.657 1	15.111 6	21.198 9	29.439 3
12	4.817 9	5.350 3	5.936 0	7.287 6	8.916 1	13.214 8	19.342 8	27.982 5	40.037 5
13	5.492 4	6.152 8	6.885 8	8.599 4	10.699 3	16.386 3	24.758 8	36.937 0	54.451 0
14	6.261 3	7.075 7	7.987 5	10.147 2	12.839 2	20.319 1	31.691 3	48.756 8	74.053 4
15	7.137 9	8.137 1	9.265 5	11.973 7	15.407 0	25.195 6	40.564 8	64.359 0	100.712 6
16	8.137 2	9.357 6	10.748 0	14.129 0	18.488 4	31.242 6	51.923 0	84.953 8	136.969 1
17	9.276 5	10.761 3	12.467 7	16.672 2	22.186 1	38.740 8	66.461 4	112.139 0	186.277 9
18	10.575 2	12.375 5	14.462 5	19.673 3	26.623 3	48.038 6	85.070 6	148.023 5	253.338 0
19	12.055 7	14.231 8	16.776 5	23.214 4	31.948 0	59.567 9	108.890 4	195.391 1	344.539 7
20	13.743 5	16.366 5	19.460 8	27.393 0	38.337 6	73.864 1	139.379 7	257.916 2	468.574 0
21	15.667 6	18.821 5	22.574 5	32.323 8	46.005 1	91.591 5	178.406 0	340.449 4	637.260 6
22	17.861 0	21.644 7	26.186 4	38.142 1	55.206 1	113.573 5	228.359 6	449.393 2	866.674 4
23	20.361 6	24.891 5	30.376 2	45.007 6	66.247 4	140.831 2	292.300 3	593.199 0	1178.677 2
24	23.212 2	28.625 2	35.236 4	53.109 0	79.496 8	174.630 6	374.144 4	783.022 7	1603.001 0
25	26.461 9	32.919 0	40.874 2	62.668 6	95.396 2	216.542 0	478.904 9	1033.590 0	2180.081 4
26	30.166 6	37.856 8	47.414 1	73.949 0	114.475 5	268.512 1	612.998 2	1364.338 7	2964.910 7
27	34.389 9	43.535 3	55.000 4	87.259 8	137.370 6	332.955 0	784.637 7	1800.927 1	4032.278 6
28	39.204 5	50.065 6	63.800 4	102.966 6	164.844 7	412.864 2	1004.336 3	2377.223 8	5483.898 8
29	44.693 1	57.575 5	74.008 5	121.500 5	197.813 6	511.951 6	1285.550 4	3137.935 4	7458.102 4
30	50.950 2	66.211 8	85.849 9	143.370 6	237.376 3	634.819 9	1645.504 6	4142.074 8	10143.019 3

附表 2　复利现值系数表

期数	1%	2%	3%	4%	5%	6%	7%	8%	9%	10%
1	0.990 1	0.980 4	0.970 9	0.961 5	0.952 4	0.943 4	0.934 6	0.925 9	0.917 4	0.909 1
2	0.980 3	0.961 2	0.942 6	0.924 6	0.907 0	0.890 0	0.873 4	0.857 3	0.841 7	0.826 4
3	0.970 6	0.942 3	0.915 1	0.889 0	0.863 8	0.839 6	0.816 3	0.793 8	0.772 2	0.751 3
4	0.961 0	0.923 8	0.888 5	0.854 8	0.822 7	0.792 1	0.762 9	0.735 0	0.708 4	0.683 0
5	0.951 5	0.905 7	0.862 6	0.821 9	0.783 5	0.747 3	0.713 0	0.680 6	0.649 9	0.620 9
6	0.942 0	0.888 0	0.837 5	0.790 3	0.746 2	0.705 0	0.666 3	0.630 2	0.596 3	0.564 5
7	0.932 7	0.870 6	0.813 1	0.759 9	0.710 7	0.665 1	0.622 7	0.583 5	0.547 0	0.513 2
8	0.923 5	0.853 5	0.789 4	0.730 7	0.676 8	0.627 4	0.582 0	0.540 3	0.501 9	0.466 5
9	0.914 3	0.836 8	0.766 4	0.702 6	0.644 6	0.591 9	0.543 9	0.500 2	0.460 4	0.424 1
10	0.905 3	0.820 3	0.744 1	0.675 6	0.613 9	0.558 4	0.508 3	0.463 2	0.422 4	0.385 5
11	0.896 3	0.804 3	0.722 4	0.649 6	0.584 7	0.526 8	0.475 1	0.428 9	0.387 5	0.350 5
12	0.887 4	0.788 5	0.701 4	0.624 6	0.556 8	0.497 0	0.444 0	0.397 1	0.355 5	0.318 6
13	0.878 7	0.773 0	0.681 0	0.600 6	0.530 3	0.468 8	0.415 0	0.367 7	0.326 2	0.289 7
14	0.870 0	0.757 9	0.661 1	0.577 5	0.505 1	0.442 3	0.387 8	0.340 5	0.299 2	0.263 3
15	0.861 3	0.743 0	0.641 9	0.555 3	0.481 0	0.417 3	0.362 4	0.315 2	0.274 5	0.239 4
16	0.852 8	0.728 4	0.623 2	0.533 9	0.458 1	0.393 6	0.338 7	0.291 9	0.251 9	0.217 6
17	0.844 4	0.714 2	0.605 0	0.513 4	0.436 3	0.371 4	0.316 6	0.270 3	0.231 1	0.197 8
18	0.836 0	0.700 2	0.587 4	0.493 6	0.415 5	0.350 3	0.295 9	0.250 2	0.212 0	0.179 9
19	0.827 7	0.686 4	0.570 3	0.474 6	0.395 7	0.330 5	0.276 5	0.231 7	0.194 5	0.163 5
20	0.819 5	0.673 0	0.553 7	0.456 4	0.376 9	0.311 8	0.258 4	0.214 5	0.178 4	0.148 6
21	0.811 4	0.659 8	0.537 5	0.438 8	0.358 9	0.294 2	0.241 5	0.198 7	0.163 7	0.135 1

续表

期数	1%	2%	3%	4%	5%	6%	7%	8%	9%	10%
22	0.803 4	0.646 8	0.521 9	0.422 0	0.341 8	0.277 5	0.225 7	0.183 9	0.150 2	0.122 8
23	0.795 4	0.634 2	0.506 7	0.405 7	0.325 6	0.261 8	0.210 9	0.170 3	0.137 8	0.111 7
24	0.787 6	0.621 7	0.491 9	0.390 1	0.310 1	0.247 0	0.197 1	0.157 7	0.126 4	0.101 5
25	0.779 8	0.609 5	0.477 6	0.375 1	0.295 3	0.233 0	0.184 2	0.146 0	0.116 0	0.092 3
26	0.772 0	0.597 6	0.463 7	0.360 7	0.281 2	0.219 8	0.172 2	0.135 2	0.106 4	0.083 9
27	0.764 4	0.585 9	0.450 2	0.346 8	0.267 8	0.207 4	0.160 9	0.125 2	0.097 6	0.076 3
28	0.756 8	0.574 4	0.437 1	0.333 5	0.255 1	0.195 6	0.150 4	0.115 9	0.089 5	0.069 3
29	0.749 3	0.563 1	0.424 3	0.320 7	0.242 9	0.184 6	0.140 6	0.107 3	0.082 2	0.063 0
30	0.741 9	0.552 1	0.412 0	0.308 3	0.231 4	0.174 1	0.131 4	0.099 4	0.075 4	0.057 3

期数	12%	14%	15%	16%	18%	20%	24%	28%	32%	36%
1	0.892 9	0.877 2	0.869 6	0.862 1	0.847 5	0.833 3	0.806 5	0.781 2	0.757 6	0.735 3
2	0.797 2	0.769 5	0.756 1	0.743 2	0.718 2	0.694 4	0.650 4	0.610 4	0.573 9	0.540 7
3	0.711 8	0.675 0	0.657 5	0.640 7	0.608 6	0.578 7	0.524 5	0.476 8	0.434 8	0.397 5
4	0.635 5	0.592 1	0.571 8	0.552 3	0.515 8	0.482 3	0.423 0	0.372 5	0.329 4	0.292 3
5	0.567 4	0.519 4	0.497 2	0.476 1	0.437 1	0.401 9	0.341 1	0.291 0	0.249 5	0.214 9
6	0.506 6	0.455 6	0.432 3	0.410 4	0.370 4	0.334 9	0.275 1	0.227 4	0.189 0	0.158 0
7	0.452 3	0.399 6	0.375 9	0.353 8	0.313 9	0.279 1	0.221 8	0.177 6	0.143 2	0.116 2
8	0.403 9	0.350 6	0.326 9	0.305 0	0.266 0	0.232 6	0.178 9	0.138 8	0.108 5	0.085 4
9	0.360 6	0.307 5	0.284 3	0.263 0	0.225 5	0.193 8	0.144 3	0.108 4	0.082 2	0.062 8

续表

期数	12%	14%	15%	16%	18%	20%	24%	28%	32%	36%
10	0.322 0	0.269 7	0.247 2	0.226 7	0.191 1	0.161 5	0.116 4	0.084 7	0.062 3	0.046 2
11	0.287 5	0.236 6	0.214 9	0.195 4	0.161 9	0.134 6	0.093 8	0.066 2	0.047 2	0.034 0
12	0.256 7	0.207 6	0.186 9	0.168 5	0.137 2	0.112 2	0.075 7	0.051 7	0.035 7	0.025 0
13	0.229 2	0.182 1	0.162 5	0.145 2	0.116 3	0.093 5	0.061 0	0.040 4	0.027 1	0.018 4
14	0.204 6	0.159 7	0.141 3	0.125 2	0.098 5	0.077 9	0.049 2	0.031 6	0.020 5	0.013 5
15	0.182 7	0.140 1	0.122 9	0.107 9	0.083 5	0.064 9	0.039 7	0.024 7	0.015 5	0.009 9
16	0.163 1	0.122 9	0.106 9	0.093 0	0.070 8	0.054 1	0.032 0	0.019 3	0.011 8	0.007 3
17	0.145 6	0.107 8	0.092 9	0.080 2	0.060 0	0.045 1	0.025 8	0.015 0	0.008 9	0.005 4
18	0.130 0	0.094 6	0.080 8	0.069 1	0.050 8	0.037 6	0.020 8	0.011 8	0.006 8	0.003 9
19	0.116 1	0.082 9	0.070 3	0.059 6	0.043 1	0.031 3	0.016 8	0.009 2	0.005 1	0.002 9
20	0.103 7	0.072 8	0.061 1	0.051 4	0.036 5	0.026 1	0.013 5	0.007 2	0.003 9	0.002 1
21	0.092 6	0.063 8	0.053 1	0.044 3	0.030 9	0.021 7	0.010 9	0.005 6	0.002 9	0.001 6
22	0.082 6	0.056 0	0.046 2	0.038 2	0.026 2	0.018 1	0.008 8	0.004 4	0.002 2	0.001 2
23	0.073 8	0.049 1	0.040 2	0.032 9	0.022 2	0.015 1	0.007 1	0.003 4	0.001 7	0.000 8
24	0.065 9	0.043 1	0.034 9	0.028 4	0.018 8	0.012 6	0.005 7	0.002 7	0.001 3	0.000 6
25	0.058 8	0.037 8	0.030 4	0.024 5	0.016 0	0.010 5	0.004 6	0.002 1	0.001 0	0.000 5
26	0.052 5	0.033 1	0.026 4	0.021 1	0.013 5	0.008 7	0.003 7	0.001 6	0.000 7	0.000 3
27	0.046 9	0.029 1	0.023 0	0.018 2	0.011 5	0.007 3	0.003 0	0.001 3	0.000 6	0.000 2
28	0.041 9	0.025 5	0.020 0	0.015 7	0.009 7	0.006 1	0.002 4	0.001 0	0.000 4	0.000 2
29	0.037 4	0.022 4	0.017 4	0.013 5	0.008 2	0.005 1	0.002 0	0.000 8	0.000 3	0.000 1
30	0.033 4	0.019 6	0.015 1	0.011 6	0.007 0	0.004 2	0.001 6	0.000 6	0.000 2	0.000 1

附表 3　年金终值系数表

期数	1%	2%	3%	4%	5%	6%	7%	8%	9%	10%
1	1.000 0	1.000 0	1.000 0	1.000 0	1.000 0	1.000 0	1.000 0	1.000 0	1.000 0	1.000 0
2	2.010 0	2.020 0	2.030 0	2.040 0	2.050 0	2.060 0	2.070 0	2.080 0	2.090 0	2.100 0
3	3.030 1	3.060 4	3.090 9	3.121 6	3.152 5	3.183 6	3.214 9	3.246 4	3.278 1	3.310 0
4	4.060 4	4.121 6	4.183 6	4.246 5	4.310 1	4.374 6	4.439 9	4.506 1	4.573 1	4.641 0
5	5.101 0	5.204 0	5.309 1	5.416 3	5.525 6	5.637 1	5.750 7	5.866 6	5.984 7	6.105 1
6	6.152 0	6.308 1	6.468 4	6.633 0	6.801 9	6.975 3	7.153 3	7.335 9	7.523 3	7.715 6
7	7.213 5	7.434 3	7.662 5	7.898 3	8.142 0	8.393 8	8.654 0	8.922 8	9.200 4	9.487 2
8	8.285 7	8.583 0	8.892 3	9.214 2	9.549 1	9.897 5	10.259 8	10.636 6	11.028 5	11.435 9
9	9.368 5	9.754 6	10.159 1	10.582 8	11.026 6	11.491 3	11.978 0	12.487 6	13.021 0	13.579 5
10	10.462 2	10.949 7	11.463 9	12.006 1	12.577 9	13.180 8	13.816 4	14.486 6	15.192 9	15.937 4
11	11.566 8	12.168 7	12.807 8	13.486 4	14.206 8	14.971 6	15.783 6	16.645 5	17.560 3	18.531 2
12	12.682 5	13.412 1	14.192 0	15.025 8	15.917 1	16.869 9	17.888 5	18.977 1	20.140 7	21.384 3
13	13.809 3	14.680 3	15.617 8	16.626 8	17.713 0	18.882 1	20.140 6	21.495 3	22.953 4	24.522 7
14	14.947 4	15.973 9	17.086 3	18.291 9	19.598 6	21.015 1	22.550 5	24.214 9	26.019 2	27.975 0
15	16.096 9	17.293 4	18.598 9	20.023 6	21.578 6	23.276 0	25.129 0	27.152 1	29.360 9	31.772 5
16	17.257 9	18.639 3	20.156 9	21.824 5	23.657 5	25.672 5	27.888 1	30.324 3	33.003 4	35.949 7
17	18.430 4	20.012 1	21.761 6	23.697 5	25.840 4	28.212 9	30.840 2	33.750 2	36.973 7	40.544 7
18	19.614 7	21.412 3	23.414 4	25.645 4	28.132 4	30.905 7	33.999 0	37.450 2	41.301 3	45.599 2
19	20.810 9	22.840 6	25.116 9	27.671 2	30.539 0	33.760 0	37.379 0	41.446 3	46.018 5	51.159 1
20	22.019 0	24.297 4	26.870 4	29.778 1	33.066 0	36.785 6	40.995 5	45.762 0	51.160 1	57.275 0
21	23.239 2	25.783 3	28.676 5	31.969 2	35.719 3	39.992 7	44.865 2	50.422 9	56.764 5	64.002 5

续表

期数	1%	2%	3%	4%	5%	6%	7%	8%	9%	10%
22	24.471 6	27.299 0	30.536 8	34.248 0	38.505 2	43.392 3	49.005 7	55.456 8	62.873 3	71.402 7
23	25.716 3	28.845 0	32.452 9	36.617 9	41.430 5	46.995 8	53.436 1	60.893 3	69.531 9	79.543 0
24	26.973 5	30.421 9	34.426 5	39.082 6	44.502 0	50.815 6	58.176 7	66.764 8	76.789 8	88.497 3
25	28.243 2	32.030 3	36.459 3	41.645 9	47.727 1	54.864 5	63.249 0	73.105 9	84.700 9	98.347 1
26	29.525 6	33.670 9	38.553 0	44.311 7	51.113 5	59.156 4	68.676 5	79.954 4	93.324 0	109.181 8
27	30.820 9	35.344 3	40.709 6	47.084 2	54.669 1	63.705 8	74.483 8	87.350 8	102.723 1	121.099 9
28	32.129 1	37.051 2	42.930 9	49.967 6	58.402 6	68.528 1	80.697 7	95.338 8	112.968 2	134.209 9
29	33.450 4	38.792 2	45.218 9	52.966 3	62.322 7	73.639 8	87.346 5	103.965 9	124.135 4	148.630 9
30	34.784 9	40.568 1	47.575 4	56.084 9	66.438 8	79.058 2	94.460 8	113.283 2	136.307 5	164.494 0

期数	12%	14%	15%	16%	18%	20%	24%	28%	32%	36%
1	1.000 0	1.000 0	1.000 0	1.000 0	1.000 0	1.000 0	1.000 0	1.000 0	1.000 0	1.000 0
2	2.120 0	2.140 0	2.150 0	2.160 0	2.180 0	2.200 0	2.240 0	2.280 0	2.320 0	2.360 0
3	3.374 4	3.439 6	3.472 5	3.505 6	3.572 4	3.640 0	3.777 6	3.918 4	4.062 4	4.209 6
4	4.779 3	4.921 1	4.993 4	5.066 5	5.215 4	5.368 0	5.684 2	6.015 6	6.362 4	6.725 1
5	6.352 8	6.610 1	6.742 4	6.877 1	7.154 2	7.441 6	8.048 4	8.699 9	9.398 3	10.146 1
6	8.115 2	8.535 5	8.753 7	8.977 5	9.442 0	9.929 9	10.980 1	12.135 9	13.405 8	14.798 7
7	10.089 0	10.730 5	11.066 8	11.413 9	12.141 5	12.915 9	14.615 3	16.533 9	18.695 6	21.126 2
8	12.299 7	13.232 8	13.726 8	14.240 1	15.327 0	16.499 1	19.122 9	22.163 4	25.678 2	29.731 6
9	14.775 7	16.085 3	16.785 8	17.518 5	19.085 9	20.798 9	24.712 5	29.369 2	34.895 3	41.435 0
10	17.548 7	19.337 3	20.303 7	21.321 5	23.521 3	25.958 7	31.643 4	38.592 6	47.061 8	57.351 6

期数	12%	14%	15%	16%	18%	20%	24%	28%	32%	36%
11	20.654 6	23.044 5	24.349 3	25.732 9	28.755 1	32.150 4	40.237 9	50.398 5	63.121 5	78.998 2
12	24.133 1	27.270 7	29.001 7	30.850 2	34.931 1	39.580 5	50.895 0	65.510 0	84.320 4	108.437 5
13	28.029 1	32.088 7	34.351 9	36.786 2	42.218 7	48.496 6	64.109 7	84.852 9	112.303 0	148.475 0
14	32.392 6	37.581 1	40.504 7	43.672 0	50.818 0	59.195 9	80.496 1	109.611 7	149.239 9	202.926 0
15	37.279 7	43.842 4	47.580 4	51.659 5	60.965 3	72.035 1	100.815 1	141.302 9	197.996 7	276.979 3
16	42.753 3	50.980 4	55.717 5	60.925 0	72.939 0	87.442 1	126.010 8	181.867 7	262.355 7	377.691 9
17	48.883 7	59.117 6	65.075 1	71.673 0	87.068 0	105.930 6	157.253 4	233.790 7	347.309 5	514.661 0
18	55.749 7	68.394 1	75.836 4	84.140 7	103.740 3	128.116 7	195.994 2	300.252 1	459.448 5	700.938 9
19	63.439 7	78.969 2	88.211 8	98.603 2	123.413 5	154.740 0	244.032 8	385.322 7	607.472 1	954.276 9
20	72.052 4	91.024 9	102.443 6	115.379 7	146.628 0	186.688 0	303.600 6	494.213 1	802.863 1	1 298.816 6
21	81.698 7	104.768 4	118.810 1	134.840 5	174.021 0	225.025 6	377.464 8	633.592 7	1 060.779 3	1 767.390 6
22	92.502 6	120.436 0	137.631 6	157.415 0	206.344 8	271.030 7	469.056 3	811.998 7	1 401.228 7	2 404.651 2
23	104.602 9	138.297 0	159.276 4	183.601 4	244.486 8	326.236 9	582.629 8	1 040.358 3	1 850.621 9	3 271.325 6
24	118.155 2	158.658 6	184.167 8	213.977 6	289.494 5	392.484 2	723.461 0	1 332.658 6	2 443.820 9	4 450.002 9
25	133.333 9	181.870 8	212.793 0	249.214 0	342.603 5	471.981 1	898.091 6	1 706.803 1	3 226.843 6	6 053.003 9
26	150.333 9	208.332 7	245.712 0	290.088 3	405.272 1	567.377 3	1 114.633 6	2 185.707 9	4 260.433 6	8 233.085 3
27	169.374 0	238.499 3	283.568 8	337.502 4	479.221 1	681.852 8	1 383.145 7	2 798.706 1	5 624.772 3	11 197.996 0
28	190.698 9	272.889 2	327.104 1	392.502 8	566.480 9	819.223 3	1 716.100 7	3 583.343 8	7 425.699 4	15 230.274 5
29	214.582 8	312.093 7	377.169 7	456.303 2	669.447 5	984.068 0	2 128.964 8	4 587.680 1	9 802.923 3	20 714.173 4
30	241.332 7	356.786 8	434.745 1	530.311 7	790.948 0	1 181.881 6	2 640.916 4	5 873.230 6	12 940.858 7	28 172.275 8

附表 4　年金现值系数表

期数	1%	2%	3%	4%	5%	6%	7%	8%	9%	10%
1	0.990 1	0.980 4	0.970 9	0.961 5	0.952 4	0.943 4	0.934 6	0.925 9	0.917 4	0.909 1
2	1.970 4	1.941 6	1.913 5	1.886 1	1.859 4	1.833 4	1.808 0	1.783 3	1.759 1	1.735 5
3	2.941 0	2.883 9	2.828 6	2.775 1	2.723 2	2.673 0	2.624 3	2.577 1	2.531 3	2.486 9
4	3.902 0	3.807 7	3.717 1	3.629 9	3.546 0	3.465 1	3.387 2	3.312 1	3.239 7	3.169 9
5	4.853 4	4.713 5	4.579 7	4.451 8	4.329 5	4.212 4	4.100 2	3.992 7	3.889 7	3.790 8
6	5.795 5	5.601 4	5.417 2	5.242 1	5.075 7	4.917 3	4.766 5	4.622 9	4.485 9	4.355 3
7	6.728 2	6.472 0	6.230 3	6.002 1	5.786 4	5.582 4	5.389 3	5.206 4	5.033 0	4.868 4
8	7.651 7	7.325 5	7.019 7	6.732 7	6.463 2	6.209 8	5.971 3	5.746 6	5.534 8	5.334 9
9	8.566 0	8.162 2	7.786 1	7.435 3	7.107 8	6.801 7	6.515 2	6.246 9	5.995 2	5.759 0
10	9.471 3	8.982 6	8.530 2	8.110 9	7.721 7	7.360 1	7.023 6	6.710 1	6.417 7	6.144 6
11	10.367 6	9.786 8	9.252 6	8.760 5	8.306 4	7.886 9	7.498 7	7.139 0	6.805 2	6.495 1
12	11.255 1	10.575 3	9.954 0	9.385 1	8.863 3	8.383 8	7.942 7	7.536 1	7.160 7	6.813 7
13	12.133 7	11.348 4	10.635 0	9.985 6	9.393 6	8.852 7	8.357 7	7.903 8	7.486 9	7.103 4
14	13.003 7	12.106 2	11.296 1	10.563 1	9.898 6	9.295 0	8.745 5	8.244 2	7.786 2	7.366 7
15	13.865 1	12.849 3	11.937 9	11.118 4	10.379 7	9.712 2	9.107 9	8.559 5	8.060 7	7.606 1
16	14.717 9	13.577 7	12.561 1	11.652 3	10.837 8	10.105 9	9.446 6	8.851 4	8.312 6	7.823 7
17	15.562 3	14.291 9	13.166 1	12.165 7	11.274 1	10.477 3	9.763 2	9.121 6	8.543 6	8.021 6
18	16.398 3	14.992 0	13.753 5	12.659 3	11.689 6	10.827 6	10.059 1	9.371 9	8.755 6	8.201 4
19	17.226 0	15.678 5	14.323 9	13.133 9	12.085 3	11.158 1	10.335 6	9.603 6	8.950 1	8.364 9
20	18.045 6	16.351 4	14.877 5	13.590 3	12.462 2	11.469 9	10.594 0	9.818 1	9.128 5	8.513 6
21	18.857 0	17.011 2	15.415 0	14.029 2	12.821 2	11.764 1	10.835 5	10.016 8	9.292 2	8.648 7
22	19.660 4	17.658 0	15.936 9	14.451 1	13.163 0	12.041 6	11.061 2	10.200 7	9.442 4	8.771 5

续表

期数	1%	2%	3%	4%	5%	6%	7%	8%	9%	10%
23	20.455 8	18.292 2	16.443 6	14.856 8	13.488 6	12.303 4	11.272 2	10.371 1	9.580 2	8.883 2
24	21.243 4	18.913 9	16.935 5	15.247 0	13.798 6	12.550 4	11.469 3	10.528 8	9.706 6	8.984 7
25	22.023 2	19.523 5	17.413 1	15.622 1	14.093 9	12.783 4	11.653 6	10.674 8	9.822 6	9.077 0
26	22.795 2	20.121 0	17.876 8	15.982 8	14.375 2	13.003 2	11.825 8	10.810 0	9.929 0	9.160 9
27	23.559 6	20.706 9	18.327 0	16.329 6	14.643 0	13.210 5	11.986 7	10.935 2	10.026 6	9.237 2
28	24.316 4	21.281 3	18.764 1	16.663 1	14.898 1	13.406 2	12.137 1	11.051 1	10.116 1	9.306 6
29	25.065 8	21.844 4	19.188 5	16.983 7	15.141 1	13.590 7	12.277 7	11.158 4	10.198 3	9.369 6
30	25.807 7	22.396 5	19.600 4	17.292 0	15.372 5	13.764 8	12.409 0	11.257 8	10.273 7	9.426 9

期数	12%	14%	15%	16%	18%	20%	24%	28%	32%
1	0.892 9	0.877 2	0.869 6	0.862 1	0.847 5	0.833 3	0.806 5	0.781 2	0.757 6
2	1.690 1	1.646 7	1.625 7	1.605 2	1.565 6	1.527 8	1.456 8	1.391 6	1.331 5
3	2.401 8	2.321 6	2.283 2	2.245 9	2.174 3	2.106 5	1.981 3	1.868 4	1.766 3
4	3.037 3	2.913 7	2.855 0	2.798 2	2.690 1	2.588 7	2.404 3	2.241 0	2.095 7
5	3.604 8	3.433 1	3.352 2	3.274 3	3.127 2	2.990 6	2.745 4	2.532 0	2.345 2
6	4.111 4	3.888 7	3.784 5	3.684 7	3.497 6	3.325 5	3.020 5	2.759 4	2.534 2
7	4.563 8	4.288 3	4.160 4	4.038 6	3.811 5	3.604 6	3.242 3	2.937 0	2.677 5
8	4.967 6	4.638 9	4.487 3	4.343 6	4.077 6	3.837 2	3.421 2	3.075 8	2.786 0
9	5.328 2	4.946 4	4.771 6	4.606 5	4.303 0	4.031 0	3.565 5	3.184 2	2.868 1
10	5.650 2	5.216 1	5.018 8	4.833 2	4.494 1	4.192 5	3.681 9	3.268 9	2.930 4
11	5.937 7	5.452 7	5.233 7	5.028 6	4.656 0	4.327 1	3.775 7	3.335 1	2.977 6

续表

期数	12%	14%	15%	16%	18%	20%	24%	28%	32%
12	6.194 4	5.660 3	5.420 6	5.197 1	4.793 2	4.439 2	3.851 4	3.386 8	3.013 3
13	6.423 5	5.842 4	5.583 1	5.342 3	4.909 5	4.532 7	3.912 4	3.427 2	3.040 4
14	6.628 2	6.002 1	5.724 5	5.467 5	5.008 1	4.610 6	3.961 6	3.458 7	3.060 9
15	6.810 9	6.142 2	5.847 4	5.575 5	5.091 6	4.675 5	4.001 3	3.483 4	3.076 4
16	6.974 0	6.265 1	5.954 2	5.668 5	5.162 4	4.729 6	4.033 3	3.502 6	3.088 2
17	7.119 6	6.372 9	6.047 2	5.748 7	5.222 3	4.774 6	4.059 1	3.517 7	3.097 1
18	7.249 7	6.467 4	6.128 0	5.817 8	5.273 2	4.812 2	4.079 9	3.529 4	3.103 9
19	7.365 8	6.550 4	6.198 2	5.877 5	5.316 2	4.843 5	4.096 7	3.538 6	3.109 0
20	7.469 4	6.623 1	6.259 3	5.928 8	5.352 7	4.869 6	4.110 3	3.545 8	3.112 9
21	7.562 0	6.687 0	6.312 5	5.973 1	5.383 7	4.891 3	4.121 2	3.551 4	3.115 8
22	7.644 6	6.742 9	6.358 7	6.011 3	5.409 9	4.909 4	4.130 0	3.555 8	3.118 0
23	7.718 4	6.792 1	6.398 8	6.044 2	5.432 1	4.924 5	4.137 1	3.559 2	3.119 7
24	7.784 3	6.835 1	6.433 8	6.072 6	5.450 9	4.937 1	4.142 8	3.561 9	3.121 0
25	7.843 1	6.872 9	6.464 1	6.097 1	5.466 9	4.947 6	4.147 4	3.564 0	3.122 0
26	7.895 7	6.906 1	6.490 6	6.118 2	5.480 4	4.956 3	4.151 1	3.565 6	3.122 7
27	7.942 6	6.935 2	6.513 5	6.136 4	5.491 9	4.963 6	4.154 2	3.566 9	3.123 3
28	7.984 4	6.960 7	6.533 5	6.152 0	5.501 6	4.969 7	4.156 6	3.567 9	3.123 7
29	8.021 8	6.983 0	6.550 9	6.165 6	5.509 8	4.974 7	4.158 5	3.568 7	3.124 0
30	8.055 2	7.002 7	6.566 0	6.177 2	5.516 8	4.978 9	4.160 1	3.569 3	3.124 2

参 考 文 献

[1] 荆新,王化成,刘俊彦. 财务管理学[M]. 8版. 北京:中国人民大学出版社,2018.

[2] 财政部会计资格评价中心. 财务管理[M]. 北京:经济科学出版社,2019.

[3] 中国注册会计师协会. 公司战略与风险管理[M]. 北京:中国财政经济出版社,2019.

[4] 中国注册会计师协会. 财务成本管理[M]. 北京:中国财政经济出版社,2019.

[5] 刘淑莲. 财务管理[M]. 大连:东北财经大学出版社,2017.

[6] 秦志敏,牛彦秀,陈克兢. 财务管理习题与案例[M]. 大连:东北财经大学出版社,2019.

[7] 张雪梅. 财务管理[M]. 北京:经济科学出版社,2019.

[8] 马忠. 公司财务管理[M]. 北京:机械工业出版社,2015.

[9] 陈玉菁. 财务管理实务与案例[M]. 北京:中国人民大学出版社,2019.

[10] 孙伟航. 一本书读懂财务管理[M]. 杭州:浙江大学出版社,2020.